POUR UNE PÉDAGOGIE UNIVERSITAIRE DE QUALITÉ

L'illustration proposée en couverture pourrait suggérer une interprétation amusée du type «la pédagogie universitaire, c'est du chinois». En fait, ces trois séries de deux caractères (à lire de haut en bas) sont la traduction chinoise des trois concepts de notre titre «pédagogie», «enseignement supérieur» et «qualité».

Cette traduction, due à MM. Alain ARRAULT et Eric FLORENCE du Centre d'Etudes Chinoises de l'Université de Liège (CECLI), que nous remercions ici, constitue un «plus» de sens et confère un supplément d'âme à notre travail.

À droite figurent deux des nombreuses traductions possibles du terme qualité. On retrouve dans le premier caractère le symbole chinois du cœur. Cet élément concorde avec les souhaits des auteurs d'évoquer une pédagogie où l'affectif reste mêlé au cognitif. Le second caractère insiste sur la notion de substance ou de matière, élément fondamental lorsqu'on évoque la qualité.

L'enseignement supérieur est représenté par les deux caractères du centre; le caractère du haut souligne la position élevée de l'établissement. Cependant, l'université reste une «pagode» comme les autres, et certaines considérations du présent ouvrage sont valables pour tous les enseignements.

Dans le terme pédagogie, représenté par les deux caractères de gauche, le caractère supérieur signifie «enseigner» et l'inférieur «apprendre». Tout le livre atteste que ces deux concepts sont indissociables. L'apprenant (l'étudiant) est présent dans chacun des caractères... mais pas au même endroit.

Votre reconnaissance va enfin à M. Hubert GERIN dont le sceau rouge est la signature. Son talent de calligraphe a mis l'art au service du sens.

Sous la direction de
Dieudonné Leclercq

Pour une pédagogie universitaire de qualité

André BEGUIN • Elise BOXUS • Marianne DEBRY •
Michel DELHAXHE • Brigitte DENIS • Anne-Marie de KERCHOVE •
Graham GIBBS • Jean-Luc GILLES • Véronique JANS • Alan JENKINS •
Jean-Paul LAMBERT • Anne-France LANOTTE • Dieudonné LECLERCQ •
Pierre PESTIEAU • Marianne POUMAY • Marc ROMAINVILLE •
Cees VAN DER VLEUTEN

Troisième édition

MARDAGA

REMERCIEMENTS

Nous ne pouvons entamer ce survol introductif sans remercier chaleureusement celles et ceux sans qui ce livre ne serait pas. Nelly SAENEN, tout d'abord, et sa collègue Carla ENGLEBERT, qui en surmontant jour après jour les pièges de l'informatique ont dû plus qu'à leur tour se poser comme Hamlet la question *«Whether it is nobler in the mind to suffer slings and arrows of outrageous fortune or to take arms against a sea of troubles and, by opposing, end them»*. Elles y ont répondu avec leur sourire en plus de leur talent. Nous avions bien besoin des deux. Merci aussi aux relectrices et relecteurs : Marianne POUMAY, Véronique JANS, Bruno LECLERCQ et Pol GEORIS. Merci enfin à tous ceux qui m'ont accompagné dans cette aventure en mettant à la disposition de ce projet deux biens extrêmement précieux : leur temps et leur talent.

Il serait cependant injuste de ne pas dire aux lecteurs de quelles sources motivationnelles et conceptuelles l'actuelle rivière s'est gonflée au fil des ans. Aux sources de Maîtres comme Gilbert DE LANDSHEERE, Arnould CLAUSSE, Marc RICHELLE, Louis D'HAINAUT, Gérard FOUREZ, Robert GLASER, Jean Marie ALBERTINI, j'ai puisé l'envie de prolonger leurs combats et d'affiner les concepts qu'ils avaient ciselés. D'autres m'en ont donné et m'en donnent les moyens : les Recteurs BODSON et LEGROS, le Vice-recteur RENTIER, et *last but not least*, le Doyen de la Faculté de Psychologie et des Sciences de l'Éducation, Véronique DE KEYSER. Avec de tels capitaines, tout matelot se sent des forces décuplées pour carguer les voiles. Je fais ici allusion au Centre d'Auto-formation et d'Évaluations Interactives Multimédias (CAFEIM) qui leur doit tant. Et dont ils ont fait un précieux outil d'enseignement et de recherche. Gilberte REGINSTER-HANEUSE et Georges HENRY ont accepté durant des années de partager leurs moyens au bénéfice de CAFEIM.

Je ne puis taire non plus le plaisir que j'ai de travailler dans un domaine passionnant, mais qui bien plus est, avec des collègues appréciables... et appréciés. Avec l'équipe du STE tout d'abord, puis dans ma faculté et dans mon université où mes collègues partagent mes initiatives et/ou m'invitent au festin des leurs. Vu leur nombre, je risquerais de les oublier. Au niveau interuniversitaire, il en va de même. La Communauté française de Belgique compte un réseau de centres de recherche sur la pédagogie universitaire qui est un réseau d'amis. Outre ceux qui ont cosigné l'un ou l'autre chapitre de ce livre, je veux saluer ici Jean DONNAY, Jean-Marie DE KETELE, José Luis WOLFS, Christian DEPOVER, Jean-Emile CHARLIER, Bernadette NOEL, Jean-François d'IVERNOIS, Rémy GAGNAIRE, Jean-Philippe ASSAL et leurs équipes respectives, au contact desquels j'apprends de la façon la plus agréable qui soit. Ma pensée va aussi aux amis d'Outre-mer : Nacuzon SALL, Nérée BUJOLD, Denis RHEAUME, James BRUNO.

Enfin, les institutions elles aussi ont porté le présent projet. L'Université de Liège, évidemment, mais aussi le Fonds National de la Recherche Scientifique (FNRS) et le Conseil Interuniversitaire Francophone (CIUF).

Dieudo LECLERCQ

© 1998, Pierre Mardaga éditeur
Hayen, 11 - B-4140 Sprimont (Belgique)
D. 2005-0024-25

Les auteurs

André BEGUIN
est Secrétaire du Conseil académique et directeur de la cellule Enseignement à l'Université Catholique de Louvain (UCL).

Elise BOXUS
est Secrétaire scientifique du Conseil général des Études à l'Université de Liège et Secrétaire scientifique de l'Association Internationale de Pédagogie Universitaire (AIPU).

Marianne DEBRY
est Professeur de Psychologie de l'enfant et de l'adolescent et Présidente du Conseil des Études à la Faculté de Psychologie et des Sciences de l'Éducation (FAPSE) de l'Université de Liège (ULg).

Michel DELHAXHE
est conseiller au service Guidance Étude à l'Université de Liège (ULg).

Brigitte DENIS
est Premier assistant à la Faculté de Psychologie et des Sciences de l'Éducation (FAPSE) de l'Université de Liège (ULg) et Maître de conférence du cours de Technologie de l'Éducation.

Anne-Marie de KERCHOVE
est Professeur en Sciences Économiques et Doyen de la Faculté des Sciences Économiques aux Facultés Universitaires Saint-Louis (FUSL) à Bruxelles.

Graham GIBBS
est co-directeur du *Center for Higher Education Practice at the Open University* à Milton Keines (Angleterre).
Il était, auparavant, le directeur du *Centre for Staff Development* à l'Oxford Brookes University.

Jean Luc GILLES
est directeur du Centre d'Auto-formation et d'Évaluation Interactives Multimédias (CAFEIM) et assistant facultaire à la Faculté de Psychologie et des Sciences de l'Éducation (FAPSE) à l'Université de Liège.

Véronique JANS
est aspirante de recherche au Fonds National de la Recherche Scientifique (FNRS) de Belgique, attachée au Service de Technologie de l'Education de l'Université de Liège.

Alan JENKINS
est Professeur de Géographie à l'Oxford Brookes University, travaille au sein de l'*Educational Methods Unit* de cette université.

Jean-Paul LAMBERT
est Professeur de Sciences Économiques et Vice-recteur aux Facultés Universitaires Saint-Louis (FUSL) à Bruxelles.

Anne-France LANOTTE
est conseillère au service Guidance Étude à l'Université de Liège.

Dieudonné LECLERCQ
est Professeur en Technologie de l'Éducation à l'Université de Liège (ULg) et enseignant à la Maîtrise en Pédagogie de la Santé à l'Université de Paris-Nord (Bobigny).

Pierre PESTIEAU
est Professeur d'Économie publique à la Faculté d'Économie et de Gestion à l'Université de Liège (ULg).

Marianne POUMAY
est chercheur au Service de Technologie de l'Éducation (STE) de l'Université de Liège (ULg).

Marc ROMAINVILLE
est Chef de travaux en Pédagogie universitaire aux Facultés Universitaires Notre-Dame de la Paix (FUNDP) à Namur.

Cees VAN DER VLEUTEN
est Professeur en Sciences de l'Éducation, attaché à la Faculté de Médecine de l'Université de Maastricht (Hollande).

Introduction

Le présent livre comporte deux parties de cinq chapitres chacune. La première apporte des réflexions et des données pour alimenter le débat théorique et la seconde fournit des exemples de réponses méthodologiques pratiques à divers défis pédagogiques auxquels les universités sont aujourd'hui confrontées : comment animer les grands groupes? Comment rendre les étudiants responsables de leur formation? Comment lui donner du sens?

Bien que nous considérions que c'est l'apprentissage — et non l'enseignement — qui est au centre des processus de formation, c'est principalement aux encadrants, professeurs et assistants que nous nous adressons. Un ouvrage récent (FRENAY *et al.*, 1998) a fait le point sur la pédagogie universitaire vue sous l'angle de l'apprenant; le présent livre se veut complémentaire.

Que la pédagogie en œuvre dans les universités soit désormais l'une des facettes de leur «qualité» ne fait maintenant plus de doute. C'est ce que montrera le premier chapitre en commentant des textes qui mettent en place de vastes opérations d'évaluation de la qualité des universités européennes. Ce chapitre a été rédigé par Marc ROMAINVILLE et Elise BOXUS, impliqués dans la pédagogie universitaire, dans la démarche qualité et tous deux bien connus des membres de l'Association Internationale de Pédagogie Universitaire où ils militent.

La démocratisation des études supérieures est une question trop souvent laissée dans l'ombre. Parfois faute d'informations. Le deuxième chapitre rassemble précisément les données de base produites récemment en Communauté française de Belgique par André BEGUIN (à l'UCL), Anne Marie de KERCHOVE et Jean Paul LAMBERT (aux FUSL) et Pierre PESTIEAU (à l'ULg). Les analyses de ces économistes venus d'universités différentes montreront combien le sujet reste malheureusement d'actualité, car du côté du déficit démocratique d'accès, de réussite, de confort à l'université, les nouvelles ne sont pas bonnes.

L'université d'aujourd'hui n'est plus celle d'il y a dix ans à peine. Alors que de nouveaux défis (pré)occupent les responsables de la formation dans l'enseignement supérieur, d'autres encore se profilent déjà à l'horizon. Avec Marianne DEBRY et Elise BOXUS, engagées toutes deux dans les réformes pédagogiques de leur institution, nous avons identifié, dans le chapitre 3, les questions les plus brûlantes des débats actuels. Peut-on prédire la réussite (et donc l'échec)? Quelles attitudes développer vis-à-vis de la connaissance? Quel type d'université pour quel type d'étudiants? Une université *Fast Food* dans une société *Fast Food*? Quel sens a le travail? Quels sont ses rapports avec le jeu?

Les trois premiers chapitres ont permis de cerner les contraintes et les besoins.

Avant d'examiner les objectifs précis et des solutions méthodologiques pratiques, il importe de se donner des grilles d'analyse et un cadre conceptuel pour les appréhender. On peut en effet imaginer une infinité de stratégies et de méthodes, mais, fondamentalement, elles constituent des combinaisons plus ou moins originales de seulement une demi-douzaine de grands paradigmes d'apprentissage/enseignement. C'est ce que nous tentons de montrer au chapitre 4 avec Brigitte DENIS, spécialiste en technologie de l'éducation et nouvelles technologies de la communication.

De même, les méthodes mettent en œuvre divers niveaux d'expérience, soit directe, soit au travers de médias. Sous la conduite de Marianne POUMAY, spécialiste des médias et de leurs enjeux pour la formation, des membres du Service de Technologie de l'Éducation ont développé un modèle (le cône de l'expérience) que l'on jugera à sa fécondité soit dans l'interprétation de la réalité, soit pour la conception d'approches nouvelles.

Armés de ces réflexions axiologiques et psychopédagogiques concentrées dans les cinq premiers chapitres, nous pouvions passer en revue quelques-unes des solutions développées pour relever les défis actuels auxquels est confrontée la pédagogie universitaire. Nous avons fait le choix de présenter peu d'expériences, mais de les présenter en profondeur. Nous voulons qu'un enseignant universitaire trouve dans nos descriptions suffisamment de précisions pour décider de la pertinence de chacune des approches, rapportée à son propre contenu, sa propre institution, ses propres contraintes.

Un premier groupe de méthodes est présenté (au chapitre 6) grâce à nos collègues Graham GIBBS et Alan JENKINS. Avec leur aide, nous découvrirons quelques-unes des innovations de l'Oxford Brookes University, au travers de leurs témoignages de concepteurs et d'acteurs de ces avancées, et au travers du témoignage d'autres de leurs collègues. Les méthodes innovantes ont pour noms Exposés structurés, Plan Keller et Livre de travail. Nous commencerons par exposer le basculement radical que ces méthodes constituent par rapport au système universitaire traditionnel anglais.

Le témoignage du chapitre 7 est liégeois : l'Amphithéâtre Électronique est décrit, par l'équipe du Service de Technologie de l'Éducation (de l'Université de Liège) qui l'a développé et qui, avec l'aide de CAFEIM (le Centre d'Auto-Formation et d'Évaluations Interactives Multimédias) aide ses collègues à la mettre en œuvre quand ils l'adoptent. Sous ce titre à sensation — l'Amphithéâtre Électronique — figurent des concepts et des outils pédagogiques polyvalents (Lecture-Questions-Réponses-Test ou LQRT et un Système Adulte de Formation et d'Évaluation ou SAFE), sans lesquels les ressources technologiques les plus performantes resteraient sans âme. Ce chapitre bénéficie de la contribution de Jean Luc GILLES, directeur de Centre d'Auto-formation et d'Évaluation Interactives Multimédias (CAFEIM) de l'Université de Liège.

L'illustration du chapitre 8 nous vient de la médecine, mais porte sur un principe qui concerne potentiellement toutes les disciplines : l'Apprentissage Par Problèmes (APP). Il est particulièrement précieux pour moi d'avoir pu compter sur Cees VAN DER VLEUTEN, professeur de pédagogie attaché à la faculté de médecine de Maastricht, pour décrire ce système. On sait en effet que c'est à Maastricht que ce principe d'APP a été développé le plus en profondeur, avec des innovations uniques telles que les Tests de Progrès. Les échanges entre Maastricht et Liège sont d'autant plus intenses que le réseau ALMA (Aachen, Liège, Maastricht, Hasselt-Diepenbeek) rassemble ces universités sur des projets communs, notamment d'applications de technologie de l'éducation à la pédagogie universitaire.

Le dernier témoignage, à nouveau liégeois, est basé sur une formule bien connue : l'animation par les pairs. L'intérêt de cette formule a été ici renouvelé par une combinaison d'une part avec la pédagogie du projet et d'autre part avec les technologies de la communication à la fois comme objets d'apprentissage et comme supports d'animation. D'où le nom de la méthode exposée au chapitre 9 : Projets d'Animations Réciproques Multimédias (PARM). C'est principalement par Véronique JANS, qui mène une recherche FNRS sur les apprentissages autonomes et collaboratifs, que cette méthode a été appliquée à l'Université de Liège dans notre cours sur l'Audio-visuel et l'Apprentissage. La rédaction résulte à nouveau du travail d'une petite équipe du STE.

Enfin, le dernier chapitre (10) est consacré au dialogue entre professeurs et étudiants portant sur les méthodes d'apprentissage et d'enseignement. Ce chapitre se veut très pratique, en ce sens qu'il exploite les ressources de la poésie pour mettre à la disposition du lecteur des métaphores directement utilisables dans un dialogue. En effet, tant que tous les étudiants — et pas seulement ceux de psychologie — n'auront pas de formation systématique sur les processus d'apprentissage, il faudra trouver des langages communs pour dialoguer sur ce sujet. On sait combien les métaphores de l'urne (vide) que l'on remplit ou de la *tabula rasa* sur laquelle on construit sont inadéquates pour décrire les processus souhaitables d'apprentissage/enseignement. Michel DELHAXHE et Anne France LANOTTE connaissent bien ce problème de dialogue. C'est dans leur travail quotidien de conseillers en méthodes de travail au sein de la cellule Guidance Étude de l'Université de Liège qu'ils ont forgé ces métaphores et qu'ils les exploitent et les raffinent.

Au terme de ce survol, on constatera l'absence de plusieurs grandes préoccupations. Absence de considérations sur l'évaluation tout d'abord, celle des étudiants, évidemment, de leurs méthodes et des résultats de leurs apprentissages, mais aussi celle des enseignements, de leurs objectifs, de leurs stratégies, de leurs outils, de leurs effets. Absence aussi de considérations sur les technologies de l'information, pourtant de plus en plus présentes, même et surtout en non-présentiel (l'enseignement à distance). Chacun de ces thèmes peut à lui seul faire l'objet d'un ouvrage comme celui-ci. Plutôt que de les traiter superficiellement, nous avons préféré ne pas aborder du tout ces sujets sur lesquels pourtant nous développons une intense activité de recherche.

Nous accueillerons avec gratitude toute critique comme toute proposition d'échanges et de collaboration... car la recherche continue.

Dieudo LECLERCQ

Préface

La nécessité de penser la pédagogie universitaire est récente tant elle était — et est encore parfois — combattue par certains enseignants universitaires eux-mêmes. Pour ces critiques, le but essentiel de l'université est de produire des savoirs et les diffuser pose d'autant moins de problèmes que ceux qui ont «à en connaître» sont des adultes dotés en principe d'un bagage intellectuel élevé. Dès lors, quel besoin d'une pédagogie à l'Université ?

Il n'est pas étonnant que le titre de l'ouvrage soit en forme de plaidoyer. C'est qu'il importe de poursuivre l'effort d'explication, de démonstration, de persuasion auprès de la communauté universitaire. Rappeler, en particulier, que le rôle actuel de l'Université s'est très fort étendu par rapport à sa mission traditionnelle. Dans une «société cognitive» où connaissance et communication constituent les principaux enjeux de développement, l'Université est appelée — plus que toute autre structure — à contribuer à la richesse collective. Non seulement par la formation des futurs spécialistes, mais en assurant aussi une cruciale mission de vulgarisation auprès du grand public.

La pédagogie universitaire aborde des problématiques aussi fondamentales que celles de la genèse des savoirs, de leur partage, de leur appropriation et de leur application.

Ainsi, elle est concernée par la réflexion épistémologique sur le contenu disciplinaire, dès lors que la recherche nous indique que la structure de la connaissance détermine en grande partie les conditions de son apprentissage.

Elle est aussi impliquée dans la recherche sur les processus mêmes d'apprentissage et peut contribuer à en faire progresser la compréhension, dans la mesure où certaines recherches exigent des situations authentiques où des apprenants et des formateurs sont aux prises avec la complexité du réel.

Elle est encore responsable de la répartition démocratique des responsabilités concernant la gestion des savoirs. C'est que, comme adulte citoyen, l'étudiant du supérieur partage avec ses maîtres le devoir de définir ou d'infléchir les objectifs, les méthodes, les interactions, les systèmes d'évaluation. Ce que montre d'ailleurs la flexibilité avec laquelle les étudiants passent «de l'autre côté» de la salle de cours ou de travaux pratiques, du côté «encadrant».

Il est heureux que le professeur Dieudonné LECLERCQ ait pris le parti d'aborder peu de thèmes, mais de les traiter en profondeur. En particulier dans la seconde partie, exposant des méthodes où le lecteur peut non seulement prendre en compte les problématiques théoriques mais les implications pratiques. Ces quelques exemples en forme de témoignages suffisent cependant pour montrer que la pédagogie universitaire constitue une réalité concrète, fonctionnelle, dans plusieurs universités de la communauté européenne.

Nul doute que ce livre constituera une référence pour les Universités qui souhaitent s'engager dans une réflexion sur leur orientation et une réforme de leurs pratiques pédagogiques. Le mérite des auteurs de cet ouvrage collectif est de nous faire sentir que le changement éducationnel est nécessaire, réaliste et à portée de main.

Professeur Jean-François D'IVERNOIS
Département de Pédagogie des Sciences de la Santé
Université de Paris-Nord
UFR Santé Médecine

Chapitre 1
La qualité en pédagogie universitaire
Marc ROMAINVILLE et Elise BOXUS

A. LA QUALITÉ DANS LE MONDE INDUSTRIEL

B. LA QUALITE DANS LES SYSTÈMES DE FORMATION

C. LA QUALITÉ DE LA PÉDAGOGIE UNIVERSITAIRE

D. COMMENT ÉVALUER LA QUALITÉ ?

E. POURQUOI CE PRURIT ACTUEL DE L'ÉVALUATION DE LA QUALITÉ?

F. L'EXEMPLE D'UNE ÉVALUATION NATIONALE : LES PAYS-BAS

G. LES CRITIQUES SUR L'ÉVALUATION DE LA QUALITÉ

H. LE DOCUMENT DU CONSEIL DES RECTEURS FRANCOPHONES (CReF)

A. LA QUALITÉ DANS LE MONDE INDUSTRIEL

Comme le souligne KAUFMANN (1996), si chacun admet l'existence de la qualité, peu l'explicitent. Certaines définitions envisagent la qualité comme « l'adéquation des moyens aux objectifs » ou comme « la mesure dans laquelle les objectifs fixés sont atteints ». Pour le CEF[1] (1996), *« la qualité, est un concept complexe, qui diffère selon le produit, selon les attentes des utilisateurs, selon les processus et selon les résultats »*. En d'autres termes, comme le souligne la FEF[2], *« la qualité n'existe pas une fois pour toutes. Elle relève de la gestion d'un projet. Un projet se définit avec l'ensemble des acteurs concernés, est ensuite mis en application... avant d'être évalué. Après évaluation, le projet est reprécisé (redéfini) et ainsi de suite... La qualité s'inscrit ainsi dans un processus progressif infini qui fait que sa limite (l'excellence) n'est jamais atteinte. »*

Beaucoup de formulations sont directement transposées des normes du monde de l'industrie, comme les normes « ISO » qui définissent, notamment, la qualité comme l'*« ensemble des caractéristiques qui confèrent à une entité la capacité de satisfaire des besoins exprimés et implicites »*. La qualité intrinsèque d'un produit est choisie par la direction d'une entreprise en tenant compte du créneau de clientèle qu'elle vise et d'un coût de production déterminé. Le concepteur doit décrire le produit dans un dossier technique composé de plans et spécifications ; le producteur doit développer et mettre en œuvre une méthode de production et de contrôle qui permette de satisfaire au dossier technique. Pour l'industriel, la qualité « ISO » n'est ni bonne ni mauvaise ; elle est définie puis annoncée et les produits fabriqués lui sont tout simplement conformes ou non. La qualité « ISO » ne vise pas la performance maximale mais le respect intégral des performances contractuelles. Et lorsqu'en langage « ISO » on parle d'amélioration de la qualité, il s'agit essentiellement du développement de méthodes qui permettent d'éviter la fabrication de produits non conformes aux prescrits.

B. LA QUALITÉ DANS LES SYSTÈMES DE FORMATION

Cette démarche, qui se limite à atteindre les objectifs fixés sans notion d'excellence, ne peut s'attirer les faveurs du monde universitaire. De même, se borner à éviter la fabrication de produits non conformes ne peut être une vertu pédagogique ! Lorsqu'un enseignant se fixe des objectifs de formation, il est toujours implicite que ces objectifs sont définis *a minima* et que tout dépassement du seuil exigé est vécu comme une victoire.

L'ensemble de la démarche du monde industriel (définition du produit à atteindre, rédaction d'un dossier technique, mise en œuvre d'une méthode de production et de contrôle, respect des performances contractuelles) n'est toutefois pas à rejeter.

Pour évaluer la qualité dans les institutions de formation, les experts travaillant dans le cadre de l'expérience belge (KAUFMAN, 1995) se sont accordés sur l'importance de la concordance des objectifs poursuivis avec la réalité du terrain et se sont constitué un cadre de référence tenant compte, notamment, des indicateurs suivants : *les variables institutionnelles* (centrées sur l'Institution), *les variables contextuelles* (portant sur le profil des étudiants), *les variables « de présage »* (décrivant le contexte académique général), *les variables « de processus »* (contexte pédagogique)[3] et *les variables « produits »* (centrées sur les diplômés). Voici quelques points généralement traités pour chaque variable :

1. Variables institutionnelles

– La définition des objectifs de l'organisme; clarté de ceux-ci.
– Les moyens dont dispose l'organisme et qu'il juge essentiels pour atteindre les objectifs poursuivis.
– Le tissu de relations externes établi par l'organisme.
– L'autonomie dont dispose l'organisme pour adapter son enseignement, tant sur le plan pédagogique que dans la conception des programmes.
– L'organigramme de l'institution, notamment en ce qui concerne les structures de participation existantes.
– La prise en charge de leurs études par les étudiants.
– Les contraintes administratives, pédagogiques, organisationnelles, financières pesant sur l'organisme ou ressenties comme telles par celui-ci.
– La perception de l'organisation interne de l'institution; clarté de celle-ci.
– L'efficacité des modes de communication au sein de l'organisme.
– La structure générale du programme d'études, ses principes de base; les liens existant entre ses diverses composantes.

- L'actualisation régulière du programme des études.
- Le mécanisme interne d'évaluation de l'organisme et du programme d'études; le suivi de cette évaluation.
- Les critères définis par l'organisme pour apprécier la réalisation de ses objectifs.
- Le rapport entre le système organisationnel en place et les espaces de liberté favorables aux initiatives.
- La proportion établie dans les programmes entre les cours obligatoires et les cours à option.
- La politique sociale développée par l'établissement.

2. Variables contextuelles

- Le mode de «recrutement» des étudiants.
- Le mécanisme d'évaluation à l'entrée permettant l'appréciation du niveau des étudiants.
- Le service d'aide à l'orientation des étudiants à l'entrée dans l'enseignement supérieur.
- La connaissance du profil des étudiants qui s'inscrivent dans l'organisme, leur origine géographique et les zones de «recrutement».
- La motivation des étudiants pour la filière d'études choisie.
- Les études antérieures qu'ils ont accomplies.
- La qualité de «premier choix» pour la filière choisie.
- Les remises à niveau des étudiants organisées avant le début de l'année académique et/ou au début de celle-ci ou en cours de route pour les aider à s'insérer dans l'enseignement supérieur.

3. Variables de présage

- La formation initiale des enseignants.
- Le recrutement des enseignants et la procédure suivie en vue de celui-ci.
- Le pourcentage de professeurs invités ou vacataires dans le corps enseignant (fonctions accessoires).
- La formation continue prévue pour l'enseignant au cours de sa carrière, tant sur le plan pédagogique que dans le domaine de sa discipline spécifique.

- Les objectifs et les attentes des enseignants par rapport à l'organisme et aux étudiants.
- Les contacts organisés ou non entre professeurs et étudiants.
- L'évaluation des enseignants par les étudiants à travers leur enseignement (cours et séances d'applications).
- Les mesures concrètes qui sont prises par les responsables de l'institution dans le cas où un enseignant est apprécié, de manière plutôt négative par les étudiants.
- Les programmes d'échanges entre des professeurs de l'organisme évalué et des professeurs d'autres institutions, en Belgique et/ou à l'étranger.
- Les programmes de collaboration avec des partenaires de la profession pour améliorer l'insertion des diplômés dans la vie active.
- Les activités de recherche effectuées dans l'organisme et le personnel qui y est affecté.
- Le souci d'adaptation dans l'institution — tant dans le chef de l'enseignant que de l'étudiant — et les moyens mis en œuvre.
- Les études prospectives dans l'institution sur les formations y compris dans leurs aspects intercatégoriels.

4. Variables de processus

- Les moyens développés pour que l'enseignement dispensé favorise l'apprentissage de l'autonomie, de la créativité, de la communication, ...
- Les initiatives prises par l'organisme pour favoriser l'insertion des nouveaux étudiants.
- Les initiatives prises pour lutter contre l'échec.
- Les initiatives destinées à favoriser un enseignement modulaire, par unités capitalisables.
- Les réflexions menées sur la réussite et l'échec.
- Les remédiations mises en place pour aider les étudiants en difficulté, particulièrement au terme des épreuves de janvier.
- Le service de réorientation pour les étudiants en difficulté.
- L'importance accordée aux stages par l'institution.
- L'initiative laissée aux étudiants pour la recherche des stages.

- L'initiative laissée aux étudiants pour la détermination des travaux de fin d'études.
- L'ouverture de l'organisme sur l'environnement local et économique.
- Les échanges d'étudiants dans le cadre de programmes européens.
- La participation aux jurys d'examens de membres extérieurs à l'organisme.

5. Variables produits

- Le *feedback* du monde professionnel qui engage les diplômés; l'intérêt et le suivi qui lui sont portés.
- La connaissance du monde professionnel.
- La prise en compte par le programme des exigences professionnelles; la relation établie entre les objectifs du programme et la pratique de la profession concernée.
- L'adéquation entre l'emploi décroché et le diplôme obtenu, le niveau de qualification ou le type de qualification.
- Le suivi de l'institution pour favoriser l'insertion professionnelle des diplômés.
- La politique de formation continue développée par l'organisme en faveur de ses diplômés.
- L'intérêt porté par les diplômés à l'obtention de diplômes complémentaires accessibles.

C. LA QUALITÉ DE LA PÉDAGOGIE UNIVERSITAIRE

1. Vers des indicateurs basés sur la qualité de l'apprentissage

Selon NIGHTINGALE et O'NEIL (1994), les indicateurs habituellement utilisés sont, en définitive, trop éloignés des objectifs fondamentaux de l'université. En effet, le but premier d'une formation universitaire n'est pas de «faire réussir», de «diplômer» ou «d'éviter les abandons». Prenons un exemple caricatural : si l'évaluation des étudiants se réalise, dans une faculté, par des examens de restitution de pure mémoire, une politique de la qualité, en cherchant à éliminer toutes les erreurs du système, pourrait avoir pour objectif de décourager l'apprentissage en profondeur!... Une démarche qualité exige donc d'abord une réflexion en profondeur et un débat sur les objectifs fondamentaux d'une formation universitaire. Le but du présent ouvrage est de fournir des matériaux à cette réflexion en profondeur.

Dans ce sens, NIGHTINGALE et O'NEIL (1994) suggèrent de se baser plus explicitement sur les critères d'un **apprentissage** universitaire de qualité, c'est-à-dire qui développera chez l'étudiant les capacités :

- de retenir de manière durable un ensemble de savoirs,
- d'appréhender des savoirs de manière autonome,
- d'établir des liens entre ses connaissances antérieures et de nouveaux savoirs,
- de se créer son propre savoir,
- d'appliquer ce savoir dans la résolution de problèmes,
- de communiquer ce savoir à d'autres,
- de vouloir apprendre de nouveaux savoirs tout au long de sa vie.

2. Des indicateurs de la qualité de l'enseignement

Pour NICHTINGALE et O'NEIL (1994), un **enseignement** universitaire de qualité :

1. Favorise le développement, chez l'étudiant, de qualités lui permettant un apprentissage en profondeur et promeut l'indépendance et l'autonomie, par exemple en multipliant notamment les situations d'apprentissage autonome (projets, travaux personnels, enquêtes personnelles, etc.).

2. Vise aussi à ce que l'étudiant se construise une solide base de connaissances, développe un esprit critique par rapport aux disciplines enseignées et à leurs méthodes, à ce que l'étudiant ait une bonne estime de soi, le «goût du savoir», l'envie d'apprendre encore après ses études et maîtrise un certain nombre de compétences méthodologiques et de traitement de l'information telles l'expression écrite, la capacité de distinguer l'essentiel de l'accessoire, etc.

3. Utilise l'expérience de l'étudiant comme une des ressources de l'apprentissage, notamment en faisant émerger les représentations naïves des concepts enseignés, en s'adaptant au niveau de connaissances des étudiants et en leur proposant des situations d'apprentissage issues de la vie quotidienne et/ou en relation avec leur future profession.

4. Vise à développer l'apprentissage actif et coopératif. L'apprentissage actif exige que l'étudiant exerce une activité mentale de haut niveau (compréhension en profondeur, réflexion, appropriation personnelle)

durant les activités d'enseignement. L'apprentissage coopératif invite l'étudiant à développer ses compétences de relations sociales, par exemple via du tutorat, des discussions de groupe en séminaire, etc.

5. Vise à promouvoir la responsabilité de l'étudiant dans ses apprentissages, par exemple par la possibilité de négocier des parties de sa formation (contenu, parcours, modes d'évaluation) en fonction de son projet personnel.

6. S'intéresse au développement global de l'étudiant, donc tout autant à ses attitudes (confiance en lui, capacité de prendre des risques...) et à ses valeurs qu'à son développement intellectuel.

7. Veille à diversifier les modes d'évaluation en privilégiant ceux qui sont en congruence avec les objectifs de l'enseignement et ceux qui encouragent un apprentissage en profondeur.

8. Met en place des dispositifs pour analyser et réguler la formation offerte notamment à l'aide des avis des étudiants et de collègues.

9. Se réalise dans des conditions environnementales, physiques et sociales appropriées : accès aux bibliothèques et aux technologies de l'information, équipement des salles de cours en moyens didactiques, etc.

RAMSDEN (1991) a construit un questionnaire standardisé d'évaluation par les étudiants de la qualité d'un programme de cours sur la base d'une pareille réflexion de fond. Ce questionnaire est utilisé actuellement à grande échelle en Angleterre et en Australie.

D. COMMENT ÉVALUER LA QUALITÉ ?

1. L'auto-évaluation

Première étape de l'évaluation, l'auto-évaluation est un élément clé : elle fait de l'évalué le premier acteur et le partenaire critique du processus. Il est l'interlocuteur privilégié de l'évaluation externe. Cette démarche instaure une atmosphère de confiance vis-à-vis des experts externes. Cette auto-évaluation

– doit permettre de fournir une analyse autocritique complète de l'enseignement dans la discipline évaluée ;

– est préparée par ceux qui sont les mieux placés pour juger des forces et des faiblesses ;

– indique le cadre général du département et de l'établissement, l'engagement affiché en faveur de la qualité ;

- permet aux experts externes d'identifier les domaines qui pourraient mériter un examen attentif.

2. L'évaluation externe[4]

La mission d'un groupe d'experts consiste à examiner les questions touchant à l'enseignement, les formations et les étudiants, **sur la base des informations fournies** par le département évalué et par le biais **d'entretiens lors de la visite** du site.

Ils doivent notamment s'assurer que les objectifs minima attendus pour l'étudiant sont atteints dans tous les aspects mesurés.

Ils sont entre autres invités à

- prendre en compte les avis des étudiants ;
- examiner les relations entre le département et l'établissement et envisager les liens entre l'enseignement et la recherche ;
- formuler des recommandations pour améliorer la qualité de l'enseignement.

Le groupe d'experts doit également formuler un avis sur les questions suivantes
- les objectifs de formation sont-ils clairement formulés ?
- comment se traduisent-ils au niveau du programme d'études ?
- l'évaluation des étudiants et les examens reflètent-ils le contenu des programmes et des cours ?
- un diplômé a-t-il vraiment acquis les connaissances, compétences et aptitudes prévues ?

Les experts peuvent rencontrer des étudiants et estiment souvent que les entretiens avec ceux-ci constituent l'une des parties les plus riches de leur visite.

La visite des laboratoires, des bibliothèques, des salles de cours permet également de situer le niveau général de l'équipement et les carences en la matière.

Enfin, la rencontre avec les enseignants s'avère souvent fructueuse en ce qu'elle permet d'apaiser leurs inquiétudes à l'égard de l'évaluation.

E. POURQUOI CE PRURIT ACTUEL DE L'ÉVALUATION DE LA QUALITÉ ?

L'origine de cette épidémie actuelle de l'évaluation de la qualité est sans doute à rechercher d'abord dans l'évolution de la conception même de l'université. Dans les années 60-70, l'université apparaît comme un instrument déterminant d'une plus grande justice sociale (NEAVE, 1996). La mobilité sociale passant désormais par le diplôme, l'université doit ouvrir largement ses portes pour permettre au pays d'utiliser son «fonds d'aptitude» davantage qu'au temps de la seule formation des élites. La crise de 1968 en particulier met en scène l'université comme moteur d'une réforme radicale de la société. Dans une conception souvent hostile à l'industrie et au «profit» privé, ceux qui se trouvent sur les barricades défendent l'idée d'une université fièrement indépendante des milieux économiques et industriels. La «liberté académique» est la valeur suprême. En forçant quelque peu le trait, l'image générale de ces années glorieuses est celle d'une université investissant largement dans la formation de sa jeunesse, conformément à ses objectifs de démocratie sociale.

Dans les années 80, la sacro-sainte «rigueur budgétaire» impose progressivement un autre modèle de l'université. D'abord, compte tenu des difficultés de plus en plus importantes des finances publiques, elle est invitée à réaliser une volte-face complète en se rapprochant des milieux industriels : on exige que l'université participe activement au **développement de la compétitivité** du pays[5]. Le livre blanc publié en 1988 sur les universités australiennes est très clair à ce sujet. L'objectif est de former une main d'œuvre dynamique et compétente. Des priorités nationales sont même définies : les sciences de l'ingénierie, les sciences et la technologie, le commerce et le management (NIGHTINGALE et O'NEIL, 1994).

Par ailleurs, l'État n'est plus un moteur généreux de transformation sociale, ouvrant «ses carrières au talent» : il est devenu avant tout un «État évaluatif» (NEAVE, 1996). Bénéficier d'un financement public revient en quelque sorte à accepter une aide publique donc à s'engager à rendre compte de son utilisation. Issues du secteur privé, des techniques d'évaluation de la qualité sont introduites dans l'université d'abord dans les pays anglo-saxons, les premiers à avoir dérégulé les services publics. Petit à petit, pratiquement tous les gouvernements se dotent de systèmes de contrôle de l'utilisation des deniers publics par l'Université. Pour certains (ZINK et SCHMIDT, 1995), l'université peut d'ailleurs s'inspirer directement des démarches de qualité mises en œuvre dans les entreprises. Même les critères pourraient être importés tels quels : satisfaction du client, réduction des erreurs à zéro, etc.

Un deuxième facteur qui a probablement favorisé ce prurit d'évaluation de la qualité réside dans la **désacralisation** qu'a connue l'université ces 25 dernières années. Elle n'est plus une vénérable institution culturelle qui, par ses hauts objectifs universels de création de savoir, transcende le temps et l'espace. Des doutes s'expriment de plus en plus souvent quant à sa capacité à agir conformément à ce que la société attend d'elle. NEAVE (1996) parle d'une conception « *utilitaire et carrément pessimiste de l'université* ».

Si l'État veut contrôler plus, c'est en définitive pour intervenir moins. En mettant en place une régulation via les mécanismes classiques du marché capitaliste, les gouvernements favorisent tout à la fois l'autonomie des institutions et une évaluation externe de leur qualité. Pour SEGERS et DOCHY (1996), cette nouvelle conception de l'université est censée aboutir à une augmentation de la qualité des services rendus (recherche et enseignement) en différenciant les institutions universitaires et en les plaçant dans une situation de compétition à l'intérieur d'un marché de l'enseignement supérieur « dérégulé ».

L'**internationalisation** est un troisième facteur qui a contribué, sinon à la création, du moins à l'extension rapide de cette manie évaluatrice. Les modèles de l'enseignement supérieur ont été exportés de pays à pays. La mondialisation n'est pas qu'économique. Une idée tacitement admise circule dans les textes prônant l'évaluation de la qualité : il existe des solutions internationales aux problèmes que rencontrent les universités d'un pays donné. Ainsi, les Pays-Bas ont largement imité les procédures en cours aux États-Unis.

Enfin, la **massification** qu'avait permise le modèle des années 60 n'est pas étrangère à cette angoisse de la qualité. Le recrutement des étudiants et des enseignants s'est fait plus large tant du point de vue de l'origine sociale, de l'âge, des intérêts que de celui des talents. L'enseignement doit s'adapter à cette nouvelle diversité et relever le défi. Plus prosaïquement, cette massification accompagnée d'une prolifération des champs de recherche a considérablement augmenté les budgets alloués aux universités et donc le souci de contrôle de la part des pouvoirs subsidiants.

Toutes ces raisons expliquent qu'une panoplie d'instruments de contrôle soient progressivement mis en place. Les universitaires s'en accommodent en invoquant des arguments qui manifestent leur impuissance : combien de fois n'a-t-on pas entendu cette phrase «puisqu'évaluation il faudra, dans un futur proche, autant s'y préparer avec ses propres forces» (KAUFMAN *et al.*, 1995).

F. L'EXEMPLE D'UNE ÉVALUATION NATIONALE : LES PAYS-BAS

En France, les universités sont libres de choisir les indicateurs qui régiront leur (auto-)évaluation. En Angleterre, un manuel beaucoup plus précis a été édité ; chaque indicateur y est défini et commenté. A titre d'exemple, les indicateurs suivants ont servi à l'auto-évaluation de huit facultés d'économie aux Pays-Bas. Ils sont extraits d'une étude de SEGERS et DOCHY (1996) portant sur les rapports d'auto-évaluation rédigés de manière descriptive, sans réelle analyse critique. Les auteurs de cette étude font remarquer que la validité des indicateurs n'est pas vérifiée. De plus, ceux-ci sont tantôt assez opérationnels, tantôt des thèmes à propos desquels une description qualitative est proposée.

Indicateurs liés aux étudiants

- pourcentage de réussite en fin de première année,
- pourcentage et obtention d'un diplôme de chaque cycle,
- pourcentage d'abandon en cours d'année,
- pourcentage de réorientation,
- ratio durée normale des études/durée effective,
- taux d'emplois obtenus après x années, dans le domaine professionnel.

Indicateurs liés aux enseignants

- qualifications pédagogiques,
- politique de recrutement,
- nombre d'heures d'enseignement.

Indicateurs liés aux programmes de cours

- clarté dans la description des objectifs du programme,
- pertinence de ces objectifs par rapport à la vie professionnelle,
- taille des groupes d'étudiants,
- congruence entre méthodes d'enseignement et d'évaluation,

- place accordée à l'innovation pédagogique (temps et moyens),
- degré de choix dans le curriculum,
- possibilité de formation continue, à mi-temps, etc.

Indicateurs liés à l'institution
- structure de décision,
- système de contrôle de la qualité.

G. LES CRITIQUES SUR L'ÉVALUATION DE LA QUALITÉ

Certains n'hésitent pas à considérer cette manie de tout mesurer au présent, ce recours à la technicité du court terme comme un refuge face aux incertitudes du futur et au manque de projets de nos sociétés en crise.

« Lorsque nous n'avons pas une vision de l'avenir, le présent nous semble toujours particulièrement chaotique, non maîtrisé et non maîtrisable. Alors, tout naturellement, nous cherchons à le maîtriser. La technicité est nécessaire. Mais ce n'est pas une attitude audacieuse. Il n'y a là aucune aventure. » (NEAVE, 1996, 25) En effet, si tout le monde peut s'accorder à vouloir être plus efficace, le problème majeur est que personne n'a encore répondu à la question : «Efficace, pour faire quoi?»

1. Des critères venus d'ailleurs

Sans doute l'université était-elle dans le passé trop éloignée et peu à l'écoute des valeurs et du fonctionnement du monde industriel. Mais peut-être commet-on une autre erreur en voulant la confondre avec ce monde, en lui appliquant ses méthodes de gestion. Dans les documents nationaux de politique d'évaluation de la qualité, il est clair que le langage dominant est celui du «management» axé sur «l'efficacité», «l'efficience», le contrôle, la prédictibilité. En particulier, le langage de la «qualité totale» provient directement du monde industriel et BENSIMON (1995) a bien montré comment, aux États-Unis, les grandes compagnies ont favorisé l'adoption par les universités de ce langage et des pratiques qui y sont associées, notamment en lançant des programmes de partenariat sur ce thème. En définitive, si la qualité vise à satisfaire le client, l'analyse de BENSIMON aboutit à la conclusion que le client ultime, derrière l'étudiant, est bien l'entreprise. Elle rappelle ainsi combien la définition de la qualité n'est pas neutre et relève au contraire d'intérêts particuliers, de valeurs et de croyances à propos de ce qui est perçu comme « le bien commun » à développer, à un moment donné, dans une société donnée.

On peut s'interroger sur la pertinence d'un tel type de langage dans le domaine de la formation universitaire en particulier. L'enseignement est-il un processus entièrement planifiable, mesurable, dans lequel on pourrait établir un lien direct entre des « *input* » et des « *output* » ? CREBBIN (1997) a bien montré l'abîme qui sépare le discours managérial des autorités publiques sur la qualité et ceux d'enseignants pourtant réputés « excellents » dans leur faculté. Ces derniers insistent sur le caractère multidimensionnel du processus d'enseignement, sur son caractère indéterminé (l'explication des résultats ne se réduit pas aux facteurs de la situation), imprévisible, incertain, provisoire et impersonnel. Il nous est tous arrivé par exemple, de constater qu'une activité d'enseignement qui avait parfaitement fonctionné avec un groupe d'étudiants semble « ne pas prendre » avec un autre, sans que l'on puisse en déterminer précisément les raisons.

2. Des effets pervers bien tangibles

Si les bénéfices réels de l'évaluation de la qualité restent flous, on en sait par contre un peu plus sur ses effets pervers. La démarche peut se révéler oppressive pour ceux qui la subissent. Ils développent alors des comportements et une culture de la conformité : le seul but est de montrer comment l'institution évaluée rencontre les critères d'évaluation ; parfois sans même se soucier de savoir s'ils lui sont pertinents. Les visites sont préparées avec angoisse : quelquefois, on organise des répétitions. Selon TROW (1996), qui a une longue expérience de ces pratiques aux États-Unis, les rapports d'auto-évaluation ressemblent étrangement à ceux que les autorités d'un pays vaincu sont tenues de présenter aux forces d'occupation ! L'objectif n'est plus d'analyser sincèrement son mode de fonctionnement ou d'établir un état des lieux critique, mais de produire un document de relations publiques vis-à-vis des commanditaires de l'évaluation.

Surtout lorsque l'évaluation est liée au financement, les institutions ont tendance à ne faire état que de leurs forces, leurs succès et à taire leurs faiblesses, leurs échecs. Dans un tel système, la vérité n'est pas toujours payante. Pour TROW (1996), les procédures d'évaluation externe de la qualité liée au financement aboutissent dès lors à l'effet inverse de celui recherché : les problèmes réels sont négligés, voire niés.

3. La complexité des relations causales

En France, les établissements du secondaire sont évalués notamment en regard du taux de réussite de leurs élèves au baccalauréat, épreuve nationale externe (THELOT, 1993)[6]. A l'Université, les facultés ou départements évalués sont aussi ceux qui ont procédé à l'évaluation de l'étudiant et qui ont décidé de son échec ou de sa réussite. Les critères du type « taux de réussite », « taux de diplômés », etc., dépendent donc trop directement de la faculté ou du département que l'on cherche à évaluer pour être d'authentiques indicateurs de la qualité.

La dépendance vis-à-vis de quantité d'autres variables les rend difficilement interprétables (SHARP, 1995; JONES et TAYLOR, 1990). Prenons le taux de passage d'une année à l'autre, de la deuxième candidature à la première licence, par exemple. Imaginons que ce taux augmente significativement depuis quelques années dans une faculté. Ce peut-être dû à une sélection préalable en première année plus drastique et/ou plus appropriée. Peut-être les étudiants des années antérieures se dirigeaient-ils davantage vers une première licence dans une autre université? Les enseignants peuvent aussi avoir tout simplement baissé leur niveau d'exigence. Bref, cet indicateur ne peut être tenu comme un signe valide de l'amélioration de la qualité de l'enseignement en deuxième candidature. Autre exemple : le taux de grades en fin de deuxième cycle. De nouveau, une variation de cet indicateur est difficilement imputable à la seule qualité de l'enseignement : la variation peut être due à un groupe d'étudiants particulièrement exceptionnels, à une baisse des exigences, à une sélection plus précoce, etc. Troisième exemple : le taux de diplômés qui ont réussi à s'insérer professionnellement ne dépend évidemment pas que de la qualité de l'enseignement. Prenons l'exemple de l'expérience pilote belge qui portait notamment sur une formation d'ingénieurs industriels. Alors que la qualité de nos ingénieurs industriels est habituellement reconnue, y compris à l'étranger, leur taux d'insertion professionnelle semblait diminuer ces dernières années. L'évolution de cet indicateur laisse-t-elle présager une baisse de la qualité de l'enseignement ou n'est-elle pas plus facilement explicable par le déclin du tissu industriel wallon?

Même si l'évaluation s'appuie, comme nous le suggérerons dans la suite, sur des critères liés directement à la qualité de l'apprentissage des étudiants, des problèmes d'interprétation subsistent. Ainsi, on sait que la qualité de l'apprentissage des étudiants dépend en partie du type d'évaluation organisée. Une évaluation par questions ouvertes, demandant à l'étudiant une production écrite personnelle d'une certaine ampleur favorise davantage une approche en profondeur des contenus du cours qu'un

QCM simpliste à temps limité portant sur des faits. Or la massification, qui n'a pas été suivie d'une augmentation proportionnelle des moyens alloués aux universités, a rendu ce type évaluation ouverte très difficile à organiser avec de grands groupes. La qualité de l'enseignement n'est à nouveau pas la seule en cause.

4. Des indicateurs un peu étroits

En regard des nobles objectifs de l'enseignement supérieur, les indicateurs apparaissent souvent comme fort étroits. Si nos examens permettent de délivrer des diplômes et des grades, il ne faudrait pas entretenir l'illusion qu'ils mesurent parfaitement les effets d'une formation, voire d'une éducation universitaire. *« Notre impact sur nos étudiants ne sera jamais vraiment connu; il émergera tout au long de leur vie et prendra des formes variées aux différentes étapes de leur carrière... Bien plus, le plus important n'est sans doute pas mesurable. Une des fonctions majeures de la formation universitaire qui échappe sans doute à toute tentative de mesure réside dans notre capacité à élargir l'horizon de nos étudiants, à les encourager à aller plus loin que s'ils ne nous avaient pas rencontrés. L'université apprend aux étudiants à développer de nouvelles idées, les leurs, et pas seulement à manipuler celles des autres. »* (TROW, 1996, 77)

Les effets les plus bénéfiques d'une formation universitaire sont en définitive peu mesurables, surtout sur le court terme et l'apport spécifique de tel ou tel enseignant devient vite impossible à déceler. Comment évaluer si des étudiants sont devenus plus adaptables, plus enclins à apprendre tout au long de leur vie, à participer en tant que citoyens à une société plus juste et plus humaine? On voit vite qu'en regard de ces questions, des indicateurs du genre « taux de diplômés insérés » font pâle figure. Bien sûr, la démarche « qualité » interne, qui invite une institution ou un département à s'interroger sur ses forces et ses faiblesses, n'est pas ici remise en cause. L'expérience montre que des effets positifs sont aussi observés. La seule phase de constitution du rapport d'auto-évaluation est d'ailleurs souvent instructive indépendamment du rapport lui-même ou de son utilisation : l'institution ou le département prend du temps pour analyser son fonctionnement, pour y repérer des lacunes, pour suggérer des améliorations. Dans le même sens, le système d'experts externes a permis à de nombreux académiques de sortir de leur université et d'être confrontés à d'autres pratiques. Ils peuvent devenir des agents de dissémination d'innovations... dans leur propre institution. Dans l'université évaluée, la démarche favorise aussi le dialogue entre départements.

H. LE DOCUMENT DU CONSEIL DES RECTEURS FRANCOPHONES (CReF)

En Communauté Française de Belgique, un groupe de travail a été instauré par le CReF. Il regroupe des représentants des neuf institutions universitaires de la Communauté française de Belgique. Son rapport (BOUCHER *et al.*, 1997) stipule d'emblée que *« la qualité dans les universités est un argument de la reconnaissance de leurs rôles au sein de la société »* (2). Il précise le contenu du rapport d'auto-évaluation :

« Le rapport d'auto-évaluation définit les objectifs de la formation étudiée, précise dans quelle mesure ils sont réalisés et, le cas échéant, expose les moyens de remédiation envisagés ou en voie d'élaboration. » (AACSB, 1993 ; VSNU, 1995)

Dans son rapport d'auto-évaluation, chaque institution doit répondre au moins aux questions suivantes :

« – Quels sont les objectifs de la formation ? Sont-ils adéquats, complets, clairement formulés ? Sont-ils connus de tous les intéressés ? Existe-t-il un consensus interne quant à leur interprétation ?

– Les programmes et les services offerts par l'institution sont-ils conçus en fonction des objectifs précités ? Les reflètent-ils adéquatement ? Fonctionnent-ils correctement ? Quels sont les principaux problèmes rencontrés ? Comment envisage-t-on d'y remédier ?

– L'institution dispose-t-elle des ressources humaines et matérielles nécessaires à la mise en œuvre des formations proposées ? Quelle est l'évolution prévisible de ces ressources par rapport aux besoins ?

– Dans quelle mesure les objectifs de la formation sont-ils atteints ? Quelle information permet d'en juger ? Comment cette information doit-elle être interprétée ? »

Le caractère « ouvert » de ce document nous paraît refléter le souci non seulement de cohérence, mais aussi de liberté dans l'expression de la particularité de chaque institution, deux qualités que devrait avoir toute « démarche qualité » dans l'enseignement universitaire.

CONCLUSION

L'évaluation de la qualité dans l'enseignement supérieur est en marche. Dès janvier 1999, chaque institution universitaire francophone rédigera un rapport d'auto-évaluation pour deux de ses sections au moins. Deux étapes cruciales sont à respecter : définir ses objectifs et évaluer les moyens mis en œuvre pour les atteindre.

La première peut être révélatrice des réels instigateurs des formations proposées. S'agit-il du monde scientifique ? Du monde économique ? Les objectifs ont-ils fait l'objet d'un débat public ? Autant de questions centrales.

Au cours de ce chapitre, différents effets pervers ont été soulignés. Ils sont notamment liés à la combinaison évaluative adoptée. Une évaluation interne portant sur des critères internes ou une évaluation externe utilisant les critères internes de l'institution ne peuvent que susciter la suspicion. Par contre, la formule suggérée par le CReF — utiliser une (auto-)évaluation interne en se servant de critères externes — profite tout d'abord à l'institution en ce qu'elle pousse ses membres à une auto-critique tant négative que positive et à l'échange avec tous ses partenaires.

L'évaluation externe par les experts gagnerait à être complétée par l'avis d'anciens étudiants déjà insérés dans le circuit professionnel. Ces derniers nuanceraient sans doute l'impact que les institutions projettent sur leurs formations. Ainsi, de jeunes diplômés depuis un voire deux ans renseigneraient sur le niveau d'adaptabilité à court terme que la formation leur a permis. De même, des diplômés depuis cinq ans souligneraient sans doute les apports «à long terme» de leur formation universitaire. Enfin, après dix ans, des professionnels pourraient dénoncer les carences et souligner les forces de cette formation.

Le maître mot en qualité est «cohérence»; en pédagogie universitaire, il se doit d'être «excellence».

NOTES

[1] Conseil de l'Éducation et de la Formation (CEF).
[2] Fédération des Étudiants Francophones (FEF), *Les modules capitalisables*, Bruxelles, 17 novembre 1997.
[3] La prise en compte de ces facteurs pédagogiques va dans le sens des recommandations du Conseil de l'Éducation et de la Formation (CEF). Celui-ci propose en effet que la qualité du processus d'évaluation des enseignements de première année ainsi que les moyens de remédiation offerts aux étudiants soient des éléments largement pris en considération lors de l'évaluation complète des établissements, CEF/avis, n° 52/9, janvier 1998.

⁴ Les remarques ci-après sont extraites du rapport européen sur les premières évaluations «qualité» dans l'enseignement supérieur en Communauté française de Belgique (KAUFMAN, 1996).

⁵ Ce même mouvement peut être observé dans l'ensemble du système éducatif. Ainsi, l'irruption du terme de «compétence» dans les nouvelles directives officielles, terme qui provient d'ailleurs de la formation professionnelle, peut être analysée comme le signe d'une modification profonde amenant l'école à davantage se soucier de l'efficacité économique des élèves qu'elle diplôme.

⁶ Le taux brut d'obtention du bac n'est pas utilisé tel quel, mais on cherche à savoir quelle est la «valeur ajoutée» par l'établissement compte tenu du niveau de départ de ses élèves (parcours scolaires antérieurs et niveau socio-culturel des familles).

Chapitre 2
L'enseignement universitaire est-il démocratique ?

Dieudonné LECLERCQ, André BEGUIN,
Anne-Marie DE KERCHOVE, Jean-Paul LAMBERT
et Pierre PESTIEAU

A. COMMENT ÉVOLUE LE DÉFICIT DÉMOCRATIQUE DANS L'ENSEIGNEMENT SUPÉRIEUR ?

B. LE PARCOURS DANS LE SECONDAIRE EST-IL LIÉ AU PARCOURS UNIVERSITAIRE ?

C. LE PARCOURS ANTÉRIEUR DANS LE SUPÉRIEUR... ET LA SUITE

INTRODUCTION

> « *On peut définir un enseignement démocratique comme celui qui donne à chaque individu les mêmes chances d'accès et de réussite, indépendamment de son origine sociale. Cette égalité de chance n'est cependant pas absolue ; elle sous-entend au départ des dispositions intellectuelles identiques.* » (DONNI et PESTIEAU, 1995, 415).

La problématique de la démocratisation des études universitaires est fort complexe. Un « déficit démocratique » peut se mesurer à divers niveaux parmi lesquels on peut distinguer l'accès, le confort (ex. : disposer ou non d'un ordinateur et d'une imprimante à la maison), l'abandon, la réussite, la réorientation, l'obtention d'un diplôme et la poursuite d'études complémentaires (post-graduat, doctorat, etc.).

Il ne sera pas possible d'aborder tous ces points, souvent faute de disposer de données quantitatives originales. Nous nous contenterons donc d'éclairer certains d'entre eux en nous attachant particulièrement à la Communauté française de Belgique. Des références de pays ou communautés voisin(e)s seront parfois fournies.

Nous n'ignorons pas que la problématique de la démocratisation renvoie aussi à des contenus plus subjectifs et plus subtils, qui ne se laissent appréhender qu'au travers d'indicateurs relatifs aux pratiques sociales et culturelles qui différencient les étudiants selon leur milieu d'origine. Ce sont notamment ces pratiques qui influencent le parcours universitaire et se retrouvent synthétisées dans la variable « origine sociale » ou « catégorie socio-professionnelle ».

A. COMMENT ÉVOLUE LE DÉFICIT DÉMOCRATIQUE DANS L'ENSEIGNEMENT SUPÉRIEUR ?

1. Accès et origine sociale

a) *En 30 ans, l'Université française a commencé à s'ouvrir aux classes sociales moins favorisées.* C'est ainsi que nous résumons l'observation de ROULIN-LEFEVRE et ESQUIEU (1992) qui concluent à une *« réelle ouverture de l'université française »* puisqu'en 1960, les enfants d'ouvriers allaient 40 fois moins à l'université que les enfants de cadres contre 6 fois moins en 1990. Le déficit démocratique à l'accès n'en reste pas moins gigantesque puisqu'un facteur d'amélioration débouche encore sur un facteur 6 de déficit.

b) *En Flandre, on observe une interaction entre choix de filière et origine sociale.* VANDEKERKHOVE et HUYSE (1991) soulignent qu'en Flandre, les étudiants sortant du secondaire se dirigent vers le SC (Supérieur Court), le SL (Supérieur Long) et l'Université selon les proportions respectives de 53, 11 et 8 % dans la catégorie socio-professionnelle (CSP) la moins élevée[1] et de 24, 18 et 49 % dans la catégorie la plus élevée.

En statistique, CRONBACH et SNOW (1977, 3) parlent d'«interaction» quand des situations «indépendantes» comme différentes filières possibles (SC, SL ou Université), font l'objet de comportements différents (ex. : le pourcentage d'orientation) selon les types de personne (ici les CSP- : 53, 11 et 8) et (ex. : les CSP+ : 24, 18 et 49).

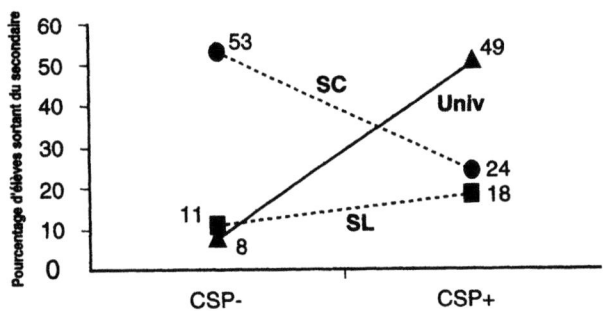

L'interaction s'observe graphiquement au non parallélisme des droites. Nous sommes même ici en présence de deux types d'interaction.

– La première est une **interaction simple** : les deux droites ne se croisent pas. C'est le cas pour l'appartenance à l'une des deux catégories professionnelles (CSP- et CSP+), qui a un effet différentiel sur l'orientation entre SC et SL *uniquement* quand on est CSP-, mais pas quand on est CSP+.

– La seconde est une **interaction croisée** : les deux droites se croisent. L'orientation vers l'Université par rapport au SC est beaucoup plus forte quand on est CSP+ *et c'est l'inverse* quand on est CSP-.

Après les 30 glorieuses, peu de différence en Flandre. Une rupture économique mondiale s'est produite en 1973. A-t-elle modifié les évolutions ci-dessus ? DELEECK et STORMS (1989) comparent, en Flandre toujours, l'évolution entre 1976 et 1985 de la proportion dans chaque filière d'étudiants dont les parents se situent dans les deux déciles supérieurs de revenus. Ils constatent respectivement 38 et 37 % (*statu quo*) pour le Supérieur Non Universitaire et 49 et 53 % pour l'Université. Peu d'évolution donc pendant les « 20 douloureuses ».

2. Réussite et origine sociale

a) *A deux décennies de distance, à l'UCL, une évolution négative.*
BEGUIN (1991) a étudié l'évolution de 1968 à 1990 des inscriptions des étudiants belges primants en 1re candidature à l'UCL selon le milieu d'origine et conclut que «... *le recrutement de l'UCL n'aurait que peu évolué en 23 ans et..., à la limite, l'UCL aurait vu se renforcer son caractère sélectif*[2]» (22). En 1990, le rapport entre les étudiants d'origine élevée et ceux d'origine modeste s'accroît par rapport à 1968, mais surtout après sélection : il passe à près de 4 pour 1 alors qu'il était au départ inférieur à 2 pour 1.

La suppression de la question de l'origine socio-économique sur les bulletins d'inscription universitaire en Communauté française de Belgique ne permet plus d'étudier l'évolution du phénomène. Nous souhaitons vivement que cette question soit réintroduite : c'est un enjeu démocratique.

BEGUIN (1991, 23) commente : «... *On peut observer, d'entrée de jeu, un double effet du milieu d'origine sur la réussite. De fait, les étudiants d'origine sociale élevée enregistrent une probabilité de réussite de l'ordre de près de 54 % — alors que le score moyen s'élève à 45,6 % — contre seulement 32,3 % pour les étudiants d'origine modeste. Cet effet de l'origine se retrouve ensuite dans les scores de réussite examinés selon les facultés : ainsi note-t-on que, systématiquement, bien qu'avec une amplitude différente, les étudiants des milieux populaires se retrouvent, face aux autres étudiants, en position défavorable par rapport à la réussite.*» Il conclut (23) : «*Comparée à la situation enregistrée en 1967-68, cette situation [1990] constitue un recul puisque les seules différences qui s'observaient à l'époque, selon le milieu d'origine, concernaient des variations entre facultés, avec, en fin de compte, une compensation globale puisque les taux généraux de réussite ne faisaient apparaître aucune différence selon l'origine sociale.*»

b) *Réussite en 1re année selon l'origine sociale et l'orientation dans l'enseignement secondaire*

Pour l'année académique 1989-90 à l'UCL, BEGUIN (1991, 24) observe les taux de réussite suivants :

	Origine sociale			
Orientation dans le secondaire	modeste	moyenne	élevée	Total
Section "forte"	46,2 %	54,7 %	64,3 %	57,6 %
"Autre" section	26,1 %	35,3 %	45,2 %	36,9 %
Total	32,3 %	43,3 %	53,9 %	**45,4 %**

Il commente : « ... *l'influence du choix des options dans l'enseignement secondaire est sensiblement contrecarrée par le facteur social.... entre les deux catégories sociales extrêmes issues tant du rénové «fort» que du rénové «autre», il y a une probabilité de réussite plus faible d'environ 20 points en défaveur des étudiants d'origine modeste.* » (24) Si l'on joint les valeurs correspondantes dans les deux types de sections (fortes et autres) par des obliques, et ce pour chaque niveau social, le parallélisme qui apparaît met nettement en évidence l'influence séparée, donc additive, des deux types de facteurs :

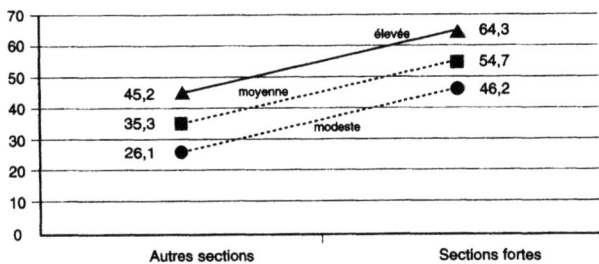

On constate en effet une absence totale d'interaction : les droites sont parallèles. Cela signifie que l'origine sociale favorise dans tous les cas (que cela soit dans les sections fortes ou autres), et de la même façon, les chances de réussite. Ce décalage systématique est tel qu'en moyenne, les étudiants des sections fortes dans le secondaire, mais d'origine modeste ont des chances (de réussite) seulement équivalentes aux étudiants issus de sections autres, mais d'origine sociale élevée.

c) Réussite en 1re année, selon l'origine sociale et l'âge d'accès à l'Université

« En 1967, 58,1 % des étudiants accédaient à l'université à l'âge attendu, soit à 18 ans ou moins. Ce pourcentage s'élève à 63,3 % en 1989 » (BEGUIN, 22). « Cette évolution est réjouissante, même si on serait en droit d'attendre mieux. » BEGUIN (1991, 24) observe pour 1990 les taux suivants de réussite :

	Origine sociale			
Age	modeste	moyenne	élevée	Total
18 ans et moins	43,6 %	54,7 %	63,7 %	56,0 %
19 ans et plus	16,0 %	24,9 %	35,5 %	27,2 %
Total	**32,3 %**	**43,3 %**	**53,9 %**	**45,4 %**

« ... ici encore, le milieu d'origine renforce, en défaveur des étudiants d'origine modeste, le handicap que constitue un retard à l'accès à l'université. » (BEGUIN, 1991, 24)

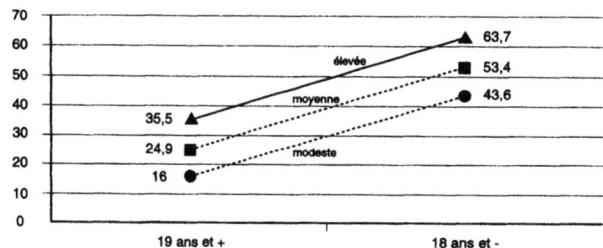

On constatera l'ampleur de la différence entre les deux groupes d'âge : environ 28 %.

3. Abandon et origine sociale

« ... l'abandon [en cours ou au terme de la 1re candidature] ne frappe pas indistinctement tous les étudiants, quelle que soit leur origine sociale. Examiné au travers du temps, le phénomène d'abandon s'est légèrement aggravé en 20 ans, à la fois de par son importance et par l'accumulation de ses effets auprès des étudiants issus de milieux modestes. *Il s'est aggravé aussi pour les garçons et les étudiants qui ont accédé plus tardivement aux études supérieures (voir les 3 tableaux ci-après).»* (BEGUIN, 1991, 25)

Pourcentages d'abandon	Année 1968	Année 1990
Origine sociale modeste	35,8 %	44,6 %
Origine sociale moyenne	33,6 %	38,7 %
Origine sociale élevée	27,0 %	26,9 %
Garçons	23,2 %	32,1 %
Filles	48,6 %	43,4 %
18 ans et plus	28,4 %	31,2 %
19 ans et moins	29,5 %	45,2 %
Score moyen	**31,9 %**	**37,0 %**

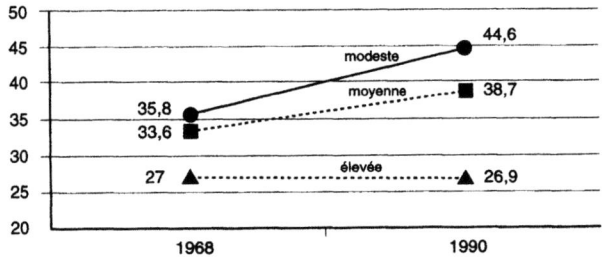

Le recrutement universitaire est toujours bien corrélé à l'origine sociale des étudiants, qui exerce une influence nette sur la réussite et sur la probabilité d'abandonner les études en cas d'échec. D'autre part, les étudiants qui accèdent à l'université ont un passé scolaire qui, lui aussi, est en partie déterminé par leur milieu et exerce à son tour un effet sur la réussite et l'abandon. Finalement, ce dernier point est important parce qu'il permet de rappeler le lien qui existe entre l'enseignement secondaire et l'université (BEGUIN, 1991, 26).

Les hypothèses ci-dessus seront utilement confrontées à la récente synthèse des travaux du Centre de Recherche en Économie Publique et en Économie de la Population (CREPP-ULG), intitulée *«Peut-on parler de démocratisation de l'enseignement supérieur?»*, de DONNI et PESTIEAU (1995). Les auteurs analysent le concept de démocratisation sous trois angles : (1) l'accès, (2) le coût, (3) l'incidence fiscale nette. Nous serons amenés à évoquer ces travaux dans les sections qui suivent.

4. Choix du type d'Enseignement Supérieur et origine sociale

DONNI et PESTIEAU (1995) basent leur réflexion sur l'enquête *Panel des ménages belges* (PSBH, 1992) et l'enquête CREPP-1993-95. Il en ressort qu'alors que dans la population les ouvriers représentent 30 % et les professions libérales et cadres 15 %, leurs taux d'inscriptions respectifs dans le SC, SL et l'universitaire sont de 24, 15, 7 % pour les premiers et 13, 25, 27 % pour les seconds.

Si on classe les ménages en 3 catégories de revenus mensuels nets (A : < 50 000 BEF, C : > 100 000 et B entre les deux), alors que les A représentent 32 % des ménages et C, 29 %, ces deux catégories constituent respectivement 21, 14 et 9 % et 22, 38 et 52 % des trois types d'enseignement supérieur.

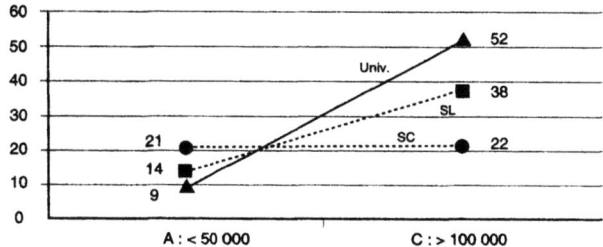

Interaction flagrante : les étudiants dont les parents ont des revenus modestes fréquentent plutôt le Supérieur Court SC (21 %) dont ils représentent un cinquième (contre moins d'un dixième des universitaires), alors que ceux dont les parents ont des revenus élevés vont massivement à l'université (52 %). Cela fait dire à DONNI et PESTIEAU (1995, 419) que « *l'enseignement de type court est socialement plus accessible* ».

5. Choix d'une orientation universitaire et origine sociale

« *On notait en 1967 un choix d'études influencé par le milieu d'origine. Ainsi, par exemple, les Facultés de Droit ou de Médecine, avaient un recrutement plus élitiste que d'autres. A la seule exception notable des Sciences appliquées qui restent socialement sélectives, de telles différences ont pratiquement disparu aujourd'hui.* » (BEGUIN, 1991, 22)

Quand ils prennent pour critères d'une part le type de profession et d'autre part le type de revenu du père des étudiants de chaque faculté universitaire, DONNI et PESTIEAU (1995) ne font pas[3] des observations différentes :

Sur 100 ES en	Revenus			Sur 100 ES en	Profession du père		
	<50000	>100000	Rapport		Ouvrier	Supér.	S/O
Sc. Appl.	13	45	3,5	Sc. Appl.	9	36	4,0
Droit	6	51	8,5	Droit	7	37	5,3
Economie	6	67	11,2	Economie	3	33	11,0
Médecine	7	54	7,7	Médecine	4	27	6,8
Psycho	7	48	6,9	Psycho	18	15	0,8
Philo et lettres	12	36	3,0	Philo et lettres	10	19	1,9
Sciences	11	47	4,3	Sciences	10	18	1,8

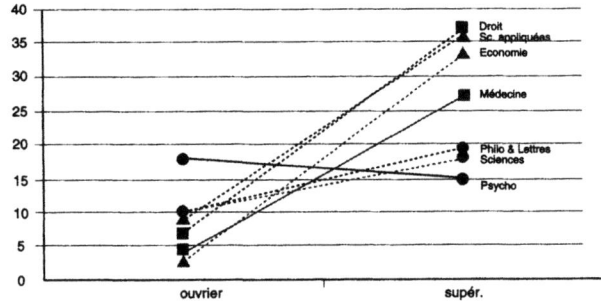

Pourcentage d'étudiants de deux origines dans les diverses sections.

6. Inscription dans l'enseignement supérieur et diplôme du père

Dans leur article «*Le libre accès à l'enseignement supérieur en Communauté française*», de KERCHOVE et LAMBERT (1996) présentent les résultats d'une enquête du CEREC (le Centre de Recherche en Économie des Facultés Universitaires Saint-Louis), menée sur 518 étudiants de diverses orientations d'études de l'enseignement supérieur, en 2e année, c'est-à-dire en voie de réussite, puisqu'ayant franchi (avec ou sans échec, redoublement ou réorientation) le cap redoutable de la première année.

Le tableau ci-dessous permet d'apprécier la sous-représentation des étudiants de l'enseignement supérieur dont les pères ont un diplôme D1 ou D2 et la sur-représentation des deux autres catégories (graphique).

Ces auteurs distinguent 4 niveaux de diplômes :		Proportion de la population masculine de 40 à 60 ans	Proportion d'étudiants de l'enseignement supérieur dont le père a ce diplôme
D1	aucun ou ens. primaire	28,5	10,5
D2	ens. secondaire	50,7	30,2
D3	ens. supérieur non universitaire	11,8	24,3
D4	universitaire	9	35
		100	100

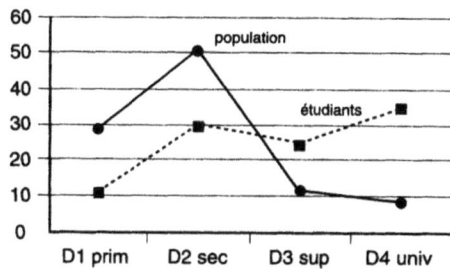

A l'intérieur de la catégorie «enseignement supérieur», la ventilation entre les trois types est aussi liée au diplôme du père (graphique) :

Diplôme du père		Sup. court	Sup. long	Univ.	
D1	Aucun ou ens. primaire	44	36	20	100
D2	Ens. secondaire	45	25	30	100
D3	Ens. supérieur non universitaire	20	20	60	100
D4	Ens. universitaire	6	6	88	100

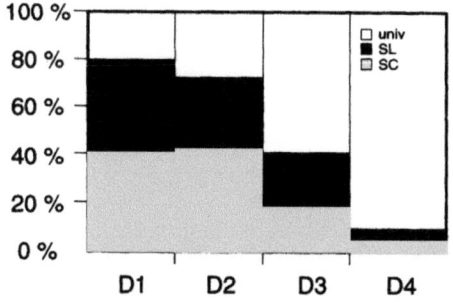

7. Origine sociale, indépendance financière et temps d'étude

de KERCHOVE et LAMBERT (1996) rappellent que bénéficient d'une **bourse** (cumulée avec une réduction de minerval) 53,6 % des enfants de familles à revenus faibles et 4,6 % des enfants de familles à revenus élevés (voir tableau ci-dessous), la moyenne générale étant de 19,2 %.

	Revenus des parents	
	< 50 000 Fb	*> 100 000 Fb*
Reçoivent une bourse	53,6 %	4,6 %

Ces deux auteurs ont interrogé les étudiants sur leur «**degré d'indépendance financière**» par rapport à leurs parents (0 = dépendance totale, 1 = dépendance partielle, et 2 = indépendance totale).

	Revenus des parents	
	< 50 000 Fb	*> 100 000 Fb*
Loisirs	1,31	0,93
Habillement	0,99	0,44
Transport	0,68	0,37
Matériel d'étude	0,75	0,21
Nourriture	0,44	0,23
Logement	0,26	0,07
Minerval	0,56	0,05

Pour les deux types de famille, c'est dans les dépenses «variables» que les étudiants sont les plus indépendants : loisirs : 1,31 et 0,93 et habillement : 0,99 et 0,44. Pour les dépenses «incompressibles», ils sont beaucoup plus dépendants et ce d'autant plus que les revenus de la famille sont élevés.

Pour de KERCHOVE et LAMBERT (1996, 458), ces observations suggèrent que les étudiants issus de familles à revenus modestes doivent, plus que les autres, pourvoir à leurs besoins par leurs propres moyens en ayant recours à des jobs d'étudiants, un travail régulier à temps partiel, etc.

Ce temps consacré à un travail rémunéré distrait du temps que l'étudiant peut consacrer à l'étude et constitue un handicap supplémentaire au regard de l'objectif de «chances égales pour tous».

8. Différences de confort pédagogique

En 1998, des évaluations formatives via le web[4] ont été proposées aux étudiants de première candidature en psychologie et sciences de l'éducation de l'Université de Liège pour un cours. Dans ce cadre, une enquête a été menée par questionnaire écrit sur la disponibilité d'un ordinateur à la maison et sur l'utilisation des ordinateurs mis à la disposition des étudiants par l'Université (GILLES, 1998).

Sur les 150 étudiants présents, 102 ont déclaré disposer d'un ordinateur à la maison, soit 68 % des étudiants ; 62 % de ces derniers utilisent aussi les salles informatiques de l'Université, soit un pourcentage plus élevé que pour ceux qui n'en possèdent pas à la maison. Il est frappant de constater que la disposition de facilités à domicile est liée à une plus grande utilisation des installations collectives.

Les étudiants ont aussi été interrogés sur la façon dont ils préféraient recevoir les résultats de leurs évaluations formatives. Parmi ceux qui ont répondu à cette question (81), la majorité (soit 68 %) préfèrent le courrier électronique, les autres préfèrent la consultation d'une page web (soit 23 %) ou les valves (soit 7 %).

Si l'utilisation des ordinateurs se généralise, il est prématuré de considérer que tous les étudiants en disposent, ou tout au moins qu'ils savent s'en servir.

B. LE PARCOURS DANS LE SECONDAIRE EST-IL LIÉ AU PARCOURS UNIVERSITAIRE ?

1. Revenu familial, le redoublement dans le secondaire et dans le supérieur

DONNI et PESTIEAU (1995) obtiennent les tableaux suivants :

% qui a redoublé	Ens. sup. court		Ens. sup. long		Université	
	A	C	A	C	A	C
dans le secondaire	65	61 (1)	29	21	30	22 (2)
dans le supérieur antérieur	28	35 (4)	14	13	7	7
dans les études actuelles	38	21	69	56	52	37 (3)

N.B. : A = revenu familial < 50 000 Fb/mois et C = revenu familial => 100 000 Fb/mois.

Les auteurs attirent l'attention sur une série de biais d'échantillonnage (beaucoup d'étudiants ayant redoublé ont quitté leur échantillon), qui peuvent dès lors rendre leurs données moins extrapolables à la population.

Ils commentent leurs résultats comme suit :

« Même si on sait que la Belgique détient un record en matière de redoublement, on ne cesse d'être étonnés par le pourcentage d'étudiants ayant redoublé, que ce soit dans le secondaire, dans leurs études actuelles ou dans d'autres études supérieures. » (422)

Constatons que

(1) la proportion de redoublement dans le secondaire n'est pas très différente entre les niveaux de revenus pour les étudiants qui se sont engagés dans le Supérieur Court;

(2) mais la proportion de redoublement est plus différente pour ceux du Supérieur Long et de l'Université;

(3) dans l'Universitaire, le redoublement est plus fréquent chez les étudiants issus de familles à revenus modestes;

(4) dans le Supérieur Court, les redoublements dans les études supérieures antérieures aux actuelles sont plus fréquents pour les étudiants issus de familles à revenus élevés. Ceci fait dire aux auteurs que : « Plus la famille est aisée, plus il est courant de passer d'un type d'étude à l'autre. » (422)

2. Diplôme du père, nombre d'échecs dans l'enseignement secondaire, choix du type d'enseignement supérieur

de KERCHOVE et LAMBERT (1996, 462) notent que le nombre d'échecs est très lié au diplôme du père[5]. Pour de KERCHOVE et LAMBERT, la proportion des fils de diplômés D1 et D2 n'ayant *pas redoublé dans le secondaire* est de 59 %, mais de 75 % pour les D3 et D4.

Le nombre d'échecs dans le secondaire est aussi lié au choix du type d'enseignement supérieur. de KERCHOVE et LAMBERT (1996) ont répertorié, parmi les étudiants de leur échantillon qui n'avaient eu aucun échec dans le secondaire, le pourcentage qui se retrouvait dans chacun des trois types d'enseignement supérieur :

	% dans chaque filière			
	Sup. court	Sup. long	Université	Total
Pas de redoublement dans le secondaire	22	17	61	100
Redoublement dans le secondaire	40	10	50	100

Ils constatent à nouveau une sur-représentativité à l'Université des étudiants qui n'ont pas redoublé au cours de leurs études secondaires.

Dès lors, parmi les étudiants (de cet échantillon) issus du secondaire général et qui n'y avaient pas connu d'échec, le type d'enseignement supérieur entamé «avec fruit» est fortement lié à l'appartenance aux groupes D1 et D2 ou D3 et D4 est très liée au type d'enseignement supérieur entamé «avec fruit». Un exemple : 72 % de ces étudiants se dirigent vers l'enseignement universitaire lorsque leur père est diplômé de l'enseignement supérieur[6].

3. Filières empruntées dans l'enseignement secondaire et choix du type d'enseignement supérieur

Dans le Tableau de bord de l'enseignement (n° 1, 1996), de KERCHOVE et LAMBERT (1996) relèvent que la répartition entre filières suivies dans le secondaire est, dans la population totale de dernière année secondaire :

– 11,2 % Ens. Technique de Qualification et Professionnel (ETQP);

– 33,3 % Ens. Technique de Transition (ETTrans);

– 55,5 % Ens. Général (EGén).

L'échantillon de de KERCHOVE et LAMBERT sur des étudiants ayant réussi leur première année de l'enseignement supérieur (voir section 1.6 ci-avant) a une répartition plus asymétrique encore que la population générale de fin de secondaire.

Population	Echantillon		Sup. court	Sup. long	Université	Total
11,2	9,7	ETQP	85	10	5	100
33,3	5,6	ETTrans	75	18	7	100
55,5	84,7	EGén	26	57	17	100
100	100					

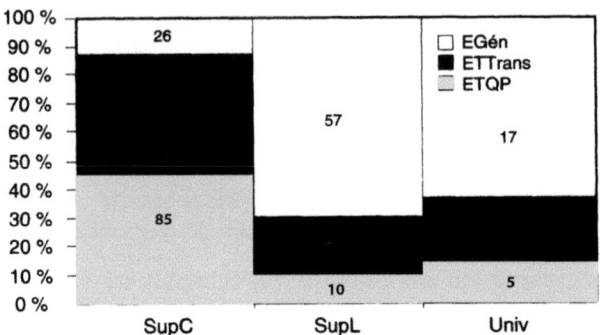

Les auteurs constatent une nette sur-représentation à l'université et dans l'enseignement supérieur long des étudiants issus de l'enseignement secondaire général. De même, les étudiants issus de l'enseignement technique de qualification et professionnel qui s'inscrivent dans l'enseignement supérieur vont à une écrasante majorité (85 %) dans le supérieur de type court.

4. Volume horaire suivi en mathématiques dans l'enseignement secondaire et choix du type d'enseignement supérieur

Cette information a été recueillie auprès des étudiants de deuxième année du supérieur dans l'enquête de de KERCHOVE et LAMBERT (1996). Les auteurs appellent «programme fort» plus de 5 h/semaine, les autres étudiants étant réputés avoir suivi un programme «faible».

Dans leur échantillon, les étudiants ayant suivi les deux types de programmes se répartissent comme suit dans les trois types d'enseignement supérieur :

	% dans chaque filière			
	Sup. court	Sup. long	Université	Total
Programme fort en math	11	25	64	100
Programme faible en math	39	7	54	100

Par ailleurs, les auteurs considèrent que le choix, par l'étudiant, d'un programme «fort» en mathématiques à l'issue du secondaire est un indicateur des aptitudes générales de l'étudiant à aborder «avec fruit» l'université, c'est-à-dire la forme d'enseignement supérieur qui privilégie davantage la démarche théorique.

Au terme de leur étude, DONNI et PESTIEAU (1995, 426) remarquaient :

« ... la démocratisation de l'enseignement supérieur et surtout universitaire n'est toujours qu'un vœu pieux... C'est dans le secondaire que les options 'non démocratiques' sont prises ... C'est donc en amont qu'il faut opérer des réformes. »

de KERCHOVE et LAMBERT (1996, 462) concluent la leur comme suit :

« C'est dès le secondaire, au travers des filières empruntées, des échecs essuyés ou, plus insidieusement, des options choisies, que pèsent les déterminismes socio-culturels qui conditionnent profondément la réalité d'un 'libre accès' à l'enseignement supérieur. »

Ils poursuivent :

« Encore faudrait-il que l'enseignement supérieur soit organisé de manière telle que les handicaps socio-culturels de départ ne s'y révèlent pas absolument déterminants. »

« Faute d'une organisation de l'enseignement supérieur qui garantirait à chacun une chance réelle de trouver la voie qui lui convienne... l'objectif d'équité mais également l'objectif d'efficacité seraient remis en question. L'efficacité commande en effet que les plus doués, quels que soient les handicaps socio-culturels de départ, puissent accéder avec fruit aux études supérieures qui correspondent à leurs aspirations et à leurs talents. »

Tout l'ouvrage qui suit portera sur les efforts pédagogiques que l'université elle-même peut et doit faire, et qu'elle fait déjà mais souvent de façon trop isolée ou limitée, pour apporter SA contribution à la démocratisation des études.

C. LE PARCOURS ANTÉRIEUR DANS LE SUPÉRIEUR... ET LA SUITE

Quel rôle jouent le Doublement et la Réorientation ? de KERCHOVE et LAMBERT (1996, 463) en donnent une idée par le tableau suivant qui présente pour chaque type d'enseignement (Sup. Court, Sup. Long, Université) la proportion, en deuxième année, de ses étudiants Réorientés, Doublants et Primants.

	Études supérieures actuelles			
Parcours antérieur dans l'ens. sup.	Sup. court	Sup. long	Université	Moyenne
Échec puis réorientation	53 %	21 %	12 %	27 %
Échec sans réorientation (doublants)	18 %	41 %	30 %	28 %
Pas d'échec (primants)	29 %	38 %	58 %	45 %
Total	100 %	100 %	100 %	100 %

Pour les auteurs, cet examen aboutit au constat suivant : 55 % des étudiants se trouvant en 2ᵉ année de l'enseignement supérieur engagés donc, une fois passé le barrage de la 1ʳᵉ année, dans un parcours «en voie de réussite», ont déjà connu l'échec durant leurs études supérieures. Près de la moitié de ces étudiants se sont réorientés suite à un premier échec.

Voici comment se sont **réorientés** les étudiants :

– du Sup. Court : à 91 % vers le Court, à 3 % vers le Long et à 6 % vers l'Université ;

– du Sup. Long : à 68 % vers le Court, à 8 % vers le Long et à 24 % vers l'Université ;

– de l'Université : à 51 % vers le Court, à 19 % vers le Long et à 30 % vers l'Université.

DAL et DUPIERREUX (1996) constatent qu'en première année du supérieur non universitaire, le taux de réussite des «réorientés» venus de l'université (59 %) est supérieur à la moyenne (46 %) et que leur taux d'abandon (20 %) est inférieur à la moyenne (26 %). Les réorientés au sein même de l'enseignement supérieur non universitaire réussissent eux aussi mieux (53 %) que la moyenne.

«D'une enquête rapide menée il y a une dizaine d'années auprès des étudiants qui avaient quitté prématurément l'université, il ressort qu'après leur départ de l'UCL, ces étudiants se sont massivement inscrits dans l'enseignement supérieur non universitaire (pour 81,6 % de ceux qui ont repris des études), cela souvent dans des orientations d'études proches de celles choisies à l'UCL et avec un taux de réussite assez élevé (81,3 %).» (BEGUIN, 1991, 26)

De KERCHOVE et LAMBERT (1996, 466) remarquent dès lors :

«La vue selon laquelle l'inscription, non suivie de réussite, à l'université est à considérer comme un échec (pour l'étudiant et pour le système) est donc beaucoup trop réductrice : dans la plupart des cas, il s'agit d'une

simple étape d'un parcours promis à la réussite. L'année échouée n'est donc nullement une année 'perdue'.»

La valorisation d'une ou deux année(s) passée(s) à l'université peut aussi se faire dans le supérieur non universitaire, ce qui fait dire au Recteur de l'ULB, J.-L. VAN HERWEGEN, s'inspirant des données de DAL et DEPIERREUX (1996) que 72 % des étudiants de première candidature obtiendront un jour (en moyenne avec une année de redoublement) un diplôme de l'enseignement supérieur.

Les conclusions générales de de KERCHOVE et LAMBERT (1996, 465) sont les suivantes :

(1) toute mesure radicale (telle que le *numerus clausus* ou l'examen d'entrée) ne ferait que consacrer les handicaps socio-culturels de départ ;

(2) la limitation des possibilités de redoublement et de réorientation apparaît... légitime lorsqu'elle vise les abus flagrants concernant les étudiants que l'on autoriserait à «trisser» ou «quadrisser» sans réel espoir de les voir réussir. Les statistiques disponibles suggèrent que l'importance de tels «abus» ne doit pas être surestimée[7] ;

(3) la limitation des possibilités de réorientation toucherait surtout les étudiants de l'enseignement supérieur court et, dans une moindre mesure, ceux du supérieur long ;

(4) la limitation des possibilités de redoublement pénaliserait surtout les étudiants de l'enseignement supérieur long et, dans une moindre mesure, ceux de l'université ;

(5) la limitation des possibilités de redoublement et de réorientation pénaliserait davantage les étudiants issus d'un milieu socio-culturel plus modeste (voir point 1.2). Les étudiants abordent l'enseignement supérieur avec des chances très inégales selon leur capital socio-culturel de départ... Une certaine période d'adaptation et d'orientation à l'entrée de l'enseignement supérieur apparaît donc nécessaire pour une partie importante des étudiants sous peine d'accentuer encore l'«écrémage social» et de réduire l'efficacité du système global en termes d'allocation optimale selon les aptitudes de chacun ;

(6) un renforcement des conditions d'accueil (évaluation, remédiation, préparation à une réorientation) en 1re année peut être considéré comme un «investissement» hautement rentable pour la collectivité (*cf.* LAMBERT, 1993) ;

(7) les stratégies de réorientation apparaissent «efficaces»[8] car elles mènent à des taux d'abandon réduits et des taux de réussite augmentés ;

(8) notre système d'enseignement supérieur apparaît comme un système diversifié qui permet (moyennant, pour la plupart des jeunes, une inévitable période d'adaptation et d'orientation à l'entrée) à tout étudiant qui en manifeste les capacités, d'aboutir à un diplôme correspondant à ses aspirations et à ses aptitudes.

CONCLUSION

Se ralliant aux analyses qui précèdent, le groupe de travail «Réussite» du CIUF (LECLERCQ et al., 1997) considère, dans le débat actuel sur les limitations à l'entrée et au doublement, que

– une partie des dés ont déjà été jetés par l'origine socio-économique familiale et par le cursus du secondaire.

– la responsabilité des étudiants en est atténuée dans la mesure où une part importante de leur parcours leur a échappé. En outre, même leurs choix libres étaient des choix faits alors qu'ils étaient mineurs.

– Il importe que l'université permette à des citoyens désormais majeurs de compenser le poids du passé, même au prix de redoublements ou de réorientations.

Nous nous associons à ces prises de position. Elles doivent avoir des répercussions à la fois sur le politique (en termes de réformes) et sur les mentalités au sein même des universités, où il est urgent de penser et d'appliquer des mesures de démocratisation (propédeutique, flexibilité des passerelles, ...) plutôt que de jeter la pierre au secondaire, aux parents... ou aux seuls étudiants! Penser globalement ne doit pas empêcher l'université d'agir localement, c'est-à-dire chez elle d'abord.

NOTES

[1] (de leur échelle socio-économique à 6 niveaux). Nous désignerons par CSP+ les 3 catégories supérieures de cette échelle et CSP- les 3 catégories inférieures.

[2] Ces informations doivent toutefois être manipulées avec beaucoup de prudence. Ces deux dernières décennies, la structure de la population active a évolué, entraînant notamment la diminution du secteur secondaire et la poussée des métiers du secteur tertiaire. Les quelque 20 % d'étudiants issus de milieux modestes sont donc à rapprocher, en 1989, d'une population globale dont au moins une composante, la population ouvrière, est en diminution constante. D'autre part, la codification des données, bien qu'assurée par le même service au cours du temps, a connu des adaptations quant aux modes de collecte et de traitement de l'information. Enfin, la consigne de prudence tient à la nature même de la classification en trois grandes catégories sociales, qui repose sur une simple nomenclature des professions des parents, telles que déclarées par les étudiants.

[3] Il faut rappeler que les comparaisons entre études doivent être faites avec prudence. Les années et les institutions couvertes varient de l'une à l'autre.

[4] Logiciel WEBQUIZ de J.-L. GILLES.

[5] D1 = aucun ou enseignement primaire
D2 = enseignement secondaire
D3 = enseignement supérieur non universitaire
D4 = enseignement universitaire

[6] D1 et D2 sont à 39 % dans le Court, à 24 % dans le Long et à 37 % à l'Univ.
Ces D3 et D4 sont à 14 % dans le Court, à 14 % dans le Long et à 72 % à l'Univ.

[7] Ainsi, selon DAL et DUPIERREUX (1996), la proportion des étudiants de première année de l'Enseignement Supérieur non Universitaire qui quadrissent (ou plus) ne dépasse pas 4,5 % de l'ensemble.

[8] Non démontré dans leur article, mais aussi observé par DELHAXHE (1998).

Chapitre 3
De nouveaux défis pour la pédagogie universitaire

Marianne DEBRY, Dieudonné LECLERCQ
et Elise BOXUS

A. LA MASSIFICATION DES ÉTUDIANTS
   1. Peut-on prédire ?
   2. L'attitude face à la prédiction
   3. Une pédagogie égalitaire, élitiste ou compensatoire ?

B. LA DENSIFICATION DES CONNAISSANCES ET LES AVANCÉES TECHNOLOGIQUES
   1. Un accès aisé à une galaxie d'informations
   2. Le risque de la «Fastfoodisation»
   3. Rendre le consommateur actif

C. UNE AXIOLOGIE EN RÉPONSE À CES DÉFIS
   1. Le droit d'accéder à la formation
   2. Le défi de la pensée autonome
   3. L'esprit du jeu
   4. Le besoin de sens

D. CONCLUSIONS

INTRODUCTION

Le présent chapitre tentera de préciser deux grands défis actuels auxquels l'université est confrontée, puis de présenter une axiologie visant à y répondre. Ces défis sont, au départ, mais au départ seulement, de nature quantitative.

Le premier est la massification des études universitaires. Disons d'emblée que l'afflux d'étudiants dans le supérieur, et en particulier à l'université, pose notamment problème parce que les ressources d'encadrement n'ont pas suivi. Ainsi, le rapport du Conseil des Recteurs Francophones (CReF) montre que depuis 1972, le budget des universités est resté identique (en francs constants) tandis que le nombre d'inscrits passait à 150 %.

Le second défi est celui de l'explosion des connaissances. Apparemment quantitatif, il appelle néanmoins une réponse qualitative, à savoir une nouvelle conception de la formation, de ses objectifs et, en conséquence, de ses méthodes.

A. LA MASSIFICATION DES ÉTUDIANTS

1. Peut-on prédire ?

Une parfaite prédictivité n'existe pas

Si l'espérance de vie moyenne d'une population ou le taux de réussite de cohortes universitaires peuvent faire l'objet de prédictions statistiques assez fiables, il n'est pas possible de prédire sans risques d'erreurs le devenir de personnes particulières.

Les corrélations statistiques sont élevées, mais corrélation n'est pas raison, sinon il faudrait se garder de tout séjour dans les hôpitaux, où les statistiques de décès sont les plus élevées... en oubliant que c'est là aussi que sont arrachées les plus grandes victoires à la mort et à la souffrance. De même, entrer à l'université avec un an « de retard » dû au doublement d'une année primaire ou secondaire diminue statistiquement les chances de succès[1], mais n'entraîne pas forcément l'échec d'une personne particulière.

Il n'existe pas non plus de lien totalement déterminant entre l'appartenance d'une famille à une classe sociale et le « bagage personnel » d'un étudiant qui en est issu. Ainsi, certains parents universitaires n'ont guère de pratiques de production et de consommation culturelle ou accordent à leurs enfants un soutien familial quasi nul. On observe aussi l'inverse : des familles socialement et culturellement peu favorisées représentent des tremplins formidables pour leur descendance.

Deux types d'erreurs

Que valent les prédicteurs statistiques pour sélectionner à l'entrée ? Qu'adviendrait-il si par exemple on refusait le droit d'accès à l'université aux étudiants qui, selon la prédiction, n'atteindraient pas le score de 12/20 ? On serait confronté à deux types d'erreurs : éliminer des étudiants qui auraient réussi (erreur de type 1) et accepter des étudiants qui vont quand même échouer (erreur de type 2). La première est cruelle pour les étudiants, la seconde est coûteuse pour le contribuable.

HENRY (1990) illustre bien ce dilemme par l'examen de nuages de points entre prédictions et observations dont la corrélation, en situation réelle, est généralement de l'ordre de grandeur de 0,60. Simulons une situation où la réussite (score de coupure S0 sur le graphique A ci-après) est fixée au départ à 12, que cela soit en abscisse (notes prédites à l'en-

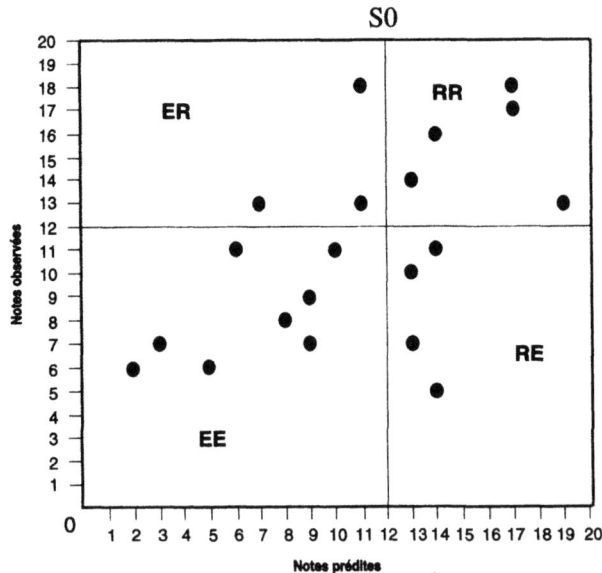

Graphique A — Le lien entre notes prédites et réelles de 100 étudiants imaginaires pour une corrélation de 0,56.

trée) ou en ordonnée (notes observées un an plus tard). Dans le graphique A, chaque point représente 5 étudiants fictifs; les 20 points correspondent donc à 100 étudiants. Le quart d'entre eux (25 % soit 5 points) est en situation RR (Réussite prédite, Réussite observée); 40 % (8 points) sont en situation EE (Echec prédit, Echec observé). Pour 15 % il y a ER (Echec prédit, Réussite observée), autrement dit erreur de type 1 (en défaveur de l'étudiant, puisqu'on l'aurait refusé à l'entrée) et pour 20 %, il y a RE (Réussite prédite et Echec observé), donc erreur de type 2 (en défaveur du contribuable).

La sélection à l'entrée, coincée entre deux types d'erreurs

Selon le raisonnement de HENRY, pour réduire totalement l'erreur de type 2 (en défaveur de la société), il faudrait placer très haut le seuil d'acceptation, ici à 15/20 (S2 en pointillés sur le graphique B). Dans ce cas, le taux d'erreurs de type 1 (en défaveur de l'étudiant) passerait de 15 % à 25 %.

Placer la coupure très bas, ici à 6/20 (S1), éliminerait TOUTES les erreurs de type 1 (en défaveur de l'étudiant), mais ferait augmenter l'erreur de type 2 (en défaveur de la société) de 20 % à 40 %.

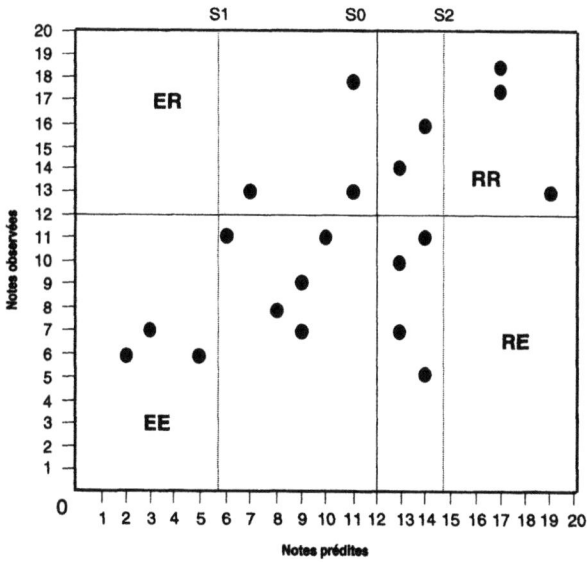

Graphique B — Les effets de deux scores de coupure (S1 et S2).

Ce dilemme est insoluble parce que la prédictivité est faible. Dans notre exemple, la corrélation est de 0,56, valeur habituelle dans le domaine de la prédiction de réussite entre cycles.

La prédiction de réussite, une illusion?

ROMAINVILLE (1997) se livre à une méta-analyse de diverses recherches visant à établir une prédiction de réussite. Il en ressort qu'il est difficile de prédire la réussite en première candidature sur base de caractéristiques d'entrée telles que le profil intellectuel, des variables de personnalité, les études antérieures, des connaissances spécifiques. Des corrélations existent mais n'atteignent pas un seuil suffisant (0,80) pour limiter raisonnablement le risque d'erreur.

Des indicateurs en cours d'année académique, comme les partiels de janvier, ne permettent pas non plus de prédire le résultat final de manière sûre. Dans une recherche portant sur 1 549 étudiants de première candidature, le même auteur identifie 3 groupes en fonction de la moyenne globale aux partiels. Pour les groupes extrêmes (moyenne inférieure à 8 ou supérieure à 10), ce score présente une grande valeur prédictive. Par contre, pour ceux, un quart de l'échantillon, dont la moyenne globale se situe dans la fourchette 8-10, la probabilité de réussir est de 50 %. Il faut donc souligner à nouveau le caractère improbable de la prédiction et l'intérêt de remédiations, différenciées selon le score, dans l'esprit du travail de BOXUS (1971) développé ci-après.

2. L'attitude face à la prédiction

Dans leur ouvrage «Pygmalion en classe», ROSENTHAL et JACOBSON (1977) décrivent «l'effet de réalisation automatique de la prédiction», encore appelé «effet oedipien de prédiction». Rappelons que la Pythie avait prédit qu'Œdipe tuerait son père Laïos et épouserait sa mère Jocaste. Il fut éloigné d'eux dès sa naissance, ne connut ni l'un ni l'autre, et, adulte, de retour à Thèbes, il accomplit la malédiction sans le savoir.

La plupart des auteurs en tirent la conclusion qu'il ne faut pas communiquer les prédictions. Et tout particulièrement ROSENTHAL et JACOBSON qui en font une «démonstration» expérimentale. Ils font croire à des enseignants que certains de leurs élèves peu doués (selon leurs résultats — non communiqués — à des tests) ne le sont qu'en apparence, qu'il s'agit en fait de «*late starters*» (élèves dont le démarrage est tardif, mais sur le point de s'épanouir). Ils observent que les enseignants font s'accomplir la prédiction de réussite, en intervenant

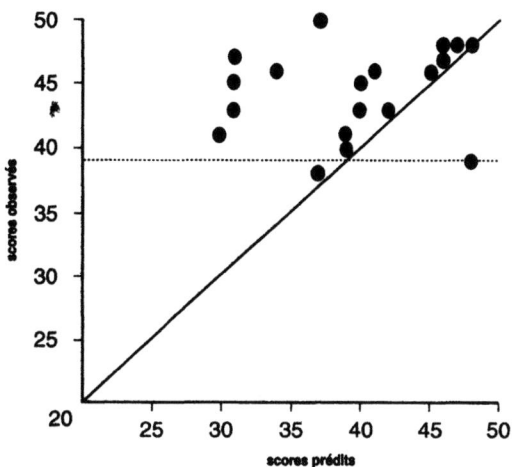

*Graphique C — Notes en lecture en première primaire.
Classe témoin : professeur non prévenu.*

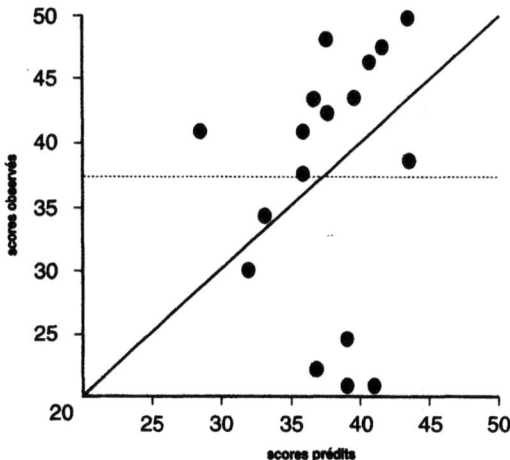

*Graphique D — Notes en lecture en première primaire.
Classe expérimentale : professeur prévenu.*

différemment avec ces enfants. Ils en concluent que s'ils avaient, à l'inverse, annoncé que tel ou tel enfant était «limité» (ce dont ils se sont abstenus pour des raisons éthiques), les enseignants auraient aussi fait s'accomplir ce qui leur avait été dit, même si les résultats aux tests «prédictifs» avaient été satisfaisants.

Mais on peut lire cette expérience autrement : les enseignant(e)s ont non seulement fait se réaliser la prédiction, mais ils ont également «fait mentir la réalité». C'est de cette deuxième interprétation que BOXUS (1971) est partie. Elle a observé, sans intervenir, les corrélations entre les résultats à des épreuves (8 tests) passées en fin d'école maternelle par une centaine d'enfants, et leurs résultats en lecture à 4 périodes successives du début de leur scolarité primaire : après 3, 6, 9 et 12 mois d'apprentissage. Elle a calculé les quatre équations de régression multiple permettant de «prédire», pour chaque élève en particulier, ses quatre scores en lecture en primaire à partir de ses résultats aux 8 tests de maternelle. La corrélation multiple plafonne à 0,75.

L'année suivante en mai, elle a testé une nouvelle cohorte d'enfants de dernière année d'école maternelle (dans la même entité municipale, dans les mêmes écoles) et, en septembre, a communiqué la prédiction à leurs enseignant(e)s de première primaire avec la consigne de «faire mentir la prédiction chez les élèves pour lesquels elle était mauvaise». Ces enseignant(e)s ont remarquablement relevé le défi, par l'évaluation formative, une pédagogie différenciée et compensatoire. La corrélation entre tests prédictifs et rendement a chuté, indicateur statistique, parmi d'autres, de leur action.

Comme le montrent les graphiques ci-dessus, dans la classe témoin (prédictions non communiquées au maître), on observe une dissociation des élèves en deux groupes. Six d'entre eux n'atteignent pas le niveau minimum (horizontale en pointillés) permettant de déclarer qu'ils «savent lire» (38 points au test de rendement d'INIZAN). Les autres, qui savent lire (supérieurs à la barre des 38 points), réalisent assez bien la prédiction. Au contraire, dans la classe expérimentale (graphique D ci-dessus), tous ont réussi, même si un élève a obtenu de moins bons résultats que prévu.

L'attitude que l'enseignant adopte est donc fondamentale. La prédiction a des effets délétères potentiels. Acceptons-nous sa réalisation ou faisons-nous le pari de l'infirmer? A nous de décider si nous voulons adopter une pédagogie attentiste ou une pédagogie interventionniste.

3. Une pédagogie égalitaire, élitiste ou compensatoire?

Le poids du parcours antérieur

Bien avant le premier contact avec l'université, l'étudiant est le dépositaire d'un «passé» qui va le favoriser ou le défavoriser par rapport à la moyenne des autres étudiants (voir chapitre 2).

Son environnement social (et en tout premier lieu sa famille) influencera non seulement ses expériences sensorielles (par exemple la langue pratiquée : vocabulaire, syntaxe, accent, ...) et cognitives (le contenu des conversations familiales, les journaux et livres disponibles à la maison, les pratiques vis-à-vis de la culture), mais aussi ses façons de penser (par exemple son investissement dans les études, ses espérances et ses identifications professionnelles, etc.).

Son curriculum pré-universitaire a évidemment une influence. La qualité des écoles primaires et secondaires qu'il a fréquentées et le soutien matériel et moral dont il a bénéficié durant cette partie de son « parcours » sont déterminants en matière de savoir, de savoir-faire et de savoir-être. Ici aussi, les probabilités de « survie » sont inégales (voir chapitre 2).

Gérer les différences individuelles

Une pédagogie élitiste consiste à concentrer les moyens sur les personnes les plus dotées au départ. Une pédagogie compensatoire réalise l'inverse. Pratiquer une pédagogie égalitaire revient à donner la même quantité et la même qualité de ressources (en professeurs, temps, matériel, ...) à tous.

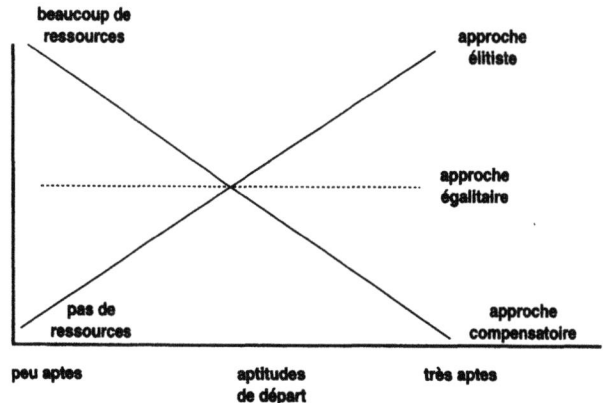

Graphique E — Distribution des ressources selon le type de pédagogie (d'après NOONAN, 1971).

Or il est bien connu, surtout depuis les travaux inspirés par le concept de « pédagogie de la maîtrise » de BLOOM (1979, 45) que *« appliquer un traitement égal à des personnes d'aptitudes inégales accroît les différences interindividuelles de départ »*.

La distribution de départ est gaussienne. Elle le reste à l'arrivée, mais en étant beaucoup plus étalée, traduisant des résultats de plus en plus dispersés. C'est que la pédagogie égalitaire accroît les inégalités.

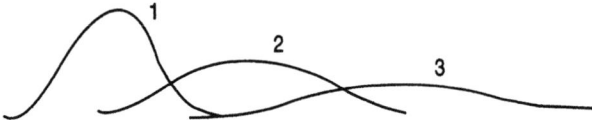

Graphique F — Distribution des résultats obtenus par les mêmes étudiants à trois moments successifs d'un programme de formation "égalitaire".

La pédagogie élitiste, qui donne d'autant plus de ressources aux sujets qu'ils sont déjà nantis au départ, aboutit à des distributions bimodales (deux crêtes), voire en U (une crête en i à gauche où sont massés les plus faibles et une crête en j à droite où sont massés les plus forts).

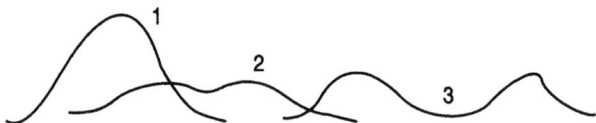

Graphique G — Distribution des résultats obtenus par les mêmes étudiants à trois moments successifs d'un programme de formation "élitiste".

La pédagogie de maîtrise, une des formes de la pédagogie compensatoire, réduit les différences sur l'essentiel (les compétences socles), mais pas sur les autres. La réduction des différences se traduit graphiquement

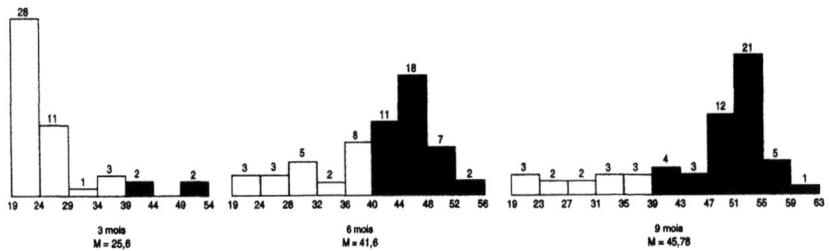

Graphique H — Distribution des résultats obtenus par les mêmes étudiants à trois moments successifs d'un programme de pédagogie de maîtrise en lecture en première primaire (BOXUS, 1971).

par des distributions moins étalées. Si les étudiants sont en outre « massés » près du maximum possible, alors la courbe est en J, symbole des résultats attendus en pédagogie de la maîtrise.

Peser sur des variables ciblées

Dans le domaine de la santé, il a fallu, et il faut encore, la conjugaison de nombreuses mesures pour réduire la mortalité et augmenter l'espérance de vie de nos populations. Aucune de ces mesures ne peut, à elle seule, être tenue pour « la » mesure qui a réduit la mortalité. Nous savons que chacune d'elles « contribue » pour une part qui n'est quantifiable que rétrospectivement et avec beaucoup d'approximation.

Dans ses rapports (BOXUS, 1993 ; LECLERCQ, 1997), le Groupe de Travail du CIUF « Réussite en candis » a mis en évidence une série de variables modifiables dont il importe d'étudier l'évolution et l'influence sur la réussite. Ce ne sont encore pour la plupart que des hypothèses.

Les tableaux ci-après en soulignent quelques-unes ; les Hypothèses HE relèvent de l'Étudiant, les HS du Secondaire, les HT de la Transition Secondaire-Université, les HU de l'Université. Disons d'emblée que cette perspective simplement descriptive devrait donner suite à une pratique interventionniste.

Étudiants

HE 1	La qualité de l'orientation vocationnelle, de la décision personnelle
HE 2	La disponibilité pour les études et sa réduction pour ceux qui doivent travailler
HE 3	Les habitudes culturelles : lecture, TV, loisirs...
HE 4	La motivation : "Tous les espoirs sont permis" ou "No future" ?

On imagine facilement divers types d'intervention (et surtout leur amplification) susceptibles de favoriser la prise de décision vocationnelle, de ménager les conditions matérielles propices à l'étude, d'encourager à lire et à croire en l'avenir.

Secondaire

HS 1	La définition des programmes, des sections, des conditions d'accès au supérieur
HS 2	L'entraînement des capacités intellectuelles, stratégiques et motivationnelles
HS 3	Les examens : leurs exigences, leur capacité à mobiliser
HS 4	Le temps de travail (time on task), donc l'horaire et le calendrier, etc.

La définition des compétences « terminales » pour l'enseignement secondaire devrait avoir d'importantes répercussions sur ses programmes et ses méthodes. Un tel travail est tout aussi urgent pour les candidatures universitaires. L'idéal serait que ces deux réflexions soient menées en étroite concertation sinon le risque est grand que, comme à San Giminiano en Toscane, chacun (le secondaire supérieur et l'université) construise «sa» tour puis s'y retranche pour jeter des pierres à l'autre.

Ces considérations portent également sur les hypothèses qui suivent.

Transition et Université

HT 1	Les prérequis spécifiques à diverses filières dans le supérieur
HT 2	La transition psychologique, méthodologique, relationnelle
HU 1	La définition des sections, des programmes (objectifs, contenus, exigences)
HU 2	Les examens : leur niveau d'exigence, les modalités d'évaluation
HU 3	Les méthodes d'enseignement et la préparation aux épreuves, étant donné les contraintes (massification des inscriptions et budgets inextensibles)

Le présent ouvrage se focalise sur les méthodes (la toute dernière hypothèse HU3), laissant pour une publication future les considérations — tout aussi importantes — concernant l'évaluation (l'hypothèse HU2).

B. LA DENSIFICATION DES CONNAISSANCES ET LES AVANCÉES TECHNOLOGIQUES

1. Un accès aisé à une galaxie d'informations

Trois chocs moteurs

Dans son livre blanc[2], la Commission Européenne relève trois chocs moteurs qui ont ébranlé notre société en cette fin de siècle : l'avènement de la société de l'information, la mondialisation de l'économie et le progrès scientifique et technologique.

Les technologies de l'information pénètrent autant le champ du travail et de la production que ceux de l'éducation et de la formation. Autant ces ressources libèrent l'être humain des tâches routinières et le gratifient du pouvoir de conception et de création, autant elles constituent une tentation de superficialité et de passivité. Elles déplacent les domaines où exceller, car, comme le dit FOURASTIÉ, «la machine force l'homme à se spécialiser dans l'humain». Si elles permettent des accès et des partages fulgurants d'informations, si elles mettent à l'honneur l'interactivité et la coopération, elles ne protègent pas de l'isolement, de la désorientation, de la destruction.

La mondialisation de l'économie assure la libre circulation des capitaux, des biens et des services. Si ce décloisonnement présente des aspects stimulants, il engendre aussi des effets pervers, tels la compétitivité à outrance, les délocalisations, des fractures sociales.

Les productions scientifiques et technologiques se multiplient à un rythme de plus en plus accéléré. Dès lors, chacun sera appelé à apprendre et à former tout au long de son existence, à vivre dans une société cognitive. Par ailleurs, le «progrès» entraîne dans son sillage nombre de questions éthiques sur lesquelles il faudra de plus en plus prendre position.

Ces trois mutations ont bouleversé le rapport à l'information, à la formation et à l'activité professionnelle. Telles des figures de Janus, elles peuvent engendrer autant le progrès que des dérives, être autant facteurs de démocratisation que d'exclusion.

Information, connaissance, sagesse

La strophe de T.S. ELIOT nous servira de fil conducteur dans les principes qui suivent :

«*Where is information lost in data?*
Where is knowledge lost in information?
Where is wiseness lost in knowledge?»
Où est l'information perdue dans les données?
Où est la connaissance perdue dans l'information?
Où est la sagesse perdue dans la connaissance?

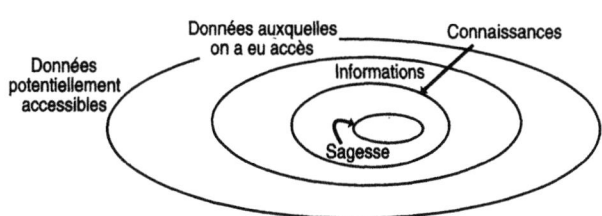

Graphique I — L'emboîtement des divers concepts.

La masse de données potentiellement accessibles est considérable. Que l'on songe au volume des livres et articles de revues édités chaque mois, aux sites Internet, aux congrès, etc. Bon nombre de ces données ne constituent pas un apport suffisamment précis pour nécessiter un archivage en soi.

Etant redondantes ou non valides, certaines données ne nous apportent pas vraiment d'information dans la mesure où, selon SHANNON et WEAVER (1949), *« l'information est ce qui réduit l'incertitude »*. Il peut donc exister une pléthore de messages vides d'une information digne d'être transmise à d'autres ou de modifier nos théories ou nos pratiques.

Certaines informations seulement méritent donc que nous les transformions en connaissances directement mobilisables, c'est-à-dire en ressources transportables avec notre seul cerveau (sans notes écrites ou support informatique) et susceptibles d'être réactivées en mémoire de travail à partir de notre mémoire à long terme. C'est ce qui fait dire à ALBERTINI qu'*« un expert, c'est quelqu'un qui peut parler sans réfléchir »*.

Certaines des connaissances directement mobilisables ne servent pas à guider l'action, soit parce qu'elles confortent des convictions préexistantes, soit parce qu'elles ne s'intègrent pas dans nos enjeux et qu'elles ne présentent aucun caractère de priorité.

Trouver la sagesse au fond du puits

Chaque lecteur est unique par l'originalité de ses projets, de ses engagements. Notre lecture de la littérature «objective» est très largement «subjective». Tout texte pris en considération est intégré dans nos combats intellectuels : les idées ainsi rencontrées vont-elles dans le sens des nôtres ? S'y opposent-elles ? Modifient-elles le débat ? Le posent-elles en d'autres termes ? En quoi changerons-nous nos convictions ? Et nos actions ?

Un processus de choix et de tamisage intellectuel fait d'une donnée perdue dans la masse une précieuse connaissance. Il peut en émaner une pensée personnelle, un savoir intime que nous nous approprions, fruit de l'apprentissage intégré, de l'expérience réfléchie. Elle devient constitutive de notre sagesse, pour reprendre le terme d'ELIOT.

Sans une telle «grille de lecture organisatrice», l'exposition à la littérature est vouée à la dissipation rapide. C'est précisément des «grilles d'analyse» que divers chapitres qui suivent tenteront de fournir.

2. Le risque de la «Fastfoodisation»

«Donnez-lui toutes les satisfactions économiques, de façon qu'il n'ait plus rien à faire qu'à dormir, avaler des brioches, et se mettre en peine de prolonger l'histoire universelle, comblez-le de tous les biens de la terre, et plongez-le dans le bonheur jusqu'à la racine des cheveux : de petites bulles crèveront à la surface de ce bonheur, comme sur l'eau.»
DOSTOÏEVSKY

La société Fast Food

Par sa métaphore de la McDonaldisation de la société, RITZER exprime *«le processus par lequel les principes du restaurant fast food dominent progressivement de plus en plus de secteurs de la société américaine et le reste du monde»* (1996, 1). Notre société est devenue celle de la consommation standardisée dans tous les domaines : travail, économie, loisirs, culture, formation.

Bien que ce modèle soit un pur produit du capitalisme, il pénètre dans des régimes politiques différents, paré de l'aura du progrès. Aux yeux des sociétés moins prospères, cette idéologie véhicule le modèle idéal de société, emblématique de la réussite pour tous. BAUDRILLARD (1970) estime que c'est une pensée magique qui régit la mentalité consommatrice, croyance dans la toute-puissance des signes du bonheur. *«Dans la pratique quotidienne, les bienfaits de la consommation ne sont pas vécus comme résultant d'un travail ou d'un processus de production, ils sont vécus comme 'miracle'»* (27). L'appropriation des signes est vécue comme une captation sur un mode d'efficacité miraculeuse.

Dans une publicité télévisée, Gorbatchev se rend dans ce type de restaurant. Reconnu par des personnes présentes, il est critiqué ouvertement pour sa gestion. Tout à coup, l'une d'elles rappelle qu'il a par contre permis l'introduction des fast food dans son pays. Et tous de l'acclamer, comme si cette innovation commerciale (ce miracle) compensait le fiasco dénoncé quelques instants plus tôt. Le simple fait de mettre le «bonheur par le hamburger» et la faillite du communisme sur le même pied constitue un raccourci sémiologique saisissant. C'est tout l'esprit «Fast food».

Quatre dimensions expliquent le succès irrésistible de ces chaînes de restaurants :

– *L'efficacité :* satisfaire sa faim; vite et à bon compte.

– *La prévalence du quantitatif :* «Bigger is better» pourrait résumer cette mentalité où quantité équivaut à qualité.

– *La prédictibilité :* les menus réservent peu de surprise et sont identiques à travers le monde; on sait qu'on mangera pour un petit budget et en un temps record.

– *Le contrôle :* «*les lignes de production, le nombre limité de menus et d'options et les sièges inconfortables, tout pousse les dîneurs à faire ce que les managers souhaitent qu'ils fassent : manger vite et partir*» (RITZER, 1996, 11).

Le moteur de ce processus de «Fastfoodisation» est la rationalisation. Le sociologue Max WEBER (1921) en appelait déjà à la rationalité formelle : la recherche des meilleures manières d'atteindre un but est déterminée par la réglementation de larges structures sociales; les individus font preuve de peu d'initiative, tout est prévu, institutionnalisé et contrôlé. La bureaucratie est pour lui un des fleurons de cette rationalité formelle. RITZER estime que la McDonaldisation s'inscrit dans le même paradigme.

L'Université Fast food?

Cette standardisation gagne de nombreux secteurs dont celui de l'université. L'auteur décrit «l'Université Mac» : une immense institution à l'atmosphère d'usine où les étudiants seraient traités comme dans une chaîne de production, avec grande efficacité et à moindre coût.

L'apprentissage y serait rapide, sans effort, juste ce qui est nécessaire pour obtenir les crédits puis les diplômes. Les nouvelles technologies y seraient exploitées en ce sens. L'acte de se former, ravalé au rang de consommer, ne serait pas beaucoup plus qu'écumer un supermarché, avaler un feuilleton ou ingurgiter Disneyworld. Le «savoir-hamburger» revient à apprendre sans douleur, sans réflexion et sans implication personnelle.

La carrière universitaire des assistants et des professeurs serait placée sous le primat du rendement : publier beaucoup et vite serait l'aune à laquelle on mesurerait leur valeur. Cette «meilleure des universités» à la Huxley constituerait une expérience déshumanisante où les partenaires de formation seraient réifiés et la pensée chloroformée.

L'Université Fast food est heureusement plus une utopie qu'une réalité. Néanmoins, les jeunes, imprégnés de cette vision consumériste, se heurtent au modèle universitaire. JAVEAU (1993) décrit bien le fossé qui sépare la culture académique de la culture adolescente : «*Cette culture, basée sur le divertissement, l'émotion rapide, le rejet de l'encyclopédisme, fait à l'adolescent une place que contredit son impuissance économique et politique. Une culture en phase avec la modernité, caractérisée par le goût du changement et le déclassement accéléré, le surinvestissement du présent au détriment de la mémoire et de la tradition, s'est substituée à l'ancienne culture scolaire, basée sur l'émulation proposée par des modèles anciens, l'appel à l'ascèse intellectuelle (la connaissance se mérite), la recherche d'une qualité inspirée par une vision universaliste du savoir. »*

L'université soutient mal la concurrence des systèmes de communication et de consommation et l'étudiant qui y entre vit une rupture culturelle.

3. Rendre le consommateur actif

La servuction : production de services avec le bénéficiaire

Les économistes distinguent les produits et les services. Ils viennent même de forger un nouveau terme pour désigner la prestation (ou production) de services : la servuction.

En économiste, ALBERTINI constate que, suite à l'explosion de la demande ou à la raréfaction de l'offre, « *la substitution du capital au travail est accompagnée par une substitution du travail gratuit au travail direct rémunéré* » (1997, 32).

La part de l'auto-servuction s'accroît

Tout service implique une participation du bénéficiaire-consommateur au profit de l'efficacité du service lui-même. ALBERTINI estime que plus un service s'automatise, plus son bénéficiaire est paradoxalement appelé à être actif. La servuction s'est manifestée ces dernières années par une explosion de l'auto-servuction (« *self service* » en anglais) : *self tanking* (à la pompe à essence), *self banking* (au guichet automatique), *self service* en restauration, *self shopping* évidemment où le client se sert lui-même, et bientôt *self coding* où il encodera ses achats par lecture optique des codes-barres.

La capacité d'auto-servuction, une finalité essentielle de la formation universitaire

Une formation universitaire implique la participation des étudiants-consommateurs, bénéficiaires du service. Encore faut-il savoir si l'université se fixe ce but ou si elle considère que celui-ci doit déjà être atteint en amont.

LECLERCQ (1997, 19) propose un modèle d'architecture des compétences sous la forme d'une pyramide.

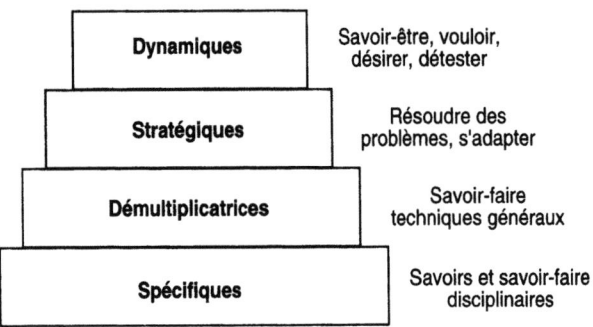

– Les compétences *spécifiques* sont des connaissances spécialisées, disciplinaires, peu transférables. Ainsi, la grammaire du portugais n'aide en rien à comprendre, mémoriser ou aimer la géographie de la Chine.

– Les compétences *démultiplicatrices* constituent des moyens de communiquer, de trouver et de traiter de l'information, quel que soit le domaine : téléphoner, lire, utiliser Internet, accéder au sens du message. Ces habiletés mentales, appelées *instruments* culturels par VYGOSTKY (1930), permettent d'accéder de manière autonome à de nouvelles compétences spécifiques.

– Les compétences *stratégiques* rendent à même de choisir la meilleure procédure, d'adapter à chaque situation la réponse appropriée en s'autoévaluant, en planifiant une tâche, en interagissant avec autrui.

– Les compétences *dynamiques* renvoient aux aspects motivationnels qui mobilisent la personne dans sa démarche d'apprentissage. C'est par la motivation que nous abordons les problèmes, les autres compétences nous permettant de pénétrer, telle une foreuse, dans les données. C'est la pointe de cette foreuse, la motivation, que la formation doit rendre la plus acérée ... mais qu'elle risque aussi d'émousser.

Si l'université se limitait à transmettre des compétences spécifiques, elle ne préparerait pas à l'auto-servuction. C'est par le développement des aptitudes démultiplicatrices que l'étudiant gagne en autonomie : de consommateur, il devient acteur. Le confronter au processus de décision le fait passer de l'étudiant-robot à celui de décideur réfléchi. Quand sa démarche est portée par des motivations personnelles, quand elle s'inscrit dans une quête individuelle, elle lui donne accès au bonheur d'apprendre et le rend pleinement humain.

C. UNE AXIOLOGIE EN RÉPONSE À CES DÉFIS

1. Le droit d'accéder à la formation

On pourrait se demander d'où vient notre « acharnement thérapeutique », pourquoi nous répugnons tant à « laisser faire la nature (sociale) », à laisser jouer le principe darwinien de la sélection des plus forts ? C'est tout l'enjeu démocratique du problème. Notre position éthique se rallie sur ce point à celle du Groupe de travail « Réussite » du CIUF (voir chapitre 2).

La tentation de pratiquer une sélection précoce est grande. Or les indicateurs prédictifs sont peu fiables. Les responsables de l'enseignement supérieur doivent réaffirmer le droit d'accès à la formation pour le plus grand nombre. Les indicateurs doivent être mis au service de l'étudiant et de l'enseignant, non pour provoquer un effet Pygmalion, mais à titre d'évaluation formative, pour fonder des actions de prévention pour améliorer la transition secondaire-universitaire.

2. Le défi de la pensée autonome

Bannir le travail de soldat

Bon nombre d'êtres humains sont astreints à des tâches routinières dont ils ne perçoivent pas les enjeux, la place dans un projet. Ils ne sont, dans ce cas, que les remplaçants temporaires de machines-robots en préparation. Bien des parcours scolaires sont marqués du sceau de l'absurde, mis en scène dans le Château de Kafka. Travailler idiot n'est pas humain. Aucun formateur ne peut commettre le crime de lèse humanité de préparer des jeunes à travailler idiot en étudiant idiot.

FREINET a magistralement décrit ce travail robotisé sous le terme du « travail de soldat ». Voici un extrait de son « dit » : **« Un rien qui est tout »**.

> *« La corvée de patates est, au régiment, le prototype et le symbole du travail de soldat. Ils sont une douzaine, groupés autour du sac entrouvert sur le carreau de la cuisine, comme des combattants désabusés veillant sur l'ennemi défait. On commence au signal, quand tout le monde est prêt. Et selon la technique du travail de soldat, pomme de terre en mains, on surveille le sergent. Lorsqu'il regarde, vite un ruban d'épluchures. On se reposera ensuite jusqu'au coup d'œil suivant.*
>
> *On parle de rendement dans le travail. C'est ici comme un contre-rendement. Celui qui produit trop et trop vite compromet le sort de l'escouade qui sera condamnée à une nouvelle corvée. C'est la loi du milieu, d'un milieu qui n'est pas fait pour le travail.*
>
> *Mais le jeune militaire qui a ainsi, toute une matinée, épluché des pommes de terre au rythme des soldats va retrouver, le soir, sa jeune femme qui lui dit gentiment : « C'est qu'il faut préparer la soupe... — Laisse... Les patates, ça me connaît. » Il n'attend pas le signal. Et vous verriez alors les pommes de terre danser et tourner dans les mains diligentes, et la pointe du couteau extraire délicatement les yeux noirs. Et à quel rythme!*
>
> *Ce n'est plus du travail de soldat. C'est du travail tout court, une activité, qu'on attaque avec entrain parce qu'elle est la condition de notre vie, et à laquelle, comme à toute œuvre de vie, on se donne à cent pour cent.*
>
> *Il a fallu si peu pour muer en travail efficient la stérile corvée du soldat : un sourire aimable, un mot engageant, un peu de chaud au cœur, une perspective humaine, et la liberté, ou plutôt le droit qu'a l'individu de choisir lui-même le chemin où il s'engagera, sans laisse, ni chaîne, ni barrière. Il a fallu si peu, mais ce peu est tout.*
>
> *Si vous parvenez ainsi à transposer le climat de votre classe; si vous laissez s'épanouir la libre activité, si vous savez donner un peu de chaud au cœur, avec un rayon de soleil qui suscite la confiance et l'espoir, vous dépasserez la corvée de soldat et votre travail rendra à cent pour cent.*
>
> *Ce rayon de soleil, c'est tout le secret de l'École moderne. »* (FREINET, 1967, 29)

Comment ne pas reconnaître des militaires éplucheurs de patates dans ces étudiants dégoûtés de l'école qui, selon les constats de BARTH, *« semblaient subir l'école d'une façon passive, ayant de moins en moins confiance dans leurs propres capacités d'apprendre, et surtout, de moins en moins envie de s'investir dans leur éducation. On disait d'eux qu'ils n'étaient pas motivés. On pouvait en effet constater un manque d'impli-*

cation affective et cognitive dans leur travail. Ils exprimaient un sentiment de confusion, d'ennui et d'inquiétude. » (1996, 20)

Apprendre à penser

« 'Je ne sais pas si c'est la réponse que vous attendiez mais...' L'étudiant regarde fixement l'enseignant, guettant un signe d'encouragement. Dès qu'il croit déceler la moindre trace de désapprobation ou de perplexité, il bat en retraite prudemment. Ses condisciples observent et écoutent attentivement, pour que, leur tour venu, ils sachent au moins ce qu'il ne faut pas dire. Si l'enseignant sourit ou opine du bonnet, ils se détendent. A n'en point douter, de tels échanges sont instructifs, mais qu'enseignent-ils au juste ? A vrai dire, c'est une leçon pernicieuse que trop d'étudiants connaissent déjà, à savoir la nécessité de s'incliner devant l'autorité. Pour aider les étudiants à penser par eux-mêmes, il faut non pas renforcer cette idée, mais la neutraliser. (...) C'est seulement lorsque l'étudiant cesse de s'en remettre au jugement d'autrui qu'il apprend à identifier et à évaluer des problèmes, à élaborer des interprétations réfléchies et défendables. » (WILKINSON et DUBROW, 1994, 275)

Dans cette conception, enseigner est beaucoup plus que transmettre; c'est engager l'étudiant dans un processus d'interrogation, de pensée critique et de résolution de problèmes. L'enseignement par la discussion (CHRISTENSEN *et al.*, 1994), l'Apprentissage Par Problèmes (*cf.* chap. 8), les Projets d'Animations Réciproques Multimédias (chap. 9) sont des méthodologies qui introduisent le questionnement en situation de formation, la confrontation à la réalité et le débat d'idées.

Cette conception se heurte aux représentations adoptées par nombre d'enseignants et d'étudiants. L'optique de la transmission de connaissances partagée par certains professeurs correspond, en miroir, à celle de la restitution chez les étudiants. Dans une enquête sur des étudiants du premier cycle, ROMAINVILLE (1993) montre que 46 % des étudiants de première candidature se font une conception très scolaire de l'apprentissage (mémoriser, étudier). Seulement 9 % d'entre eux y voient une recherche personnelle de sens.

Si enseignants et étudiants partagent cette manière de voir, la situation de formation est verrouillée par les mécanismes de défense et la collusion suivante s'installe entre eux : enseignement magistral, sorte de pilotage automatique sans surprise, garantissant à l'apprenant, moyennant restitution, une réussite sans risques. Bien que la formation qui en résulte soit très maigre, ce système éminemment homéostatique est promis à une remarquable longévité. Or il est temps de cesser de faire «toujours plus de la même chose» (WATZLAWICZ).

3. L'esprit du jeu

Anna FREUD a été l'une des premières a placer le jeu et le travail sur un même axe : celui d'une «ligne de développement». Elle désigne par là une succession d'étapes dans le développement de l'enfant qui sont la résultante d'un équilibre entre les contraintes extérieures et l'état de différenciation et de maturation de celui-ci (GOLSE, 1992). Parmi les six trajectoires de développement qu'elle a dégagées, elle décrit celle qui va du corps au jouet et du jeu au travail.

Le corps propre et celui de la mère sont les premiers objets ludiques pour le jeune enfant. L'objet devient ensuite transitionnel. Il a pour fonction de représenter la mère en l'absence de celle-ci, il permet la distanciation par rapport à elle.

Vers l'âge de 2 ans apparaît le jeu symbolique, produit de la fonction sémiotique. Il permet d'évoquer des objets ou des événements non présents. Par le jeu symbolique, l'enfant assimile, au sens piagétien, le réel au Moi et symbolise ses expériences. *«Tout enfant qui joue se comporte comme un poète, en tant qu'il se crée un monde à lui, ou plus exactement, qu'il transpose les choses du monde où il vit, dans un ordre nouveau tout à sa convenance. (...) Le contraire du jeu n'est pas le sérieux, mais la réalité.»* (FREUD, 1971, 241)

«Pouvoir jouer est essentiel : c'est accéder à la représentation, jouer avec des signifiants. PIAGET estime que le jeu correspond au langage intérieur de l'adulte. Hanna SEGAL (1970) montre combien il est important de pouvoir communiquer avec soi au moyen de symboles, pour pouvoir parler plus tard avec soi-même et aux autres. Elle nomme cette capacité la pensée verbale. Le jeu, cette prodigieuse interface entre l'enfant et la réalité, est un véritable établi pour la construction de la pensée.» (DEBRY, 1995)

Anna FREUD estime que l'aptitude au *jeu* se transforme en aptitude au *travail* quand se développent des facultés comme :
– la capacité à se servir du matériel de manière constructive ;
– la mise à *«exécution des plans conçus à l'avance en se préoccupant le moins possible du manque de plaisir immédiat et des frustrations*

intercurrentes, mais en concentrant tout l'intérêt sur le résultat final» (1968, 65);

- le passage du plaisir instinctuel au plaisir sublimé, du principe de plaisir au principe de réalité.

Cela peut paraître presque provoquant de parler du jeu en traitant de formation universitaire. Pourtant les conditions énoncées ci-dessus par Anna FREUD pourraient s'intégrer sans peine parmi les conditions de réussite du premier cycle : elles impliquent une perspective temporelle, un Moi suffisamment mature pour supporter l'effort dans la durée, l'équilibre entre les satisfactions à court et à long terme.

On cantonne abusivement le jeu dans le ghetto de l'enfance. C'est oublier à quel point il est fondateur de notre développement cognitif et affectif. C'est négliger combien l'activité ludique est le moyen d'apprendre de l'enfant. Quand celui-ci joue, il travaille et quand l'adulte travaille, ne joue-t-il pas aussi? A condition de ne pas prendre le terme travail dans son acception réductrice d'activité imposée, rébarbative, lucrative.

C'est pourquoi ni le travail de soldat, ni le travail «Fast food» ne peuvent être considérés comme du travail intéressant. Effectuer un travail humain au sens noble du terme, c'est appliquer ses efforts et ses talents à réaliser un projet que l'on s'est approprié, porteur de sens et ouvert, et ce en mobilisant au mieux ses compétences, et, pour autant que ce soit nécessaire, en apprenant.

Il existe donc un faisceau de démarches communes qui sous-tendent l'activité ludique, l'activité d'apprentissage et l'activité professionnelle. Jeu et travail exigent des efforts et s'inscrivent dans la durée; ils développent des compétences et procurent du plaisir; ils présentent des aspects gratuits et créateurs.

Garder l'esprit du jeu en pédagogie universitaire revient à créer des contextes où les étudiants peuvent élaborer des représentations symbolisées, les transformer et les partager, dans un climat où l'imaginaire et l'humour ont droit de cité.

4. Le besoin de sens

FRANKL (1988) est ce thérapeute humaniste qui a octroyé à la volonté de sens de l'être humain une place centrale dans son système thérapeutique. Il reconnaît trois instances fondamentales à la nature humaine : la spiritualité, la liberté et la responsabilité. La première instance nourrit la volonté de signification. La signification n'est pas une abstraction : on répond aux questions philosophiques en vivant. Elle ne nous est pas donnée, elle ne peut être transmise. Elle est nécessairement construite, unique pour chacun, toujours en question. La frustration existentielle dérive du sentiment d'absence de sens à sa propre existence.

La question du sens est au cœur du processus d'apprentissage. *« A tous les niveaux d'enseignement, le sens évite le superficiel, l'artificiel et le cumulatif et privilégie la transversalité, la profondeur, la tierce place ; la logique linéaire a peu de signification face à la logique dialectique ; 'l'ordre' n'est rien face à la complexité. »* (DUPONT et OSSANDON, 1994, 118)

Donner du sens aux apprentissages suppose que l'on mette en œuvre une pédagogie du projet, que l'on envisage les matières de manière plus globale, que l'on pratique la transdisciplinarité. Cela implique encore un climat de démocratie active. Les institutions, bien que hiérarchisées, doivent préserver des espaces de parole, de responsabilisation et de négociation. Et ne pas laisser ses membres s'enliser dans un sentiment d'impotence apprise parce qu'ils n'ont aucune prise sur leur vie collective.

D. CONCLUSION

Dans cette réflexion sur les nouveaux défis posés à l'université, nous avons voulu montrer combien ils exprimaient des dualités. L'université est devenue, à un double titre, une université de masse. Le large accès à l'enseignement supérieur a drainé un afflux d'étudiants. Les avancées scientifiques et technologiques ont provoqué une inflation de l'information. Quelles réponses l'université peut-elle apporter à ces défis quantitatifs sans verser ni dans l'élitisme ni dans la démagogie ?

Comment peut-elle lutter contre les effets pervers potentiels tels la sacralisation des budgets, les tentations de sélection ? Tout en assurant le meilleur fonctionnement possible, comment pourra-t-elle éviter la robotisation de l'apprenant, la déshumanisation de l'institution, la médiocrité consumériste ?

Ces mutations remettent l'université face à ses missions fondamentales : créer des savoirs, former à une pensée libre, initier à la citoyenneté.

Par ses pratiques pédagogiques, elle choisit inévitablement entre le « reproduire » ou le « transformer ».

Il nous faut réaffirmer que le véritable acte d'apprendre :
- est plus une construction qu'une transmission ;
- nécessite des interactions humaines ;
- est un acte social qui s'inscrit dans un contexte ;
- inspire la décision et l'action ;
- est porté par un projet qui lui donne sens.

Les ressources actuelles permettent de poser autrement des problèmes de toujours. Un des points essentiels est le rapport au savoir. Il arrive que les étudiants pensent que la connaissance est l'apanage des enseignants. Les connaissances encyclopédiques de certains professeurs d'université en font des stars admirées autant que redoutées. Ces conceptions constituent une « épistémologie implicite » négative, en opposition avec le véritable esprit universitaire empreint de relativité et d'humilité. Les connaissances ne sont pas des objets à exhiber pour dominer l'autre mais des instruments au service de la formation d'autrui (CHRISTENSEN *et al.*, 1994).

La réponse nous semble avant tout d'ordre éthique. Les remparts contre les risques dénoncés, ce sont les valeurs cardinales qui fondent notre pratique de formateur universitaire : la volonté de partager la culture avec le plus grand nombre, tout en réservant la plus large place possible à la personne humaine.

L'université est devenue, malgé elle, ce grand service public de masse, empêtré dans une logique marchande. Elle voit aussi ses horizons s'approfondir : jamais l'intellectuel n'a été autant soulagé des tâches ancillaires, jamais les progrès de tous types n'ont vu le jour à un rythme si rapide.

Que puissent y subsister, même dans les dures conditions de travail que sont les amphithéâtres bondés, l'onde du plaisir d'apprendre et l'invitation à l'exigence, le respect de la personne et la fierté d'appartenir à la communauté humaine.

Tel est notre pari de Sisyphe universitaire.

NOTES

[1] En 1995, toutes universités francophones de Belgique confondues, le taux de réussite des primants de première année était de 49 % pour les étudiants de moins de 19 ans et de 24 % pour ceux de 19 ans et plus, dont bon nombre avaient redoublé une année dans le primaire ou le secondaire (LECLERCQ *et al.*, 1997, 40).
[2] Enseigner et apprendre. Vers la société cognitive, 1995.

Chapitre 4
Objectifs et paradigmes d'enseignement/apprentissage
Dieudonné LECLERCQ et Brigitte DENIS

A. OBJECTIFS DE LA FORMATION
  1. Objectifs de l'enseignement obligatoire
  2. L'apprentissage de compétences
  3. Une architecture des compétences pour le long terme
  4. La distinction entre compétences et capacités
  5. Apprendre par l'expérience : le cycle de KOLB

B. PARADIGMES D'APPRENTISSAGE/ENSEIGNEMENT
  1. Les multiples définitions du terme « paradigme »
  2. Les paradigmes apprentissage/enseignement du « système formation »
  3. Trois paradigmes apprentissage/enseignement à l'initiative du formateur
  4. Trois paradigmes apprentissage/enseignement à l'initiative de l'apprenant
  5. Les six paradigmes sont opposés deux à deux
  6. Une stratégie de formation est une combinaison de paradigmes

C. AMBIVALENCES MATHÉTIQUE ET DIDACTIQUE
  1. L'ambivalence mathétique
  2. La polyvalence didactique
  3. Des compétences mathétiques
  4. La révolution copernicienne : dans les paradigmes aussi
  5. Les dilemmes du didacticien

D. CONCLUSIONS
  1. Des questions didactiques propres à chaque paradigme
  2. Une réalité toujours fuyante

A. OBJECTIFS DE LA FORMATION

1. Objectifs de l'enseignement obligatoire

On ne peut que se réjouir du grand pas accompli par l'adoption par la Communauté française de Belgique d'un décret définissant notamment les objectifs généraux des enseignements fondamental et secondaire. L'article 6 de ce décret du 24/7/97 précise ces objectifs :

« 1. promouvoir la confiance en soi et le développement de la personne de chacun des élèves ;

2. amener tous les élèves à s'approprier des savoirs et à acquérir des compétences qui les rendent aptes à apprendre toute leur vie et à prendre une place active dans la vie économique, sociale et culturelle ;

3. préparer tous les élèves à être des citoyens responsables, capables de contribuer au développement d'une société démocratique, solidaire, pluraliste et ouverte aux autres cultures ;

4. assurer à tous les élèves des chances égales d'émancipation sociale. »

L'enseignement supérieur aura lui aussi franchi un pas important le jour où il aura défini et entériné des objectifs propres à son niveau.

2. L'apprentissage de compétences

Généralement[1], les compétences se manifestent, c'est-à-dire s'observent, s'exercent et s'évaluent, dans des situations de résolution de problème significatives alors que les capacités peuvent s'exercer dans un cadre scolaire plus artificiel.

MEIRIEU (1992a, 180) définit la « compétence » comme un *« savoir identifié mettant en jeu une ou des capacités dans un champ notionnel ou disciplinaire déterminé, [le pouvoir] d'associer une classe de problèmes précisément identifiée à un programme de traitement déterminé »*. Pour lui, la compétence est *« le niveau transféré des micro-expertises ou des capacités locales »* (152).

On rejoint ainsi la définition de « compétences » de l'article 5 du Décret-Missions, en ce qu'il s'agit de *« l'aptitude à mettre en œuvre un ensemble organisé de savoirs, de savoir-faire et d'attitudes permettant d'accomplir un certain nombre de tâches »*.

Mais que sont ces savoirs, savoirs-faire, et attitudes, et surtout en quoi consiste leur apprentissage ? Plusieurs définitions ont été avancées. Elles sont resituées ci-après dans leur contexte historique.

Durant cinquante ans (de 1920 à 1970 environ), le **behaviorisme** a inspiré de nombreuses réflexions pédagogiques, parmi lesquelles la pédagogie par objectifs, fondée elle-même sur les *comportements* observables. L'apprentissage était alors défini comme *«une modification durable des comportements»*. En fait, les behavioristes ne niaient pas l'existence de *processus mentaux*, mais pensaient, à l'époque, que l'on en savait trop peu sur les mécanismes de ces processus. Dès lors, les behavioristes considéraient que le concept de processus mental n'était d'aucun secours pour définir les objectifs, pour évaluer leur atteinte ou pour définir les stratégies de formation. Les objectifs étaient définis en termes de seuls comportements observables.

Les temps ont changé. Au behaviorisme dominant a succédé le **cognitivisme**. Ce mouvement ne s'est affirmé et n'a détrôné le précédent qu'à partir des années 70. Il était cependant né bien plus tôt. Ce sont d'ailleurs ses acquis scientifiques qui allaient lui permettre de renverser le rapport de forces face au behaviorisme. Le célèbre article de MILLER (1956), mettant en évidence une limitation de notre capacité attentionnelle, les travaux de NORMAN (1982) sur les réseaux sémantiques, ceux d'ATKINSON et SHIFFRIN sur les deux types de mémoire (à court et à long terme) et surtout sur diverses «modalités» (verbales, visuelles) de mémoire à court terme, ceux de TULVING sur la mémoire «épisodique» à long terme, ceux d'ANDERSON sur la connaissance procédurale et la connaissance déclarative, ceux de SHEPARD (1978) et de KOSSLYN (1980) sur les images mentales ont balayé le message behavioriste selon lequel le *fonctionnement mental* était à considérer comme une «boîte noire», une *terra incognita*. La définition de l'apprentissage elle-même s'est modifiée. Désormais, l'apprentissage est devenu *«une modification durable dans les conduites et/ou dans les structures ou processus mentaux»*.

Cette évolution est, à nos yeux, encore insuffisante ! Les aspects «comportement» (savoir-faire) ou structures mentales («savoirs») ne suffisent pas à eux seuls à couvrir l'étendue du sens de «compétence». Il y manque encore deux volets. D'une part, un volet «dynamique» que l'on a parfois appelé «savoir-être», «vouloir», volet affectif ou encore «appétence». D'autre part, un volet «expérientiel», c'est-à-dire procurant l'épaisseur du vécu, avec ce que cela suppose de mémoire épisodique[2] et d'image de soi (sentiments d'auto-efficacité).

3. Le volet expérientiel des compétences

Une structure mentale, en effet, si elle est potentiellement porteuse de « conduites » ou « comportements », ne s'y identifie cependant pas. L'inverse est aussi vrai : un même comportement observé chez deux personnes différentes n'est pas toujours la garantie d'une identité ou d'une équivalence de structures mentales. Entre les deux, il y a tout le côté pulsionnel, motivationnel, attitudinal. Pour nous, les compétences sont donc non seulement des savoirs (ou compétences *déclaratives*) et des savoir-faire (ou compétences *procédurales*), mais aussi des vouloir-faire ou vouloir éviter, des « désirer » (des appétences et répulsions ou, si l'on veut, des compétences *attitudinales*). C'est le volet motivationnel des compétences.

Un enseignant ayant adopté la philosophie éducative du mouvement FREINET ne manquera pas de demander à un élève arrivé au terme de sa scolarité obligatoire : « Au cours de tes 15 ans de scolarité, combien de fois as-tu eu l'occasion de voter, d'élire des mandataires, de présenter un projet aux suffrages des autres, d'être élu représentant, de rendre compte aux mandants, etc.? Bref, qu'as-tu fait au cours de ton secondaire ? » On le voit, aux yeux de cet enseignant, ce qui importe est l'expérience concrète et non les leçons (ici de démocratie). Avoir vécu de telles expériences (la frustration de ne pas être élu, faire une « cure d'opposition », etc.) ne serait-il pas un droit ? Et l'école ne devrait-elle pas s'en faire un devoir ? C'est le volet expérientiel des compétences.

Bien entendu, la manière dont l'expérience est vécue importe. Ainsi, combien de jeunes n'ont-ils pas vécu certains cours comme une situation maintes fois répétée de souffrance, voire d'humiliation. Quoi d'étonnant dès lors au constat d'un grand nombre de nausées disciplinaires ? C'est probablement le pire des résultats que puisse obtenir une discipline : faire des étudiants des anorexiques de cette discipline. Mieux vaudrait leur en avoir fait avaler beaucoup moins... mais qu'ils ne la recrachent pas. Nausée disciplinaire et anorexie cognitive : deux écueils que l'école doit veiller à éviter.

Injecter cette préoccupation est crucial ! Il importerait que dans les futures versions du décret-mission figure l'objectif *« Au cours de sa scolarité obligatoire, l'élève aura vécu... »*. Devrait suivre ici une liste d'expériences de vie, comme tenir la comptabilité d'un organisme, gérer son argent de poche, faire le planning d'un travail de groupe, se prendre en charge... On constatera que bon nombre de ces objectifs sont laissés en dehors de l'école, aux hasards de l'existence ou, dans le meilleur des cas, aux mouvements de jeunesse.

4. Apprendre par l'expérience : le cycle de KOLB

Dans son ouvrage «*Experiential Learning. Experience as the source of learning and development*», KOLB (1984) fonde sa théorie de l'apprentissage sur le cycle en 4 étapes de LEWIN :

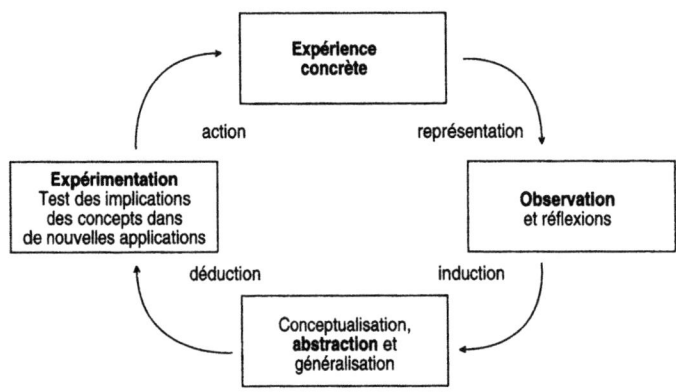

KOLB (1984, 28) commente le schéma avec les mots suivants : «*C'est dans l'interrelation entre l'attente et l'expérience que se produit l'apprentissage.*»

Pour FREIRE, la dominance dans le mode de l'action débouche sur l'activisme et dans le mode de l'abstraction sur le verbalisme. S'appuyant sur PIAGET (1974) et ses travaux sur la répétition, KOLB suggère (1984, 26) que «deux idées ne sont jamais strictement les mêmes, dans la mesure où l'expérience s'intercale entre elles».

Ce modèle de KOLB, par son aspect séquentiel, donne une vision spirale des relations entre le concret et l'abstrait : la personne recommence sans cesse le cycle, mais enrichie des «boucles» précédentes. Une boucle complète amène l'apprenant à passer par deux extrêmes sur l'axe (horizontal) de l'action : l'observation et l'expérimentation et par deux extrêmes sur l'axe (vertical) de la perception : le concret et l'abstrait.

Nous nous rallions totalement au modèle de KOLB. Le modèle des 6 paradigmes qui suit et le cône de l'expérience (qui sera exposé au chapitre 5) visent à le compléter. Nos deux modèles ne sont pas séquentiels et ne traitent pas du cœur du problème abordé par KOLB, le passage du concret à l'abstrait et vice versa. Par contre, nos deux modèles précisent la nature de l'expérience, en termes de relation apprentissage/enseignement pour l'un et en termes de degrés d'abstraction pour l'autre.

Un cinquième objectif, « expérientiel », devrait, selon nous, être ajouté au Décret-Missions : *permettre à tout élève de VIVRE des situations relationnelles, civiques, sociales, émotionnelles, économiques, artistiques, sportives valorisantes et socialisantes.*

L'ensemble de ces divers objectifs se reflète largement dans l'«architecture des compétences» (LECLERCQ, 1987), modèle pyramidal exposé au chapitre précédent qui rend compte, en quelque sorte, des traces de l'expérience. Face aux situations de la vie courante ou à des défis plus exigeants, ces traces constituent «des ressources internes» en nous, soit pour nous permettre d'adopter des solutions toute faites, soit pour forger nos propres solutions le moment venu. Pour rappel :

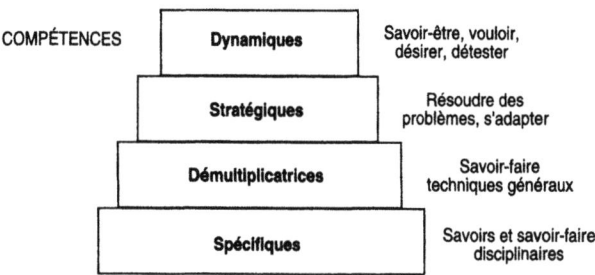

Les trois derniers étages de cette pyramide des compétences, non-spécifiques, sont appelés aujourd'hui compétences «transversales» (article 5 du Décret-Missions). Il faut se réjouir qu'une importance majeure leur soit désormais attribuée et espérer que les situations d'apprentissage vécues par les élèves permettront la mise en œuvre de telles compétences.

B. PARADIGMES D'APPRENTISSAGE/ENSEIGNEMENT

1. Les multiples définitions du terme «paradigme»

En philosophie, le terme paradigme désigne *« ce que l'on montre à titre d'exemple, ce à quoi on se réfère comme à ce qui exemplifie une règle et peut donc servir de modèle. (...) Ce concept a chez PLATON un sens pédagogique et propédeutique : le paradigme est l'objet 'facile' sur lequel on s'exerce avant de traiter d'un objet ressemblant au premier, mais plus difficile. (...) La méthode paradigmatique, chez E. LEVINAS, se fonde sur la thèse que 'les idées ne se séparent jamais de l'exemple qui les suggère'...*

L'historien des sciences et épistémologue Thomas KUHN utilise à son tour le terme de paradigme d'une manière originale pour rendre compte de la manière dont se développent les sciences. Dans son ouvrage sur la structure des révolutions scientifiques (traduction française, Paris, 1972), il caractérise comme paradigme de la science à une époque donnée un ensemble de convictions qui sont partagées par la communauté scientifique mondiale.»

(*Encyclopedia Universalis*, Index, 1990, 2606)

Nous utilisons ci-après le terme paradigme dans le sens de «modèle concret simplifié servant de repère» pour identifier divers types contrastés de situations de formation, c'est-à-dire de «situations combinant l'apprentissage et l'enseignement». Nos paradigmes, comme tout modèle, n'ont pas la prétention d'être vrais, mais l'espoir d'être utiles.

Les paradigmes qui seront décrits ci-après traitent des contingences d'apprentissage et non pas des processus mentaux.

2. Les paradigmes apprentissage/enseignement du «Système Formation»

Dans un système, les divers composants sont interdépendants. La paire «apprenant/enseignant» est un exemple prototypique de composant, dans le système que constitue la formation. Quand on considère le couple formateur/formé ou enseignement/apprentissage, leur complémentarité et leur interdépendance sont évidentes. Décrire les actions de l'un (le formateur) revient, en creux, à décrire les actions de l'autre (le formé).

Les variations de ces situations peuvent être décrites en une infinité de modalités, mais ce serait là œuvre peu féconde si l'on veut doter la pédagogie d'un «modèle-pour-penser» pour amener le formateur à réfléchir sur sa pratique, tant lors de la préparation d'une activité que dans la régulation de celle-ci. Ce sont des êtres humains qui réfléchissent à ces problèmes. Si le modèle dépasse largement leur capacité de mémoire de travail, il perd une de ses qualités essentielles : être présent à l'esprit à tout moment. Le modèle en six paradigmes décrit ci-après respecte les limites de ces capacités humaines, du «*magical number seven*» dont

MILLER[3] pense qu'est génétiquement marquée notre mémoire à court terme. Si, comme dit GLASS (1971), «*mille doctorats sont muets si personne ne les a lus*», nous dirions qu'une théorie est inféconde si son utilisateur est incapable de la saisir tout entière avec son cerveau.

Voici le modèle des six paradigmes apprentissage/enseignement proposé (LECLERCQ et DENIS, 1997; DENIS et LECLERCQ, 1995). Une méthode pédagogique prototypique est chaque fois signalée entre parenthèses, bien que, comme nous le verrons, la plupart des méthodes combinent plusieurs paradigmes.

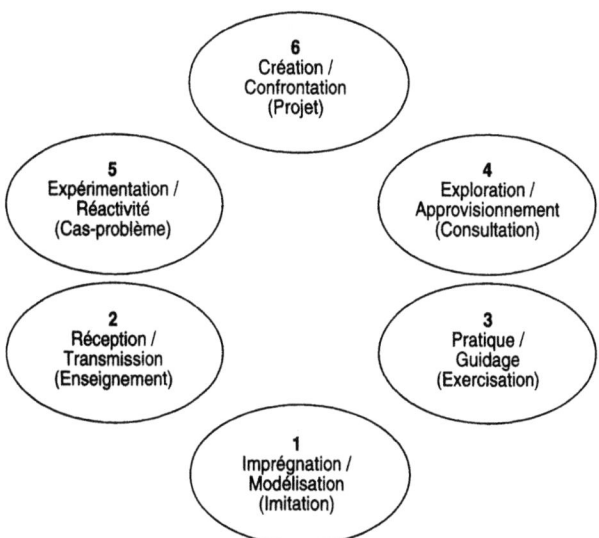

3. Trois paradigmes apprentissage/enseignement à l'initiative ou sous le contrôle du formateur

Paradigme 1 : Imprégnation/Modélisation-Référenciation

Les humains apprennent beaucoup sans le chercher vraiment, en-dehors de tout système d'instruction, simplement par **imprégnation**, c'est-à-dire par intériorisation de perceptions de diverses natures : visuelles (gestes, mouvements, formes, couleurs, transformations), sonores (musiques, voix, sons, rythmes, accents et prononciations d'une langue), tactiles (lisse, rugueux, chaud, froid), dolorifiques (coupure, brûlure, gelure, éraflure), gustatives (fruité, amer, sucré, salé, acide), olfactives (fumée, parfums, odeurs), musculaires (léger, lourd, serrant, lâche). De telles imprégnations sont souvent inconscientes et résultent du simple fait de vivre dans un contexte, d'y être «immergé». Ce type d'apprentissage est donc LATENT. Ainsi, le meilleur conseil que l'on puisse donner à quelqu'un qui veut apprendre à danser est probablement «de naître à Rio». Il semblerait que l'hémisphère droit du cerveau *«qui maintient des représentations assez isomorphes à celles de la réalité elle-même»* (CORBALLIS, 1980, 288) joue un rôle important dans ce type d'imprégnation.

Les actions des formateurs qui correspondent à l'imprégnation sont, elles aussi, souvent inconscientes. Ainsi, c'est souvent sans le vouloir que les parents et les aînés servent de **modèles** et de **référents sensoriels** à leurs enfants et cadets, sont responsables de leur exposition à des stimuli de référence (sonores, olfactifs, gustatifs, visuels, émotionnels, etc.).

L'**imitation**, dont PIAGET a montré combien elle est une capacité cognitive précoce chez l'être humain, se greffe sur l'imprégnation. L'imitation puise sa puissance dans des composantes affectives, dans la mesure où nous avons tendance à imiter les modèles que nous admirons.

La pédagogie universitaire ne manque pas de recourir consciemment à l'imprégnation. Les étudiants en médecine «s'imprègnent» de divers référents sensoriels par la vue, l'odeur et le toucher des cadavres humains dans leurs travaux de dissection. Les étudiants en histoire de l'art s'imprègnent des grandes œuvres, souvent en reproduction, mais chaque fois que c'est possible par les originaux, sur le site; bien qu'ayant vu moult photos du Parthénon, ils aspirent quand même à le voir *in situ*, sur l'Acropole. Les étudiants en éducation physique s'imprègnent des modèles prestigieux fournis par les champions olympiques. Les étudiants de l'agrégation, qui se préparent à enseigner, s'imprègnent des différents modèles que leur ont fournis leurs instituteurs et leurs professeurs du secondaire et que constituent aussi leurs enseignants universitaires et leurs maîtres de stage. Quoi d'étonnant à ce qu'ils reproduisent certains de ces modèles dans leur propre pratique de formateur? C'est ce que les Anglais appellent *« teach as taught »* (on enseigne comme on a été enseigné).

Paradigme 2 : Réception/Transmission

Nous apprenons aussi beaucoup par **réception** de messages, intentionnels ou non. Les émetteurs de ces messages, c'est-à-dire ceux qui pratiquent la **transmission**, sont très variés. Que de messages échangés dans la vie courante! Certaines personnes cependant sont des professionnels de l'élaboration et de la transmission de messages : les journalistes de la presse écrite et de la radio, les auteurs de livres, les animateurs de télévision, les conférenciers et, bien entendu, les enseignants.

Le but est de nous apporter de l'information. Rappelons que, pour SHANNON et WEAVER (1949), *« l'information, c'est ce qui réduit l'incertitude »* ou, si l'on veut, ce qui réduit le doute subjectif[4]. Une information peut être fausse quand elle augmente une *conviction* erronée. Nuançant la définition de SHANNON et WEAVER et l'appliquant à la pédagogie, nous dirions qu'une information est « ce qui *modifie* le doute ou l'incertitude ». Donc, certains messages sont porteurs d'informations fausses quand ils augmentent l'incertitude quant à la réponse correcte à un problème ou la certitude quant à une réponse incorrecte. Il est crucial que tout formateur se rende compte qu'un même message ne « pèse » pas la même information (la même quantité de bits) selon les récepteurs parce que ils ne sont pas tous dans la même incertitude initiale. C'est ce qui faisait dire à AUSUBEL (1968) *« Ce qui explique le plus les différences de compréhension entre personnes écoutant un même message, c'est ce qu'ils savaient déjà avant »*.

Contrairement à la présentation de modèles et à l'imprégnation perceptive (paradigme 1), la transmission procède de façon abstraite, utilise un langage (le français ou le morse, ou des symboles comme les panneaux routiers, etc.) dont il importe qu'émetteur et récepteur partagent le code.

L'enseignement universitaire procède massivement par transmission-réception. La conférence du professeur ou d'un invité peut ne reposer que sur l'exposé oral original. Cependant, souvent, cet exposé est doublé par une version papier — des syllabus ou des livres — et supporté par divers éléments structurants ou illustrants, sur papier, sur transparents, sur vidéo, sur support mural, etc.

En outre, et ceci le rapproche du paradigme suivant (pratique/guidage), cet exposé peut être rendu davantage interactif selon diverses modalités. Parmi celles-ci : poser des questions et faire passer le micro dans l'amphithéâtre pour recueillir les réponses de l'auditoire ; poser des questions et faire voter les étudiants munis d'un boîtier personnel de vote dans un « amphithéâtre électronique » ; poser des questions et permettre à chaque étudiant de répondre par ordinateur via un logiciel comme FORUM (JANS et LECLERCQ, 1996 ; LECLERCQ *et al.*, 1997), soit depuis son domicile (enseignement à distance), soit en présentiel dans un local *ad hoc* (BALDEWYNS *et al.*, 1997). Par ailleurs, certains enseignants mettent leur cours à disposition sur internet ou sur des supports multimédias.

Paradigme 3 : Pratique/Guidage

Nous apprenons beaucoup par la **pratique**, par nos actions, que notre entourage guide pour nous faire gagner temps et énergie, et pour soutenir notre motivation.

Plus techniquement, nous dirons de l'apprenant qu'il pratique et du formateur qu'il guide, d'où l'expression pratique/guidage.

Dans une situation de formation, le **guidage** ou *coaching* comporte plusieurs volets : étude des besoins de l'apprenant et de ses contraintes personnelles (sa force, sa souplesse, sa résistance, ses prérequis par exemple), planification des exercices (détermination de séquences et de progressions), observation des performances (*monitoring*), délivrance de *feedbacks* (guidance ou *tutoring*), aide à l'internalisation des interprétations, etc.

Certains domaines, et tout spécialement ceux où il importe de procéduraliser, d'automatiser, bref de déboucher sur des routines, sont d'autant plus vite maîtrisés qu'une **exercisation systématique** est assurée. Ce systématisme est très souvent placé sous la direction d'un entraîneur (*coach*) qui pousse à agir, aide à interpréter les conséquences, maintient la motivation, bref qui *guide* et surtout corrige, lors d'*interactions programmées*. Cette programmation est essentiellement assumée par cet entraîneur, qui garantit l'ordre, la progressivité, la sécurité, etc. On voit que, comme dans les paradigmes 1 et 2, l'initiative est surtout dans les mains du formateur.

En pédagogie universitaire, les protocoles expérimentaux imposés aux travaux pratiques constituent de tels guidages.

Un niveau de guidage quasi total est constitué par des « cours programmés » qui consistent à présenter une matière en une grande série de petites unités appelées « mailles ». Chaque maille comporte d'abord une information, ensuite une question et enfin (sur la page suivante) la réponse correcte avec d'éventuels commentaires. L'étudiant est ainsi pris par la main, guidé « pas à pas », forcé à émettre des centaines de réponses, à en vérifier la qualité. Cette activité mentale forcée contraste avec la possible passivité des étudiants assistant à un cours traditionnel dans un amphithéâtre. De tels guidages existent pour des matières spécialisées (ex. : manipulation d'un appareil très sophistiqué) ou pour des matières difficiles (ex. : « Poids, masse et inertie »)[5].

Un autre exemple typique de guidage non seulement cognitif mais aussi perceptif et moteur est vécu par les étudiants en médecine qui s'exercent aux actes techniques. Ils font des prélèvements sanguins, des injections, des sutures, des bandages, etc., sous la direction d'un expert qui corrige en direct les imperfections, qui hausse progressivement le niveau des exigences, de manière, par exemple, à obtenir des actes plus précis, plus rapides et moins douloureux pour le patient.

4. Trois paradigmes apprentissage/enseignement à l'initiative de l'apprenant

Paradigme 4 : Exploration/Approvisionnement

Certains domaines d'apprentissage bénéficient d'autant plus d'une approche qu'elle est plus personnalisée. Ainsi, la visite libre d'une ville ou d'un musée a des charmes et des avantages différents de ceux de la visite guidée. Dans une **exploration libre**, dans une «consultation libre», c'est l'apprenant qui a l'initiative, qui pose les questions, mais sans modifier ce qu'il explore. Sans écrire dans les livres de la bibliothèque, sans modifier le contenu de la cassette vidéo, sans badigeonner les murs de la ville, sans tester la résistance à la torsion des arbustes ni l'inflammabilité des tableaux de l'exposition. Explorer n'est pas transformer. Ce n'est pas non plus créer : le savoir préexistait à son exploration par l'apprenant. C'est ce qui différencie ce paradigme des deux suivants qui, eux «attenteront» à la réalité, la transformeront (paradigme 5 : expérimentation), parfois même d'une façon originale (paradigme 6 : création).

Le rôle du formateur est d'**approvisionner** l'apprenant en ressources didactiques. A lui de vérifier que les œuvres sont dans le musée, que des périodes d'accès aux ordinateurs sont réservées, que la ligne internet est payée, que les livres sont dans les rayons, etc., afin de permettre leur libre **consultation**.

En pédagogie universitaire, les bibliothèques — ou plutôt leur version moderne, les unités de documentation — sont les lieux privilégiés de l'exploration libre. Cependant, de plus en plus de systèmes permettent de sortir des murs de cette infrastructure : les consultations informatiques de bases de données, comme ERIC en éducation ou MEDLINE en médecine, les prêts interbibliothèques... ou encore l'Internet.

Les produits multimédias permettent en outre des explorations virtuelles. Ainsi, en anthropologie biologique, les étudiants peuvent «manipuler» virtuellement des collections de crânes d'hominidés dans leurs Travaux Dirigés (GILLES *et al.*, 1998). De nombreux logiciels multimédias permettent l'exploration textuelle, sonore, iconique et même vidéo en langue étrangère (LECLERCQ et al., 1994; JANS, 1997).

Paradigme 5 : Expérimentation/Réactivité

Il est des cas où l'apprenant doit pouvoir **expérimenter**, c'est-à-dire manipuler l'environnement et, le cas échéant, le modifier, en épuisant et combinant les possibles qu'il juge significatifs. En milieu naturel ou simulé[6], il tente par là de répondre lui-même à un problème, à une question qui a été posée (par lui ou un autre), après avoir formulé et mis à l'épreuve des hypothèses personnelles. PIAGET (1974) a montré que le jeune enfant pratique beaucoup cette approche, trop souvent considérée par les adultes comme une simple répétition. Si les gestes de l'enfant paraissent les mêmes à chaque fois, ses hypothèses, elles, diffèrent d'une fois à l'autre! C'est ce que dit aussi KOLB (1984) : *«L'impulsion de l'expérience donne aux idées leur force pour se mouvoir et les idées donnent la direction à cette impulsion»* (22) et *«Deux idées ne sont jamais identiques, parce que l'expérience intervient constamment»* (24).

L'expérimentation (la vérification d'hypothèses) est un processus systématique de recherche de diminution de l'incertitude, donc d'information sur un sujet donné. C'est dans la dialectique entre les attentes et l'expérience que se glisse l'apprentissage. Comme le dit HEGEL, *« toute expérience qui ne viole pas les attentes ne vaut pas la peine d'être appelée expérience »* (cité par KOLB, 1984, 28). Les «essais et erreurs» constituent la forme la plus courante de l'expérimentation. La méthode scientifique[7] en constitue la forme la plus sophistiquée.

Le formateur, dans ce contexte, doit **offrir des réactions**, c'est-à-dire rendre accessible à l'apprenant un environnement non seulement manipulable (dont les paramètres sont modifiables) mais aussi réactif. Les logiciels de simulation (simulateur de vol, physique amusante, etc.) constituent des environnements réactifs particulièrement versatiles et polyvalents.

La méthode typique pour mettre en œuvre l'apprentissage par expérimentation consiste à confronter l'apprenant à des **cas-problèmes**. En pédagogie universitaire, cette démarche est assez fréquente : la «méthode des cas» développée à HARVARD; l'Apprentissage Par Problème (*Problem Based Learning*) pratiqué dans de nombreuses facultés de médecine (voir chapitre 8), les logiciels de simulation, les laboratoires classiques où les étudiants mènent leurs propres expérimentations. Le tout à condition que les hypothèses personnelles des apprenants puissent être confrontées à la réalité ou à d'autres critères (comme l'autorité des experts).

Certains jeux de rôle constituent une autre forme d'expérimentation. Ils peuvent être supportés par des logiciels *ad hoc*, par exemple les jeux d'entreprise informatisés, dans la mesure où les rôles sont largement définis et modifiés par les acteurs eux-mêmes et leurs réactions mutuelles. Selon la nature ou la quantité des contraintes, certains jeux de rôles relèvent plus de la création (paradigme 6) que de l'expérimentation. La plupart sont une combinaison des deux paradigmes.

Paradigme 6 : Création/Confortation-Confrontation

Enfin, nous apprenons aussi en **créant du nouveau** (nouveau pour nous), en échafaudant, en changeant le monde environnant, en réalisant des œuvres concrètes : des textes, des compositions musicales, des objets, des bâtiments, des spectacles, des films, etc. TORRANCE (1981) a suggéré quatre critères d'évaluation de la créativité[8].

Le rôle du formateur est, comme dans les deux paradigmes précédents, d'approvisionner et de fournir un milieu stimulant et réactif. En outre, quand l'apprenant est en situation de création, le rôle de l'encadrant consiste, plus encore que dans tous les autres paradigmes, selon les moments, à conforter et à confronter.

Conforter, c'est encourager, donner confiance, soutenir dans la découverte de soi-même, dans l'expression des sentiments, du ressenti face à un objet, une situation, un tableau, etc. Le « ressenti » peut être d'ordre émotionnel ou d'ordre cognitif, voire éthique ou politique. Dans le domaine affectif, le formateur soutient l'émergence de ce que chacun peut livrer de lui-même, éventuellement pour lui-même. En effet, on peut par exemple écrire des poèmes plus pour soi-même que pour être lu, pour conforter son développement personnel plutôt que le confronter à autrui.

Confronter, c'est soumettre l'œuvre personnelle aux avis d'autrui. Si cette œuvre est une construction de sens, le formateur favorisera la négociation de sens, via, par exemple, ce que certains auteurs appellent les « conflits socio-cognitifs » (DOISE et MUGNY, 1981 ; PERRET-CLERMONT, 1979). Si cette œuvre est une construction de beau ou de bon, le formateur en suscitera la jouissance, en stimulera la diffusion, le partage, l'exposant à la louange... ou à la critique. Les exemples ci-avant ne traitent que de l'hétéro-confrontation. Favoriser l'auto-confrontation, c'est favoriser la métacognition (la connaissance de soi comme sujet apprenant). Pour solliciter la conscience à soi-même et le partage avec autrui (DENIS, 1993), le formateur stimulera par exemple la verbalisation du projet, sa traduction dans un langage quelconque (graphique, métaphorique, musical...).

Nous avons dit «**selon les moments**». Il est en effet des confrontations prématurées, qu'il importe de postposer. Certaines œuvres — et surtout leurs auteurs — ne résisteraient pas à la critique. Il faut attendre que l'œuvre ait pris plus de force, ou que l'auteur soit plus prêt à affronter la controverse. Au début d'un projet, il importe plus de conforter que de confronter et, si l'on doit dissuader le plus tôt possible d'entreprendre des projets impossibles qui ne pourraient que déboucher sur les frustrations de l'échec, il importe de conforter d'autant plus les personnes dans la volonté de concevoir et de mener à bien un projet.

La création s'effectue à partir d'une **idée** personnelle, dans le cadre d'un **projet** individuel ou collectif. Cette démarche débouche sur l'exploration de limites, tout autant celles de la réalité que de nous-même : jusqu'où puis-je aller ? jusqu'où ai-je intérêt à aller ? Comme dans le paradigme précédent, sont omniprésents les mécanismes d'assimilation (imposer à la réalité nos schèmes d'action) et d'accommodation (modifier nos schèmes parce que la réalité résiste) chers à PIAGET (1974).

En pédagogie universitaire, il est fréquemment demandé aux étudiants de produire des travaux personnels ou en groupes : exposés et examens oraux, rapports écrits, travaux de fin d'étude, logiciels multimédias, projets et plans d'action, réalisation d'événements (colloques, ...) ou d'objets (posters, modèles, ...). Diverses modalités de création peuvent être combinées dans un même projet; c'est ce qui se passe dans la méthode des Projets d'Animations Réciproques Multimédias (PARM) où les étudiants conçoivent un support multimédia dans le but d'animer leurs collègues (voir chapitre 9). Ce paradigme de la création est mis en œuvre chaque fois qu'un professeur invite les étudiants à construire le cours avec lui.

5. Les six paradigmes sont opposables de diverses façons

a) Sur l'axe initiative de l'apprenant-initiative du formateur

Habituellement, certains paradigmes s'opposent quant au degré d'initiative, ou de contrôle laissé à l'apprenant. D'autres oppositions peuvent également être relevées.

Les paradigmes 1, 2 et 3 ci-dessus se caractérisent par une plus grande initiative du formateur que du formé : c'est le formateur qui fournit le modèle à imiter, l'information transmise, la progression à suivre et l'évaluation de la performance, c'est lui qui, des deux, pèse le plus sur ce qui se passe, prend le plus les décisions. C'est pourquoi, nous dirons que ces trois paradigmes sont souvent (mais pas obligatoirement) à dominance d'«allo-initiative»[9] ou sous «allo-contrôle» (du processus, du contenu, des activités, du timing, etc.).

Par opposition avec les trois paradigmes précédents, les paradigmes 4, 5 et 6 sont souvent utilisés avec beaucoup plus d'auto-initiative de l'apprenant qui vit des situations d'apprentissage. C'est l'apprenant qui choisit les contenus à explorer, qui formule les hypothèses à vérifier, qui conçoit et réalise un projet.

b) Opposition deux à deux

Les six paradigmes peuvent aussi être opposés comme suit :

a) IMPRÉGNATION d'un MODÈLE externe *vs* CRÉATION d'un modèle nouveau (interne) et personnel (NB : il peut être collectif).

b) TRANSMISSION (de données structurées par l'émetteur) *vs* EXPLORATION (qui consacre la primauté de la structuration par le récepteur).

c) EXERCISATION (application d'un plan externe) *vs* l'EXPÉRIMENTATION (liberté dans la conception des hypothèses).

c) Six facettes de chaque paradigme

Chaque paradigme est présenté ci-dessous en six facettes (non exhaustives) :

a) **L'opération de l'apprenant.**
b) **L'opération du formateur.**
c) Les demandes de l'apprenant.
d) Les offres de l'enseignant, du formateur.
e) Les conditions nécessaires, l'environnement propice dans les lieux de formation.
f) Les lieux classiques d'apprentissage organisé (qui ont, d'habitude, été conçus pour cela).

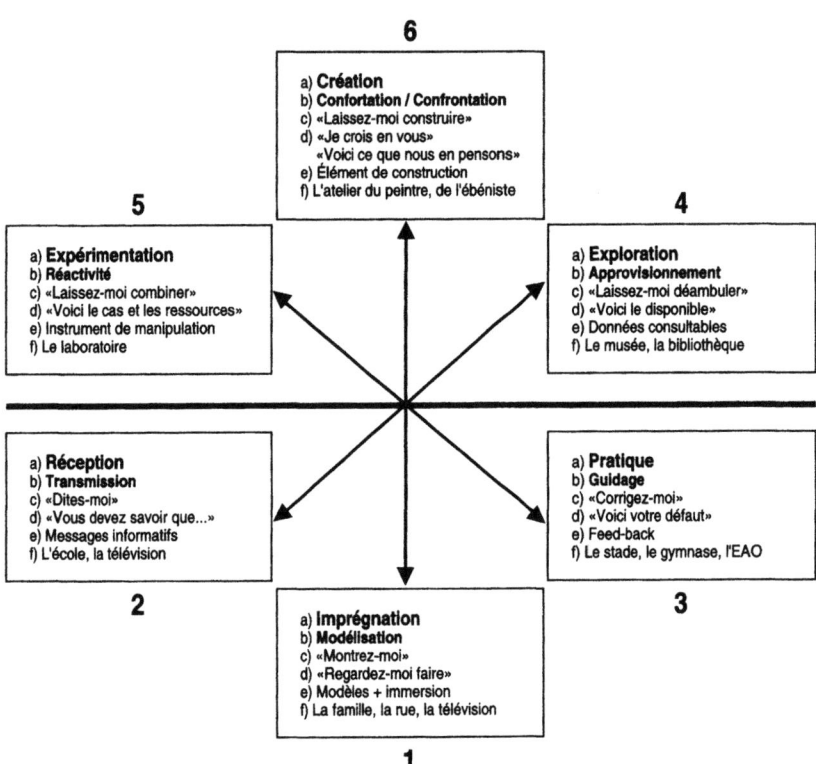

6. Une stratégie de formation est une combinaison de paradigmes

La plupart des systèmes de formation combinent plusieurs paradigmes afin que les faiblesses des uns soient compensées par les forces des autres. De telles combinaisons sont en nombre infini. Nous les appelons «stratégies de formation». Certaines stratégies mettent en œuvre (mais avec des intensités différentes) tous les paradigmes.

L'immersion est le plus souvent une **situation naturelle**, non voulue (due au hasard de la naissance). Ce qui est une **stratégie**, c'est de «placer quelqu'un en situation d'immersion», comme nous essayons de le montrer dans l'exemple ci-dessous.

Stratégie d'immersion

La stratégie Socrates (ex-Erasmus), qui consiste à envoyer un étudiant six mois en Angleterre pour qu'il y apprenne l'anglais, espère tirer profit des possibilités suivantes (laissées au hasard, mais très probables et très répétées) :

IMPREGNATION (modélisation)	Plus que partout ailleurs, il aura l'occasion d'entendre des "modèles", de s'en imprégner (avec la réserve que certains modèles, argotiques ou ayant l'accent cockney, ne devraient pas être imités).
RECEPTION (transmission)	Sauf s'il suit des "cours", ou si des amis prennent soin de ses apprentissages, il sera rare qu'on lui "enseigne" que "il faut prononcer comme ceci" ou que "le sens du mot x est différent de celui du mot y". S'il le demande, on est alors dans l'exploration.
PRATIQUE (guidage)	Il aura l'occasion de s'exercer, d'automatiser ses capacités d'audition et d'expression, ne serait-ce que par leur fréquence, même si les *feedbacks* d'autrui ne sont pas toujours très spécifiques. Il s'apercevra alors qu'il est compris ou non.
EXPLORATION (approvisionnement)	La lecture de journaux, l'écoute des conversations à la radio et à la télévision, le spectacle de films, les questions posées, s'ils sont choisis par l'apprenant, sont autant d'occasions d'exploration dont regorge naturellement le milieu.
EXPERIMENTATION (réactivité)	Tout à loisir, l'apprenant pourra introduire de petites variations dans son intonation, son débit, sa prononciation, pour observer la réaction des interlocuteurs *"native speakers"* : comprennent-ils ? apprécient-ils ?
CREATION (confortation-confrontation)	Jusqu'où peut-on inventer des termes anglais ou des expressions ? C'est à Londres, et à la réaction des Londonien(ne)s, qu'on peut le mieux creuser cette question !

Les divers paradigmes sont combinables les uns avec les autres. En fait, il est rare de trouver une situation d'apprentissage/enseignement qui ne soit basée que sur un seul paradigme. De plus, un paradigme peut être le point de départ de la mise en œuvre d'un second.

Nous n'en prendrons qu'un exemple : la créativité qui peut être basée sur l'exploration. La mise en relation entre éléments épars peut être un processus très créatif. AMPERE en constitue peut-être l'illustration la plus éclairante. AMPERE n'a que 14 ans quand il a le courage et la passion de lire, c'est-à-dire d'explorer, les 20 tomes de l'*Encyclopédie*. Ce «*Dictionnaire raisonné des sciences, des arts et des métiers*» constitué par DIDEROT et D'ALEMBERT, avec des contributions de ROUSSEAU et VOLTAIRE, était en fait une invitation à l'exploration. POUDENSAN (1990, 2, 230) décrit comme suit l'effort d'AMPERE : «*Jusqu'en 1820, on connaissait l'électricité grâce à la pile de VOLTA et à la balance de COULOMB. On connaissait aussi le magnétisme et la lumière. Mais, entre ces trois ordres de phénomènes, on n'établissait aucune relation... En 1820, le physicien danois Hans Christian*

OERSTED découvre que le voisinage d'un 'conflit électrique' (nous dirions maintenant avec AMPERE 'le courant électrique'), dévie l'aiguille aimantée. Partant de cette simple expérience que personne, pas même OERSTED, n'avait su comprendre et exploiter, AMPERE, en quelques semaines, établit les bases de toute une science à laquelle il donne le nom d'électromagnétisme, créant, chemin faisant, la notion de courant électrique.»

Création et expérimentation sont également très proches. **Tester** de nouvelles hypothèses amène à construire sa connaissance et à **créer** des modèles de la réalité.

Transmission et imprégnation vont souvent de pair. Ainsi, les reportages à la télévision présentent les objets (imprégnation) et commentent les images par une voix *off* (transmission). La vidéo-recette en constitue un exemple flagrant : le spectateur voit les ingrédients, les ustensiles et les manipulations (imprégnation) et entend les raisons de procéder de la sorte (transmission). La langue des signes est une transmission visuelle étant donné le code qu'il faut avoir assimilé au préalable. Certains procédés filmiques sont aussi de la transmission pour la même raison : il faut comprendre le code. Ainsi, le passage du noir et blanc à la couleur peut signifier un *flash-back*. Le montage est aussi une sorte de transmission, le correspondant visuel du commentaire sonore.

Ces combinaisons de paradigmes sont riches, ce qui amène les formateurs à concevoir des stratégies combinant de façon optimale plusieurs paradigmes, comme dans les méthodes présentées aux chapitres 6, 7 et 8 :

	LQRT *Lecture, Questions-* *Réponses, Test*	*APP* *Apprentissage Par* *Problèmes*	*PARM* *Projets d'Animations* *Réciproques* *Multimédias*
IMPREGNATION (modélisation)	Projection de films	Cas simulés ou réels	Séquences multimédias lors d'animations par les pairs
RECEPTION (transmission)	Lecture préalable du livre de référence	Communications dans les sessions tutorielles	Animation par les pairs
PRATIQUE (guidage)	Quizzes durant ou en fin de cours	Skillslab	Selon les exercices prévus par les animateurs
EXPLORATION (approvisionnement)	Séances de questions-réponses	Lecture dans le Study Landscape	Approfondissement du contenu par les animateurs

| EXPERIMENTATION (réactivité) | - | Cas de patients (décrits sur papier ou réels) | Recueil des données lors de l'animation du groupe |
| CREATION (confortation-confrontation) | - | - | Création du scénario et du support multimédias |

C. AMBIVALENCES ET POLYVALENCES MATHÉTIQUES ET DIDACTIQUES

1. L'ambivalence et la polyvalence mathétiques[10]

Quand on observe les démarches d'un apprenant disposant de ressources (documents, expert, matériel manipulable, ...), on constate qu'il a tendance à jouer A SA GUISE sur plusieurs modalités d'apprentissage, à changer de paradigme à l'intérieur d'une même session. Il (elle) passe

- du «Montrez-moi comment vous faites» (IMPRÉGNATION)
- au «Expliquez moi» (RÉCEPTION)
- au «Corrigez-moi et guidez-moi» (PRATIQUE)
- au «Laissez-moi rechercher l'information» (EXPLORATION)
- au «Laissez-moi essayer, faire mes propres essais et erreurs» (EXPÉRIMENTATION)
- au «Laissez-moi réaliser mon projet» (CRÉATION)

2. L'ambivalence et la polyvalence didactiques

Avant la révolution copernicienne de l'éducation et de la formation, le formateur, prenant l'initiative, choisissait UNE modalité, imposée, pour une période donnée (par ex. : trente minutes) à un groupe de personnes.

Depuis la révolution copernicienne, centrée sur l'apprenant, et sur ses initiatives, il faut tenir compte de son ambivalence mathétique : l'apprenant veut tantôt être laissé libre d'explorer à sa guise, mais souhaite qu'À TOUT MOMENT on puisse lui fournir des explications. Il veut être guidé, mais que, l'instant d'après, il puisse essayer par lui-même, librement. Ce qui importe, c'est que le formateur accepte et soit à même de gérer ces initiatives et cette flexibilité.

Dans un tel contexte, le formateur, lui, doit savoir TOUT faire :

- se donner en modèle ou fournir les modèles (pour l'IMPRÉGNATION),

- fournir des explications (pour la RÉCEPTION),
- guider (la PRATIQUE),
- approvisionner : organiser les ressources et les rendre disponibles (pour l'EXPLORATION),
- offrir des réactions : rendre accessible du matériel manipulable (pour l'EXPÉRIMENTATION),
- confronter, rendre possible et soutenir des projets (pour la CRÉATION).

3. Des compétences mathétiques

a) Nous faisons l'hypothèse que chaque apprenant est un (plus ou moins bon) auto-formateur, c'est-à-dire qu'il a des «compétences mathétiques». L'apprenant a une conscience plus ou moins précise de sa «zone de développement proximal», selon l'expression de VYGOTZKY (1962). Que cette conscience ait une origine principalement cognitive ou principalement affective, peu importe : l'apprenant sait ce qu'il veut ou ce qu'il «est prêt» à comprendre, savoir ou maîtriser. C'est sur la base de ces anticipations d'efficacité (*outcome expectancy* de BANDURA), c'est-à-dire du meilleur rapport coût/efficacité de chaque paradigme, qu'il prendrait ses micro-décisions d'apprentissage.

b) Dans les situations où c'est la structure du réseau mental qui est en cause, l'apprenant a, en partie, conscience de ses «ruptures d'équilibre»[11] et a l'intuition (pas forcément pertinente) du type d'événement qui pourrait déboucher sur une rééquilibration majorante. Par exemple, écouter le point de vue d'autrui, y confronter le sien, manipuler les objets, explorer les documents, etc. Il est aussi le premier «observateur» de l'avènement de cette rééquilibration.

L'apprenant «ajuste» au degré de difficulté optimal la tâche qu'il s'assigne. En demandant à l'animateur tantôt de lui fournir des indices (*cf.* BLOOM), tantôt de s'abstenir, il gère par là-même sa motivation. ATKINSON (1964) avance que la réussite d'une tâche produit d'autant plus de plaisir qu'elle est improbable (c'est-à-dire difficile), mais que cette improbabilité est aussi prise en compte par le décideur qui, s'il cherche à maximiser la «satisfaction liée au succès», se fixe des tâches de degré de difficulté «intermédiaire» (dont la probabilité de succès est proche de 50%) : suffisamment difficiles pour engendrer de la satisfaction en cas de succès et suffisamment faciles pour que ces succès surviennent souvent.

4. La révolution copernicienne : dans les paradigmes aussi

On part souvent des fonctions d'enseignement (de la didactique) pour définir en creux les fonctions d'auto-didaxie comme étant les « fonctions assumées par l'apprenant en lieu et place du formateur ».

On pourrait inverser le raisonnement et considérer les fonctions d'auto-formation comme un développement naturel de l'individu, l'enseignant ne faisant que les systématiser, les professionnaliser, de l'extérieur. Le développement naturel aurait la même origine fonctionnelle que nos capacités (innées ET acquises) à choisir une nourriture qui nous convient.

Dans cette métaphore, l'enseignant apparaîtrait comme un diététicien, qui donne des conseils, aide à faire des bilans, à avoir un « regard sur soi ». Actuellement, certains formateurs seraient plutôt des gaveurs et les enseignés des producteurs de « foie gras intellectuel ».

5. Les dilemmes du didacticien

Le professeur hésite fréquemment entre le court et le long terme. Il tient à autonomiser l'apprenant et, donc, a tendance à exercer chez lui les comportements du « haut » de la pyramide des compétences (voir chapitre 3), bref des paradigmes favorisant l'auto-initiative de l'apprenant. Cependant, il est conscient des contraintes de temps : il peut en « faire gagner » beaucoup en transmettant sa propre synthèse, ou en se faisant le messager de la pensée d'autrui... et en renonçant par là même à développer les capacités démultiplicatrices, d'auto-formation.

La décision prise n'est pas influencée que par des considérations pédagogiques. Les contraintes organisationnelles pèsent énormément. Un enseignant n'est pas une machine. D'une part, sa polyvalence didactique (voir ci-dessus) n'est pas totale. D'autre part, son équation personnelle varie aussi dans le temps : son humeur, sa motivation, sa résistance physique ne sont pas constantes. De plus, l'enseignant est à la fois le **concepteur** ET l'**agent d'exécution** dont la disponibilité n'est pas totale. Ici non plus, il n'est pas une machine. Le planning en fonction des objectifs retenu(s) peut être tout autant (et parfois plus) influencé par l'exécutant (l'enseignant) que par le concepteur (son pouvoir organisateur), un peu comme les chansons retenues par l'artiste pour son tour de chant peuvent dépendre de son souhait plus que de celui du public (souhait des apprenants/consommateurs) ou de l'organisateur de la soirée (prescripteur/producteur).

D. CONCLUSIONS

1. Des questions didactiques propres à chaque paradigme

La polyvalence didactique suppose de résoudre les problèmes propres à chaque paradigme d'apprentissage/enseignement. Les multimédias interactifs ont ici un rôle considérable à jouer, comme on l'entreverra par l'énoncé succinct de quelques problèmes typiques :

Paradigme	Problème
IMPREGNATION	Comment faire VIVRE, donner des MODELES, immerger l'apprenant à tout moment et en tout lieu ?
RECEPTION	Comment vaincre la monotonie sensorielle et comment choisir le média le plus approprié ?
PRATIQUE	Comment s'adapter aux prérequis de chacun, à ses structures cognitives d'accueil ?
EXPLORATION	Comment rendre disponibles des contenus encyclopédiques sous des formats (médias) variés, en respectant le style d'apprentissage préféré par l'apprenant ?
EXPERIMENTATION	Comment fournir un environnement réactif avec des modalités de manipulation et d'observation systématiques ?
CREATION	Comment permettre de modéliser, de construire et d'analyser sa propre pensée ? Comment stimuler sans imposer des modèles ?

2. Une réalité toujours fuyante

Le recours à des paradigmes ne prétend pas, rappelons-le, donner une description exhaustive, non ambiguë de la réalité. Ce modèle doit être considéré comme essentiellement heuristique, permettant des classifications rapides de ce qui existe déjà et facilitant la conception de formules originales. Deux situations d'apprentissage/enseignement combinant les paradigmes peuvent le faire de façons très diverses. En particulier quant au niveau d'expériences qu'ils font vivre aux apprenants... mais cela, c'est l'objet du chapitre suivant.

NOTES

[1] Nous adoptons en cela la définition que nous a proposée J.M. DE KETELE.

[2] Elden TULVING (1972) a donné cette appellation aux éléments de la mémoire qui sont organisés en fonction de l'événement vécu, auquel sont liées les «circonstances» ou contexte de l'apprentissage.

[3] Dans son célèbre article de 1956, *The magical number seven*, le psychologue cognitiviste Georges A. MILLER avait montré, par une méta-analyse de nombreux travaux de recherches, que nos capacités attentionnelles et perceptives étaient «limitées» : nous ne pouvons traiter qu'un petit nombre de données à la fois. Il a aussi montré, dans le même article, que la taille de ces données pouvait être importante grâce au mécanisme psychologique du «*chunking*», groupement d'éléments sous un indice-clé (mot, image, son, etc.).

[4] L'unité d'information est le «bit». Ainsi, un message qui réduit les hésitations entre 8 possibilités en hésitations entre quatre possibilités a réduit l'incertitude de moitié et «pèse» UN bit. Un message qui la réduirait à une hésitation entre deux possibilités, donc au quart de ce que cette incertitude «pesait» au départ, «pèserait» DEUX bits.

[5] D'HAINAUT (1971) a démontré la supériorité de l'enseignement programmé en fin de secondaire dans l'enseignement de notions difficiles telles que le poids et la masse sur l'enseignement traditionnel. Alors que les élèves formés par ce dernier obtenaient un résulat moyen de 42 % au post-test, ceux qui avaient pu étudier par cours programmés obtenaient un résultat moyen de 82 % (voir LECLERCQ et DENIS, 1997, ch. 4).

[6] Les logiciels de simulation constituent un milieu «modélisé» souvent intéressant dans une perspective d'apprentissage. Cependant, même si c'est à travers des choix, parfois binaires, l'apprenant ne fait, la plupart du temps, que provoquer des situations à l'intérieur d'un ensemble relativement fini, mais dont le nombre de possibilités est parfois si grand, ou si imprévisible, qu'on a le sentiment d'une création de situation. La combinatoire correspond à un modèle mathématique.

[7] On connaît le modèle OHERIC (Observation, Hypothèse, Expérimentation, Résultats, Interprétations, Conclusions), dont la mise en œuvre des étapes n'est pas forcément linéaire.

[8] La fluidité (nombre d'idées), la flexibilité (le nombre d'idées relevant de thèmes différents), la rareté ou originalité (nombre d'idées peu fréquemment émises), l'élaboration ou la sophistication (degré de détails).

[9] Nous préférons «allo» (qui signifie autrui et qui s'oppose à auto) à hétéro (qui signifie «différent» et qui s'oppose à «homo»).

[10] Le terme, forgé par GILBERT en 1962, vient du verbe grec μανθανω, apprendre.

[11] Cette expression, due à PIAGET, explique les modifications de structures mentales. Ce sont les restructurations majorantes (nouvelle représentation du monde, plus globale) qui sont la marque de l'apprentissage conceptuel.

Chapitre 5
Un modèle pour la médiatisation de l'expérience

Marianne POUMAY, Véronique JANS,
Dieudonné LECLERCQ et Brigitte DENIS

A. INTRODUCTION
B. EXPÉRIENCE ET MÉDIATISATION
C. LES DIX NIVEAUX DU CONE
D. DISCUSSION

A. INTRODUCTION

Les six paradigmes décrits au chapitre précédent ne rendent compte que de certains processus mentaux mis en œuvre dans les situations d'apprentissage/enseignement et des rôles des acteurs principaux : les apprenants et les formateurs. Or ces situations présentent bien d'autres caractéristiques importantes pour la formation, et notamment les «niveaux expérientiels» mis en jeu.

Illustrons ce point pour le premier paradigme : l'imprégnation de modèles. Cette imprégnation peut se faire à partir d'un texte, par exemple le roman de Thomas HARRIS, «Le silence des agneaux». Le lecteur peut se construire des représentations personnelles du criminel anthropophage et de l'officier féminin du FBI[1]. Ce même lecteur peut ne pas aimer la façon dont d'autres personnes ont concrétisé le même roman, et par exemple sa version cinématographique de 1991, avec les visages et interprétations d'Anthony HOPKINS et de Jodie FOSTER. Les deux «expériences» personnelles se téléscopant, il n'est pas rare que le spectateur soit déçu d'une histoire dont il avait été enchanté en tant que lecteur. Quoi qu'il en soit, ces deux expériences ne sont pas équivalentes. On pourrait le démontrer en confiant les mêmes tâches à la fois à un spectateur qui n'a pas lu le roman et à un lecteur qui n'a pas vu le film pour juger de la représentation qu'ils se sont faite de la situation. Les performances pourraient s'avérer très différentes quand il s'agit de créer un masque pour le psychopathe, dessiner le papillon placé dans la bouche des victimes, décrire le puits dans lequel le tueur retient sa victime, imiter les aboiements du chien du tueur, etc.

La classification des niveaux expérientiels qui suit est arbitraire et isole des aspects qui, dans la vie courante, sont souvent imbriqués. C'est donc un modèle plus qu'une description du réel. Or, en pédagogie universitaire, actuellement, il importe tout autant de créer le réel pédagogique que de le décrire tel qu'il est. D'où l'importance, pensons-nous, de modèles... à condition, bien sûr, qu'ils soient pratiques et féconds. Avec Kurt LEWIN, nous pensons en effet que *«rien n'est plus pratique qu'une bonne théorie»*.

La représentation proposée ci-après étant évidemment schématique (un cône), nous commencerons par énumérer un certain nombre de «principes» relatifs à la médiatisation, qui, pour la plupart, attirent l'attention sur les limitations d'un modèle simple comme le nôtre (10 niveaux sur une échelle allant du concret à l'abstrait). Ces limitations doivent rester à l'esprit de tout utilisateur qui recourrait à l'image du cône, excessivement schématique à bien des égards.

B. EXPÉRIENCE ET MÉDIATISATION

1. Au-delà des limites

Pour une bonne part, en éducation et en formation, on crée artificiellement des situations favorables à l'apprentissage parce qu'on ne peut attendre que le hasard s'en charge. On procède souvent par *médiatisation* de (c'est-à-dire recours à) l'expérience humaine, un « intermédiaire » qui permet de vaincre l'un ou l'autre des obstacles ci-dessous :

a) Le **temps**. Il s'agit d'assurer la **permanence** de la disponibilité de l'expérience, du message, d'en réduire, pour l'apprenant, la fugacité. L'écriture fut un premier pas dans cette direction, une première médiatisation de la pensée. A l'heure où le papier des livres s'acidifie, d'autres supports sont recherchés : microfilms, informatique, etc. Les disques vynil résistant mal à l'aiguille qui les lit, les CD audio ont été accueillis comme le support définitif de la lutte contre le temps, ce qui ne semble pas totalement assuré.

b) L'**espace**. Il s'agit d'abolir les distances, de permettre la **transportabilité** des messages, de libérer l'apprenant de leur « localité », de leur proximalité. La poste, la radio, la télévision, la câblo-distribution, les transmissions via satellites ou Internet contribuent à vaincre l'obstacle de la distance.

c) Le **nombre**. Il s'agit de dépasser l'unicité du récepteur, de concrétiser la **multiplicabilité** de l'expérience, du message pour qu'il soit reçu par un nombre (plus ou moins) élevé de destinataires. Les mêmes médias que ci-dessus sont impliqués, modulés comme il se doit (publipostage, listes d'adresses électroniques, ...).

d) Les **limitations perceptives**. Certains phénomènes échappent à l'homme vu leur taille ou leur vitesse. La loupe et le microscope agrandissent l'image ; la projection ralentie d'un film permet de décomposer le mouvement (du galop du cheval, par exemple) ; le procédé inverse, l'accéléré, permet de visualiser l'évolution d'une plante. Ces médias nous dotent d'une sorte de **supra-sensorialité**.

e) Les **limitations motrices**. Certaines performances sont inaccessibles à l'homme étant donné son imprécision, la force ou la taille de ses membres. Le compas, la latte, l'équerre, contribuent à améliorer la précision. La pince, le marteau, le microphone et l'amplificateur contribuent à amplifier un mouvement, à en augmenter la puissance ou la portée. Ces médias nous offrent une sorte de **supra-motricité**.

f) Les **limitations cognitives**. Certaines opérations logiques, mathématiques, verbales, ne peuvent être exécutées par l'homme en un grand nombre par unité de temps, de par la faible capacité de sa mémoire de travail. Les ordinateurs pallient nos limitations dans ce domaine, nous rendant par exemple capables de trier exhaustivement dans une gigantesque base de données, ce que nous ne pouvions faire dans notre mémoire à long terme. Des logiciels spécialisés nous donnent accès à une **supracognition**.

On comprend pourquoi les technologies de l'information et de la communication (TIC) peuvent jouer un rôle considérable en formation. Il ne s'agit cependant pas de remplacer toute l'expérience directe par une expérience médiatisée. Il incombe à chaque formateur et chaque formé de faire les «compromis» qui, en fonction du contexte, lui paraissent les meilleurs étant donné ses objectifs, ses partenaires, ses ressources et ses contraintes.

2. L'expérience humaine du concret à l'abstrait

DALE (1965) a présenté un «cône» de l'expérience passant (du bas vers le haut) de l'expérience la plus multisensorielle, la plus «directe» à l'expérience la plus abstraite, la plus «indirecte».

Nous avons gardé le principe général de DALE, mais avons caractérisé chaque «niveau» par la couche de sensorialité *perdue* (amputée) aux étages supérieurs. Au premier niveau, nous avons rangé l'expérience spontanée, la moins planifiée, la moins codifiée, la plus risquée. A la pointe du cône, au niveau 10, se trouvent les expériences les plus organisées, les plus **sécurisées**.

Un tel modèle permet de se poser des questions systématiques telles que : pour quel apprentissage le spontané frappera-t-il le mieux la mémoire épisodique ? Comment opérer le plus efficacement le transfert d'expérience d'une situation à l'autre ? Comment généraliser les acquis ?

3. La réalité totale n'est pas forcément l'idéal pédagogique

La pédagogie, universitaire ou autre, fonctionne souvent par simplification, schématisation de la réalité, par fabrication d'une «réalité arrangée». Elle revient souvent à «enlever le bruit», c'est-à-dire les éléments non nécessaires à l'apprentissage et qui risquent de le perturber. Cette tendance réductrice peut cependant déboucher à son tour sur des difficultés ultérieures pour les apprenants à faire les liens entre les

NIVEAUX

CRITÈRES
(de reconnaissance
des niveaux)

EXEMPLES
(d'expériences)

Critères	Niveau	Exemples
C'est de l'écrit dans un langage	10 — CODES	Lire un texte dans un livre, du braille, du morse
C'est une image (fixe)	9 — FIGURATIF	Regarder une photo, un dessin réaliste
Ça bouge en 2D	8 — ANIMÉ	Regarder un film ou un dessin animé
C'est en 3D, immobile	7 — TRI-DIMENSIONNEL	Visiter un musée de cire ; toucher un animal en plâtre
Ça bouge, en 3D Cela ne vit pas	6 — MOUVEMENT	Manipuler un train électrique, un robot
C'est en direct, mais je n'y suis pas	5 — DIRECT À DISTANCE	Regarder un reportage télévisé en direct
J'y assiste	4 — CO-PRÉSENCE	Être spectateur d'une pièce de théâtre, d'un jeu de rôle
C'est moi qui joue	3 — VÉCU PERSONNEL ARRANGÉ	Être acteur d'une pièce de théâtre, d'un jeu de rôle
Ce n'est pas du jeu, mais je suis accompagnée	2 — RÉEL PROTÉGÉ	Vivre un safari ; conduire avec un moniteur
Tout peut m'arriver	1 — RÉEL IMPRÉVISIBLE	Piloter seul un avion

situations réelles forcément complexes et les situations d'apprentissage « épurées ».

L'utilité de la schématisation n'est pas seulement vraie pour l'apprentissage ; elle a été démontrée aussi pour la perception. Ainsi, RICHAUDEAU (1981) cite une expérience menée au Népal où des objets (ex. : un vase, un mouton, un enfant portant une caisse, etc.) étaient présentés à des adultes en 6 formats iconiques noir et blanc (voir ci-après). Contrairement à ce qu'on pourrait penser, ce n'est pas la photographie qui suscite le plus grand taux de réussite dans la reconnaissance de l'objet. Ces taux de réussite moyens (pour divers objets) sont les suivants :

– à 72 % : le dessin ombré réaliste ;

– à 67 % : la photo détourée (dont on n'a gardé que l'objet visé, en ayant découpé le fond) ;

– à 62 % : le dessin de contour (le genre « ligne claire » des dessins de Hergé) ;

- à 61 % : l'à-plat noir (comme dans les ombres chinoises);
- à 59 % : la photo classique complète;
- à 49 % : l'objet stylisé en «ligne claire».

La simplification peut être dictée par un souci de progressivité. Si l'on veut entraîner des futurs secouristes à pratiquer le bouche à bouche et la réanimation cardio-pulmonaire, on a intérêt à focaliser l'attention de l'apprenant sur cette seule performance. Plus tard, on introduira les variables supplémentaires perturbatrices que le sauveteur devra néanmoins gérer dans la vie réelle : ordonner à autrui d'aller téléphoner (et de revenir confirmer que c'est fait!), protéger la victime et le sauveteur d'un accident de la circulation, tenir tête à une nuée de badauds qui ne manqueront pas de lui dire qu'il ne doit pas agir comme il le fait, etc. Un vrai professionnel est quelqu'un qui a tellement routinisé certains actes qu'il peut les produire malgré les interférences environnementales ou internes, comme sa propre fatigue par exemple. Mais on ne commence pas par être un vrai professionnel. On le devient, progressivement.

4. Des décalages entre vécu et planifié

«Les prédictions sont difficiles, surtout quand elles concernent le futur». Cette boutade de Jean-Marie ALBERTINI (1985, 206) s'applique à la vie quotidienne des enseignants. Ceux-ci planifient des «expériences» que devraient vivre leurs étudiants et des apprentissages qui devraient, en toute logique, en résulter. Mais ces expériences ne se produisent pas forcément chez leurs apprenants. Ainsi, tout formateur sait que ce n'est pas sur l'écran de projection que doit arriver le schéma, mais dans le cerveau de l'apprenant. Que le schéma soit d'abord sur l'écran n'est-il pas le meilleur moyen pour qu'il se retrouve dans le cerveau? Ce n'est pas aussi sûr que cela[2]. D'abord, il faut que le spectateur ne soit pas aveugle. Or, aveugle, il peut l'être de diverses façons car il faut qu'il soit attentif, qu'il comprenne, qu'il encode, qu'il retienne. Avertir les spectateurs de ce qu'ils vont voir, de ce qu'ils doivent regarder, des erreurs d'interprétation à ne pas commettre est souvent une stratégie efficace. C'est le principe des *«advance organisers»* ou structurants préalables d'AUSUBEL (1963). Si c'est le média qui guide le spectateur dans son travail mental (zoom, *flash-back*, superposition d'images), alors c'est le principe de la supplantation qui est mis en œuvre (SALOMON, 1972 et 1974).

Le décalage entre le planifié et le réellement vécu ne se produit pas toujours dans le sens négatif. Nous avons tous vécu des expériences non planifiées qui nous ont fait grandir (mentalement). Ce décalage n'est pas forcément dû à l'émetteur ; il peut provenir du récepteur. Ainsi, parmi ceux qui suivent nos cours, nos successeurs, qui, évidemment, nous dépasseront, transformeront nos « acquis », pour les améliorer. Même si leur critique n'est pas immédiate, l'effet sur le récepteur dépasse les intentions de l'émetteur. Evidemment le degré de « participation » des divers intervenants joue un rôle énorme. Dans les débats, par exemple, les différences interindividuelles en taux de participation peuvent varier grandement, du mutisme total à la monopolisation de la parole. Dès lors, caractériser le niveau de vécu d'un débat en général perd tout sens. Il en a déjà plus si un « régulateur », ou animateur, répartit la prise de parole.

Le décalage peut aussi s'opérer par glissement. Le professeur avait prévu de faire vivre l'ambiance d'un pub anglais, et voilà que, ce jour-là, la retransmission télévisée du match de football Angleterre-Irlande aidant, les jeunes continentaux n'auront droit ni aux fléchettes, ni au bingo, ni aux chansons nostalgiques.

Le glissement peut être plus violent ; c'est alors un dérapage. On avait prévu un jeu de rôle, et voilà qu'il tourne au psychodrame, voilà que les mots ravivent de vraies douleurs et font surgir de vraies larmes, voilà que les lames qui ne devaient jouer qu'une fonction symbolique sont vraiment enfoncées dans les chairs et le sang jaillit. Bien des pratiques pédagogiques possibles sont écartées notamment par sécurité, pour éviter des effets pervers et des dérapages. C'est le danger de la sociométrie en classe, par exemple, qui consiste à demander aux étudiants quels condisciples ils aimeraient retrouver dans leur groupe de travail... et ceux qu'ils ne souhaitent pas y voir.

5. Rencontrer les différences individuelles

On a beaucoup étudié les différences interindividuelles de « styles cognitifs ». Ainsi RIDING et CALVEY (1981) ont développé un test appelé VICT (*Verbal-Imagery Code Test*) à partir duquel ils classent les personnes en « verbaux » (supérieurs à la moyenne dans leur performance aux questions verbales) et « iconiques » (supérieurs à la moyenne dans leur performance face à des images ou des mots imagés)[3]. Ils ont ensuite montré que des sujets très « verbaux » réussissaient mieux dans le rappel (de mémoire) de textes verbaux et que pour les sujets « imageurs », c'était le contraire, ces derniers se remémorant mieux les textes iconiques.

De telles expériences sont dites de « *matching* ». Elles consistent à faire correspondre le « style cognitif préférentiel » de l'apprenant et le canal porteur des informations ou la stratégie d'enseignement. Dans ces expériences, la moitié des élèves est en situation de non correspondance (*mismatch*) et l'autre moitié en situation de correspondance (*matching*). Elles ont été menées dans divers domaines. Par exemple CARLSON (1991) et DEUSE et LECLERCQ (1995) ont traité l'approche inductive ou déductive d'un problème. Ces expériences montrent, pour la plupart, que l'apprentissage à court terme est meilleur quand la personne bénéficie de sa méthode préférée plutôt que quand elle est «contrariée». On doit donc s'attendre à une gamme de rendements chez des apprenants différents exposés aux mêmes expériences.

Si nous avons précisé que le gain d'apprentissage était à court terme, c'est que, selon SALOMON (1979), le «*matching*», ou stratégie d'«appui sur les points forts», n'est qu'une des trois façons de tenir compte des styles cognitifs préférentiels, et que c'est la solution qui privilégie le court terme ou l'efficacité immédiate. Il fait remarquer qu'habituer un apprenant à des approches qui ne lui sont pas habituelles, familières ou aisées est une stratégie d'«entraînement des faiblesses». Cet investissement pour le futur est forcément moins rentable dans l'immédiat. Enfin, «faire à la place» de l'apprenant est stratégie de «prothèse ou compensation des faiblesses» et vise aussi le court terme. Lorsque c'est le média qui «fait à la place de l'étudiant», SALOMON parle de «supplantation».

Enfin, SALOMON (1981, 1983), SALOMON et LEIGH (1984) et CENNAMO (1993) ont fait l'hypothèse d'attitudes différentes des apprenants devant divers médias. Ainsi, pour la plupart, «la télévision est facile mais le texte est dur»[4]. Ce phénomène, appelé «*preconception*», entraîne une différence d'investissement mental, donc d'effort, de concentration, et, en bout de course, de rendement. Ceci explique que dans diverses études, la version écrite d'une matière soit plus efficace que la version vidéo. On constate que cette dernière phrase devrait être réécrite comme suit : «Les étudiants sont plus efficaces quand ils utilisent la version écrite que quand ils utilisent la version vidéo.»

6. Seul compte le vécu de l'apprenant

Avant de considérer la classification en niveaux expérientiels, rappelons que ce n'est pas la réalité qui compte mais son versant vécu par l'apprenant, comme l'a très bien compris ce génial fumiste d'Alphonse Allais :

«Un vieux capitaine au long cours, le capitaine Flambeur, débarque à Paris ; ce joyeux drille a une marotte : rencontrer de grands hommes. Je lui en servis autant qu'il

voulut. A vrai dire, ce n'étaient point des grands hommes absolument authentiques, mais les camarades se prêtaient de bonne grâce à cette innocente supercherie, qui n'était point sans leur rapporter des choucroutes garnies et des bocks bien tirés. — Mon cher Zola, permettez-moi de vous présenter un de mes bons amis, le capitaine Flambeur. — Enchanté, monsieur.

Ou bien : — Tiens, Bourget! Comment ça va?... M. Paul Bourget... Le capitaine Flambeur. — Très honoré, monsieur. »

(Et Daudet? in Œuvres Anthumes, éd. 1989, 441)

Les points en relief sous les boutons de l'ascenseur sont sans signification pour qui ne sait pas lire le braille. L'odeur d'amande amère, si révélatrice du cyanure comme nous l'a opportunément révélé Agatha Christie, reste non décelée par l'enrhumé de service. Le froid lunaire n'atteint pas nos astronomes suant dans leur combinaison spatiale, pas plus que la force d'Archimède ne soulève nos scaphandriers retenus au fond par leurs semelles de plomb.

De même que BACHELARD disait *« le réel n'est jamais ce que l'on pourrait croire, mais toujours ce que l'on aurait dû penser »* (cité par ALBERTINI, 1992, 38), nous dirions que l'expérience de l'apprenant n'est jamais ce que son professeur a voulu lui faire passer, mais bien ce qu'il en a cru.

La réalité virtuelle est précisément une « aide à croire ». Quelle est la perte par rapport au réel? Ce qui est ressenti par l'apprenant. C'est-à-dire peut-être rien du tout. Le virtuel, l'artificiel constitue même souvent un « plus » par rapport au réel. Si ce que nous montre notre interlocuteur dans la vidéoconférence n'avait pas été filmé d'aussi près et son image projetée sur un aussi grand écran, aurions-nous vu tous ces détails? Si ce jeu interactif d'exploration de la face cachée de la lune n'existait pas, qu'est-ce qui nous permettrait d'y naviguer à volonté? Si les explications de ce professeur n'avaient été vidéoscopées, nous aurait-il été permis de les lui faire répéter autant de fois? Si ces crânes d'hominidés (GILLES, 1998) n'avaient été mis sur CD-Rom, pourrions-nous les retourner à volonté en pleine nuit et chez nous?

En section B1, nous soulignons que les médias augmentent artificiellement l'accessibilité de l'expérience, au point de donner parfois l'illusion de cette réalité. Un message téléphonique enregistré peut faire croire que l'on entend l'émetteur en direct. Après avoir exploré un objet (par exemple un squelette humain) à l'aide d'un casque de réalité virtuelle, on peut confondre plus tard ce que l'on a observé sur le squelette et ce que l'on a visionné virtuellement.

C'est donc au « sentiment de perte ou de gain » que l'on jugera de la pertinence d'une expérience de réalité virtuelle. A-t-on le sentiment d'avoir perdu beaucoup parce que le simulateur de vol de navette spatiale n'a pas tenté de reproduire les stimuli olfactifs ? C'est aux réels astronautes de le dire. Nous avons encore beaucoup à apprendre sur l'expérience... par l'expérience.

7. Une négociation permanente

En cette période de recherche de l'efficacité maximale[5], l'enseignant ne se berce donc pas de l'illusion de provoquer à coup sûr les expériences et les résultats qu'il poursuit, du moins chez chacun des apprenants. Il n'en a pas non plus la volonté. Chaque apprenant garde une certaine « liberté d'apprendre ». Ainsi, quand nous projetons à l'intention des futurs formateurs le film de Jean LE CHANOIS, « L'école buissonnière », qui retrace la vie professionnelle de Célestin FREINET sous les traits de Bernard BLIER jeune, la plupart des étudiants sont émus et profondément marqués, comme celui qui écrit pour remercier le professeur de son initiative. Mais la plupart des étudiants, ce n'est pas tous. Certains ont le sentiment d'avoir perdu leur temps. Soit parce qu'ils se destinent à la formation en entreprise et qu'ils ne voient pas suffisamment les liens avec l'école primaire de ce village provençal. Soit parce que les défectuosités sonores de ce (vieux) film les ont découragés de prêter attention à l'histoire et qu'ils ont « décroché »... Aussi parce que, des goûts et des couleurs, point ne se discute.

Le formateur offre des occasions ; les saisissent ceux qui veulent, que cela soit dans un musée, lors d'une visite, au cours d'un spectacle, d'une lecture, etc. Loin de son esprit d'exiger que ce qui l'a ému ait ému aussi — et avec la même intensité — les étudiants. Par contre, il appréciera de façon plus exigeante qu'ait été vu « ce qu'il fallait voir ».

En lieu et place de ces illusions et volonté de totalitarisme, le dialogue et la négociation professeur-étudiants et étudiants-étudiants sont porteurs. Les uns et les autres doivent pouvoir être à l'écoute de la majorité (des étudiants), de ses désirs et de son vécu, et à l'écoute de l'autorité (scientifique), de ses objectifs, stratégies et plans d'action. Les questions « Tel niveau d'expérience vécue est-il utile ? » et « Est-il possible ? » sont posées à tous. Si l'enseignant décide seul, ce doit être avec modestie, et avec le souci de vérifier le bien-fondé de ses hypothèses.

On gardera aussi à l'esprit le caractère contingent des réponses à ces deux questions, la réponse générale étant « cela dépend » : du contenu, des objectifs, des prérequis et souhaits des apprenants, de la situation d'apprentissage, de celles qui ont précédé, etc. C'est la conclusion générale à laquelle aboutit SCHRAMM (1977) qui a étudié l'apport des procédés médiatiques (la couleur, le ralenti, la taille des images, le support musical, l'angle de prise de vues, etc.) à l'apprentissage. Ce même constat a été refait par HEIDT (1978) à propos des nombreuses taxonomies des médias. Les schémas de ROMISZOWSKI (1988) pour la «sélection et l'utilisation des médias de formation»[6], par leur nombre, leur diversité et leurs nuances convergent eux aussi. Les principes généraux doivent être impérativement et systématiquement réinterprétés à la lumière des critères locaux et momentanés, la personnalité des acteurs, leur culture, leurs compétences et leur histoire n'étant pas les moindres de ces critères. Face aux (maigres) évidences fournies par la recherche, il est toujours l'heure de les réinterpréter à la lumière du *hic et nunc*, et les apprenants ont autant voix au chapitre que les formateurs.

8. Une lente assimilation

Vouloir apprécier les bénéfices de l'expérience immédiatement après celle-ci risque de tronquer considérablement la mesure. Le processus de digestion, de réinterprétation de cette expérience est tout aussi important que le vécu immédiat. Telle épreuve est vécue positivement par celui qui s'y est soumis tant qu'il a la conviction (illusoire) qu'il l'a réussie. Tout bascule lorsqu'il apprend son échec. Ce qui quelques heures plus tôt était interprété par lui comme un objet de fierté devient un instrument de blessure narcissique.

La relation professeur/étudiants est une expérience dont l'interprétation évolue au fil de l'année. Ainsi, le professeur débutant peut avoir l'impression que la permissivité et la flatterie des étudiants peuvent lui amener les faveurs de ces derniers. Cela peut être vrai à très court terme. Sur ce point, l'expérience d'ARONSON et LINDER (1965) est éclairante. Des professeurs ont fourni, pendant deux périodes de 25 jours consécutives, des *feedbacks* aux étudiants sur leurs travaux écrits. Les professeurs A ont donné uniquement des *compliments*, et les professeurs B uniquement des *critiques*. Les professeurs C ont donné d'abord des compliments (les 25 premiers jours) puis des critiques (les 25 jours suivants). Les professeurs D ont fait l'inverse.

On demanda ensuite aux étudiants leur appréciation des divers évaluateurs. Voici les résultats quant aux évaluateurs préférés : D (critiques puis compliments) : 76%; A (compliments uniquement) : 64%; B (critiques uniquement) : 22%; C (compliments puis critiques) : 10%.

Quand une expérience est menée en simple aveugle (les sujets sont inconscients d'être l'objet d'une manipulation), la révélation du dispositif expérimental, son caractère « piégeant », peut être vécu très désagréablement par les étudiants. Bien sûr, cela dépend à nouveau fortement du contenu, de la personnalité des acteurs, des relations préalables dans le groupe et avec le formateur.

Enfin, une expérience vécue se place toujours dans un contexte. Ce contexte peut être chronologique. Ainsi, la méthode des « cas programmés en criminologie » a pris une dimension particulièrement émotionnelle dans la mesure où elle a été expliquée aux étudiants juste après « l'affaire Dutroux ». Ce contexte peut être géographique ou spatial. Ainsi le fait que les Examens Cliniques Objectifs Structurés (BOURGUIGNON *et al.*, 1997) pour étudiants en médecine se soient déroulés dans l'hôpital, dans les locaux mêmes de la consultation de pédiatrie, avec leurs toises, leurs pèse-bébés, etc., renforce le caractère « réel » de la situation. Ce contexte peut être fonctionnel, ou une combinaison du spatial et de l'historique. Ainsi, dans une école supérieure d'enseignement pédagogique, on avait équipé une salle d'un dispositif (à demeure) permettant à chaque étudiant, depuis son banc, d'envoyer une réponse à partir d'un boîtier à six touches, vers le « concentrateur » sur le bureau du professeur. Malheureusement, les premières applications du système furent des évaluations sanctionnantes. A partir de ce moment, la pièce fut appelée par les étudiants « la salle des tortures ».

La perspective dans laquelle se vit une expérience a elle aussi énormément d'importance. Ainsi, DE LA GARANDERIE (1982) fait remarquer que « *l'on ne dispose du passé qu'autant qu'on prend soin de l'inscrire dans l'avenir [...] les artistes, [...] les instrumentistes [...] sont déjà sur scène ou sur le plateau quand ils apprennent [...] dans un projet d'utiliser l'acquis [...] qui en structure imaginativement les lieux ou les occasions* » (36). A l'inverse, selon cet auteur, « *il est une manière de vivre le présent dans l'instant qui le coupe de l'avenir et qui l'empêche d'en faire un passé : on porte alors l'oubli dans son cœur* » (38). Il conseille à ses étudiants : « *Quand vous apprendrez cette leçon, mettez-vous dans le contexte de la classe... Imaginez-vous que vous êtes en train de me la réciter, cette leçon.* » (39)

9. Élargir la conscience des possibles

Le modèle de la pyramide de l'architecture des compétences (pour les objectifs), celui des six paradigmes d'apprentissage/enseignement (pour les stratégies d'intervention) et celui-ci, du cône expérientiel (pour les médias) se veulent des *check lists* permettant à l'enseignant de choisir, voire de moduler ou même de concevoir les méthodes les plus appropriées pour atteindre ses objectifs.

Une fois la méthode idéale déterminée, le problème est très souvent de trouver une méthode de substitution tant les facteurs de faisabilité amènent à trouver des compromis entre l'idéal et le possible.

Sans oublier les méthodes de diversification! Il est en effet recommandé de procéder par une multiplicité de méthodes pour plusieurs raisons. Tout d'abord parce que la plupart du temps, on poursuit plusieurs objectifs à la fois. Ensuite parce que chaque méthode est limitée ou a des effets pervers qu'il faut compenser. Enfin pour des raisons d'ambivalence mathétique[7] chez les apprenants et d'ambivalence didactique chez les formateurs, la monotonie étant l'ennemi des deux.

Pour toutes ces raisons, il importe d'amener les possibles à la connaissance des formateurs, voire de les ramener à leur conscience, pour qu'ils les modulent en fonction de contraintes situationnelles.

Ces mêmes modèles se veulent aussi utiles aux chercheurs entreprenant une théorisation de ces possibles. Certaines applications viennent après les avancées théoriques. Parfois, c'est l'inverse. Le lecteur jugera de la fécondité théorique du «cône» et de ses commentaires. Une idée fausse peut être utile si elle permet de déboucher sur une idée un peu moins fausse. En outre, plus un schéma est simple, plus il est susceptible de faire avancer des idées chez un grand nombre de personnes.

«Si Voltaire avait écrit comme Proust, la torture aurait été beaucoup plus difficilement mise hors la loi.» (ALBERTINI, 1992, 36)

C. LES DIX NIVEAUX DU CÔNE

Niveau 1 du cône de l'expérience : RÉEL IMPRÉVISIBLE

A cette extrémité du cône, les situations d'apprentissage sont assez souvent «naturelles», involontaires, occasionnelles, sur le tas. Parfois, par le fait même qu'elles sont liées à notre histoire personnelle, elles produisent des chocs émotionnels, des traumatismes «vaccinatoires» indélébiles. Le député suisse Jean ZIEGLER raconte comment il a vécu un tel choc au Shaba (Zaïre) en 1961, alors qu'il y était en mission. Depuis la fenêtre de la chambre de son luxueux hôtel, il a vu les soldats de l'ONU repousser, à coups de crosse de fusil et à coups de baïonnette, les adultes et enfants affamés qui tentaient de grappiller les restes des repas que les cuisiniers de l'hôtel venaient de verser sur une décharge. Ce jour-là, il s'est juré de n'être jamais du côté des affameurs.

Il est difficile de planifier de telles expériences. C'est pourtant ce qu'ont fait les «libérateurs» des camps de concentration nazis en forçant la population allemande environnante à visiter les camps de manière à pouvoir témoigner de ce que même les films et les photos ne pourraient plus transmettre : l'odeur pestilentielle des cadavres amoncelés.

Jusqu'où la réalité doit-elle être vécue? Nos pères ont combattu pour que nous et nos enfants n'ayions jamais à vivre des expériences horribles comme celles qui ont été évoquées ci-avant. Le devoir de mémoire impose que nous les vivions, mais de façon médiatisée, abstraite. Certains prétendent que l'institution scolaire doit préparer à la vie, toute la vie, même dans ses aspects les plus sordides. A ceux-là, qui lui disaient «la vie est dure, c'est un combat, une compétition où les plus forts écrasent les plus faibles et il faut y préparer les enfants dès l'école primaire», Célestin FREINET répondait : *«Si elle doit venir[8], la nuit viendra toujours trop tôt»* (1967, 166), et il concevait une école qui mérite d'être vécue.

Une expérience directe planifiée très connue est celle des yeux bleus et des yeux bruns. Marquée par le racisme qui culmina aux USA avec l'assassinat de Martin Luther KING en 1968, Jane ELLIOTT, une enseignante de 4e primaire de l'Iowa (aux USA), décida de faire vivre le racisme à ses élèves, tous blancs (caucasiens), en position de victime. Cette expérience[9], répétée plusieurs années de suite, fut filmée par PETERS (Université de Yale) en 1970.

Jane ELLIOTT fit porter un foulard (cela aurait pu être une étoile jaune!) aux élèves aux yeux bruns, «pour qu'on les reconnaisse bien, même de loin». Ensuite, elle distilla une série d'insinuations telles que «Allez, dépêchez-vous les Bruns : ce sont toujours les mêmes qui sont en retard» ou «Evidemment, c'est un Brun» ou encore «Non, cette question est trop difficile pour qu'un Brun soit capable de répondre, un Bleu veut-il bien le faire?». Ensuite, elle mit en œuvre des règles ségrégationnistes : les Bruns ne peuvent pas mettre leur mallette à cet endroit (les Bleus peuvent), les Bruns ne peuvent pas aller en récréation de suite, et les Bleus ne peuvent pas y jouer avec eux. L'après-midi, elle analysa ce qui s'était passé, notamment pendant la récréation (quolibets et bagarres, sentiments de chacun, etc.). Le lendemain, elle inversa les rôles («Hier, je vous ai menti, en réalité ce sont les Bruns qui...») et les «yeux bleus» portèrent le foulard...

Cette expérience marqua les élèves à vie. Chacun a pu ainsi «vivre de l'intérieur» la discrimination basée sur un attribut physique. Quatorze ans après, les élèves (filmés à nouveau par PETERS, 1985) se disent toujours marqués par ces deux jours.

Avec les enfants, l'immersion s'est faite en double aveugle[10]; ni les «bourreaux» ni les «victimes» de la classe de Jane ELLIOTT n'étaient conscients du caractère «simulé» de l'expérience. L'expérience s'est déroulée en «simple aveugle» avec des adultes cette fois. C'était dans un centre pénitentiaire. Jane ELLIOTT a mis les adultes aux yeux bruns (les bourreaux) dans le coup au préalable, laissant les yeux bleus (les victimes) dans l'ignorance du caractère ludique de l'opération. On soupçonne le danger de dérapage de ce genre d'expérience. Ainsi, en double aveugle, les favorisés (ceux qui ne portent pas de foulard discriminatif) pourraient être amenés à «en remettre», révélant ainsi publiquement leur turpitude, ce qui, une fois la supercherie révélée, entraînerait une blessure narcissique due à la honte. On ne s'étonnera pas que dans la revue *Simulation and Gaming*, cette expérience ait suscité des réactions (BYRNES & KIGER, 1992) portant sur l'éthique en ce domaine.

A l'université, au niveau civique et relationnel, il n'est pas besoin d'inventer de telles situations. Chaque jour se présentent des occasions de mettre à l'épreuve, que nous soyons professeurs ou étudiants, notre intégrité, notre persévérance, notre altruisme, notre solidarité.

La formation universitaire recourt à ce niveau d'expérience chaque fois qu'elle amène l'étudiant à «voler de ses propres ailes», et on peut regretter qu'elle le fasse trop peu souvent, ou dans des conditions qui font peser tous les risques (d'échec) sur l'étudiant. C'est ce niveau qui est en œuvre aussi dans l'enseignement primaire ou secondaire quand le professeur stagiaire fait un remplacement et tient la classe seul de bout en bout. C'est un défi pour les formateurs de trouver des situations pédagogiques de ce niveau.

L'étudiant en langue qui regarde la RAI et TVE comme tout spectateur italien ou espagnol le ferait se met dans les conditions de niveau 1 (NB : le contenu des émissions, lui, est d'un autre niveau).

Parfois, l'expérience directe doit être instrumentée, n'étant rendue possible que par des prothèses. Ainsi, la laparoscopie[11] procède à des interventions chirurgicales sans larges ouvertures dans l'abdomen, mais par introduction d'outils au bout de tubes flexibles et articulés. Ces tubes sont munis, à leur bout, pour l'un de lumière, pour un autre d'une caméra, pour un troisième d'une pince ou d'un scalpel, etc. Le chirurgien pilote ces instruments via des manettes ; il en surveille l'exécution via un écran de télévision. Le contact visuel direct est légèrement transformé par des effets d'agrandissement (loupe) ou d'élargissement (*fisheye*). Le contact tactile, lui, est plus perturbé dans la mesure où certains appareils ont une «conduite assistée» (la force humaine est réduite ou démultipliée).

Même médiatisé, même placébo, le réel reste le réel.

Niveau 2 du cône de l'expérience : RÉEL PROTÉGÉ

La classe d'étudiants francophones de dernière année de l'enseignement secondaire qui passe une semaine en Angleterre avec son professeur d'anglais vit une expérience directe accompagnée. Chaque étudiant(e) y côtoiera de vrai(e)s Anglais(es). Il (elle) y boira de vraies «*ales*» dans de vrais «*pubs*» où il (elle) lancera de vraies «*darts*» (fléchettes). Mais le soir, tous rentreront dans un hôtel choisi par le professeur, dont ils n'auront pas à négocier le prix. Bref, il s'agit d'une liberté «protégée», sans risques.

Chacun a bénéficié du même type de protection lorsqu'il a piloté une voiture avec le moniteur d'auto-école à ses côtés, ou, mieux encore, un avion, avec le moniteur sur le siège arrière. C'est autre chose que d'être seul ou, selon l'expression de DWYER (1980), «*to fly solo*».

Remarquons qu'on peut toujours, à Londres, échapper (volontairement ou non) à la surveillance ou la protection du professeur et transformer l'expérience de niveau 2 en expérience de niveau 1 pendant ce laps de temps. En outre, toute expérience de niveau 2 comporte encore des risques, même s'ils sont limités. Au zoo, il n'est pas totalement exclu qu'un lion sorte de sa cage.

Parfois, l'aspect de l'expérience qu'il importe de respecter est la durée réelle. L'opération «Les bébés électroniques du Wisconsin» en constitue un exemple; on y vise à prévenir les grossesses involontaires d'adolescentes. Une école secondaire (à *Chippewa Falls*) a décidé de faire vivre par tous ses étudiants de classe terminale, filles et garçons, les inconvénients d'avoir un bébé à leur âge. Chaque étudiant a reçu un «bébé électronique», apparemment semblable à ces poupées réalistes, mais en fait muni d'un microprocesseur programmé pour faire pleurer le bébé toutes les trois heures (de nuit comme de jour) et ne s'arrêter que si l'étudiant introduit SA «clé» dans la bouche du bébé durant 20 minutes. Cela implique de garder le bébé dans les bras sans interruption tout ce temps. Chaque étudiant s'est en effet vu attacher à un bras (d'une façon inamovible, comme des menottes) une clé originale correspondant au bébé. L'ordinateur de bord enregistre la régularité des interventions, l'absence de choc (donc de violence), etc. L'effet de deux semaines de cette «vie» paraît tellement dissuasif qu'on peut se demander si ces jeunes ne vont pas en concevoir une aversion excessive pour les bébés! Une expérience de Tamagoshi avant la lettre!

C'est le respect de la durée normale de vie, perturbant le cycle nycthéméral des adolescents qui situe cette expérience au niveau 2. L'aspect simulé (des bébés) la placerait au niveau 3.

En pédagogie universitaire, les stages sur site constituent de tels types d'expérience. La présence, parfois éloignée, d'un expert, d'un responsable, constitue le «filet de sécurité» nécessaire aux débutants. Certains auront recours abondamment au filet; d'autres moins, voire pas du tout, tant nous sommes différents les uns des autres dans notre capacité d'exercer un métier. La pratique des Projets d'Animations Réciproques Multimédias (chapitre 9) relève de ce niveau : par équipes (de deux en principe), les étudiants prennent en charge l'animation de leurs condisciples, dont ils consomment le vrai temps, sur la vraie matière, ... mais le professeur n'est jamais loin, ni lors de la conception, ni lors de la préparation, ni lors de l'exécution.

Classer une expérience dans un seul niveau est parfois impossible. Ainsi, les microscopes des laboratoires permettent une expérience visuelle directe de la réalité (niveau 1), mais d'une réalité transformée (niveau 3) comme le sont des cellules écrasées entre deux lames de verre. La manipulation de cadavres dans la salle de dissection relève du niveau 2 si elle se réalise par l'étudiant sous la direction de l'encadrant et qu'il n'y a pas d'enjeu social. Par contre il s'agit du niveau 1 dans le cas d'une autopsie légale devant déboucher sur un diagnostic qui sera rendu public.

Niveau 3 du cône de l'expérience : VÉCU PERSONNEL ARRANGÉ

Dans les deux niveaux précédents, les apprenants sont exposés aux conséquences réelles de leurs actes. Un médecin stagiaire peut commettre des erreurs entraînant la mort du patient. Dans les situations comportant des dangers, ou dont les coûts sont inabordables, ou encore dont l'objet est inaccessible parce que trop éloigné, ou trop grand ou trop petit, etc., on a recours à la simulation.

Ainsi, les simulateurs de vol donnent de plus en plus l'illusion de la réalité : panoramique visuel, bruits, trépidations, sentiment d'écrasement au décollage, etc. On peut détruire plusieurs fois l'avion ou la navette spatiale (au *Kennedy Space Centre* de Floride par exemple) par des manœuvres incorrectes.

Dans bien des situations médicales, les apprenants ont à vivre les sensations tactiles (ex. : le toucher), kinesthésiques fines (ex. : le palper pour détecter une masse anormale dans un organe; la résistance d'un organe comme le poumon dans lequel on introduit une sonde, etc.) ou musculaires plus globales (ex. : la pression à exercer sur la cage thoracique pour pratiquer la réanimation cardio-pulmonaire). Pour habituer des praticiens à la rétroaction de pression, permettant à l'intervenant de doser sa force, plusieurs moyens ont été mis en œuvre. Les mannequins constituent probablement l'exemple le plus connu. Les salles de travaux pratiques de certaines facultés de médecine (voir aussi le *Skillslab* au chapitre 8) mettent à la disposition des étudiants des membres postiches leur permettant de s'exercer à la ponction sanguine. Il faut introduire la seringue au bon endroit pour que du liquide rouge puisse être prélevé, comme dans la réalité. Les sutures de plaies se font sur des pieds de porcs qui, s'ils sont vrais, constituent, par rapport à la peau humaine, un matériau de simulation.

RESSUSCI ANNE[12] est le nom du mannequin en latex, grandeur nature, connecté à un écran d'ordinateur, permettant aux novices de s'exercer à la réanimation cardio-pulmonaire (RCP). Tout en pratiquant le bouche à bouche et les compressions thoraciques, l'étudiant peut suivre la traduction graphique ou chiffrée de sa performance : l'analogique a été transformé en digital. Ainsi, il peut lire la quantité d'air insufflée, ce qu'un observateur humain, même expert, pourrait difficilement quantifier. Il peut lire aussi le rythme de ses compressions exprimé par leur nombre par minute. Enfin, il peut visualiser le point d'appui de ses mains et constater s'il a ou non cassé une côte flottante de la «patiente».

Le problème d'une technologie de simulation aussi sophistiquée est celui du sevrage, car les vrais patients que le secouriste aura à ramener à la vie dans la rue ne sont pas reliés à un écran. Il faut aussi s'habituer à se passer du simulateur, contrainte si lourde que certains formateurs en anesthésie se demandent si ce «détour méthodologique» est vraiment nécessaire.

Contrairement à l'expérience des bébés du Wisconsin, l'apprenant-sauveteur peut s'arrêter pour souffler (si on peut dire). C'est tout autant cette caractéristique que le recours à un mannequin qui situe cette expérience au niveau 3.

La médecine, depuis longtemps, a développé des instruments de simulation, parfois très frustes, depuis les boîtes pour exercer au toucher rectal et le panier recouvert d'un linge avec bébé en plastique pour s'exercer à sentir la position du bébé lors de l'accouchement, jusqu'aux techniques de la réalité virtuelle. Relèvent par contre du niveau 2 les expériences où les condisciples se prêtent à l'examen des yeux, des oreilles, de la gorge, etc., et celles qui se déroulent avec la coopération des patients simulés de l'Apprentissage Par Problèmes (voir chapitre 8). Les jeux de rôles relèvent aussi assez souvent du niveau 3 pour les acteurs.

Niveau 4 du cône de l'expérience : CO-PRÉSENCE

Sans demander de matériel sophistiqué (comme les bébés électroniques) et sans «piéger» les apprenants (comme dans l'expérience de Jane ELLIOTT), mais aussi sans l'impact (souvent cuisant) de la réalité, les jeux de rôle permettent de vivre en direct une expérience imaginaire (niveau 3) ou d'en être l'observateur (niveau 4).

Dans le cadre de son cours d'«Analyse et Gestion institutionnelles», le professeur Jean-François LEROY place chaque année, le temps d'un long week-end, des étudiants en psychologie sociale de l'université de Liège aux commandes d'une entreprise fictive, avec six autres collègues. L'entreprise est le jeu informatique DUNE. Pour cette expérience, les étudiants se voient attribuer les rôles de chef de la production, capitaine des gardes, responsable des machines, du transport, etc. Ils vivront au niveau 3, et deux autres étudiants seront «observateurs» (niveau 4).

Les jeux de rôles se répartissent sur plusieurs niveaux du cône, tant on peut en concevoir de variantes. Ils consistent à mettre les apprenants «en situation», avec ou sans médias, avec des contraintes plus ou moins fortes, généralement sans texte prédéfini.

Plus les contraintes de la mise en scène sont fortes, plus on se focalise sur des objectifs particuliers, mais plus on perd en spontanéité et en réalité. Les jeux de rôle varient aussi énormément entre eux quant à leur charge émotionnelle, quant à l'incertitude de l'issue, quant au caractère réel des enjeux. Le jeu de rôle totalement improvisé est proche du niveau 2 alors que jouer une pièce de théâtre relève plus du niveau 3 (car le suspense du scénario n'existe pas pour l'acteur).

On pourrait nuancer les jeux de rôles, par exemple distinguer ceux qui sont symétriques (mon partenaire lui aussi joue un rôle) de ceux qui ne les sont pas (je joue «contre» le professeur qui me donne des *feedbacks*).

Les jeux de rôle permettent non seulement de considérer les solutions (comportementales) possibles, ce que l'on ferait aussi bien dans une discussion de groupe, mais en plus d'en tester la faisabilité sur le terrain.

Certains jeux de rôle sont plus «abstraits» (niveau 5), comme la Mégaventure, un programme de télévision pour lequel plusieurs scénarios ont été «tournés» à l'avance. Lors de l'émission, le joueur fait des choix et certains seulement de ces scénarios sont diffusés. On y gagne en proximité avec la réalité, mais on perd la spontanéité et l'improvisation. C'est en fait un jeu de rôle à choix multiple.

A l'opposé, certains jeux de rôles se rapprochent du niveau 2, comme ce qui se passe dans un ancien hangar d'usine reconverti en une série de salles de simulation sur les attaques à main armée. Certaines pièces reconstituent, de manière réaliste, un guichet de poste, d'autres un grand magasin, etc. Chaque apprenant joue le rôle de l'agressé et s'exerce à adopter la conduite appropriée face à des «professionnels» (de la simulation) jouant les gangsters. Pourquoi de telles «reconstitutions» en trois dimensions et pas dans un film? Parce que certaines propriétés de la situation ont été jugées déterminantes pour la formation, permettant de se sentir violemment poussé à terre, d'entendre les hurlements menaçants dans son oreille, de frissonner au contact glacé de l'arme, d'être surpris par la vitesse des événements... On frôle ici le niveau 1.

Assister à une pièce de théâtre (niveau 4), c'est encore participer, en influencer (mais si peu) le déroulement «*live*». C'est la même chose pour une conférence ou un cours *ex-cathedra*, que l'on peut d'autant plus infléchir, comme auditeur, que la parole nous est donnée. Ce qui distingue ce niveau 4 des niveaux supérieurs, c'est la co-présence physique des partenaires. S'ils le voulaient, ils pourraient se toucher. C'est d'ailleurs le principe de certains spectacles, depuis la Comedia del'Arte.

L'opéra rock « Hair » en a été un exemple célèbre puisque les acteurs — nus — se retrouvaient sur les genoux de spectateurs et que ces derniers finissaient (niveau 1) par danser et chanter — à demi dévêtus eux aussi — sur la scène, sous les regards ébahis ou horrifiés de leurs conjoint(e)s.

Le contact interpersonnel total peut être rendu impossible par la distance entre les partenaires, mais ceux-ci ont retrouvé récemment la possibilité d'interagir, via la vidéoconférence. On reste (si l'échange est bi-directionnel) dans le niveau 4. A côté de la simple « téléphonie visuelle », des scénarios propres à la vidéoconférence peuvent être conçus. C'est ainsi que le scénario suivant, intitulé « La parole redonnée », a été imaginé et mis en œuvre à l'université de Liège (LECLERCQ, REGGERS et BALDEWYNS, 1998) dans le cadre d'un cours sur la prévention des toxicomanies.

Habituellement, dans un tel cours sont visionnés nombre de documents audio-visuels : films d'interviews de personnes toxicomanes, spots télévisés de prévention, avis d'experts, débats contradictoires sur un plateau de télévision. L'expérience de vidéoconférence a voulu exploiter un tel débat télévisé, tout en en corrigeant certains effets pervers. La perversité de ce genre de débat tient, entre autres, au temps de parole, toujours trop court, accordé aux invités, toujours trop nombreux, cette deuxième caractéristique expliquant la première. Chaque intervenant n'ayant pu dire tout ce qu'il avait à dire sait en quoi le débat a été abominablement tronqué, de son point de vue. Mais le spectateur, lui, ne le sait pas.

Ainsi, qu'aurait répondu Marcel FRYDMAN, éminent spécialiste (de l'université de Mons) de la lutte contre le tabagisme au moment où, dans l'émission « Controverse » de février 98 sur BEL-RTL, un médecin a déclaré sur le plateau que les liens entre la conduite tabagique et le cancer étaient loin d'être prouvés ? Et quand cet autre intervenant a déclaré qu'on n'avait jamais pu mettre en évidence de lien de cause à effet entre la publicité pour le tabac et l'adoption de conduites tabagiques ? Le grand public ne le saura jamais, puisque l'animateur du débat ne lui a pas accordé la parole que pourtant il demandait.

En mars 1998, sur le grand écran du Centre d'Auto-Formation et d'Évaluation Interactives Multimédias (CAFEIM) de l'université de Liège, les étudiants du cours sur la « Prévention des assuétudes » ont pu revoir l'enregistrement de cette émission, en même temps que le professeur Marcel FRYDMAN à Mons, avec qui ils étaient en connexion par vidéoconférence. A leur convenance, les étudiants interrompaient la projection du débat enregistré et « rendaient la parole » au professeur

FRYDMAN. Auparavant, l'animateur (D. LECLERCQ) ne manquait d'ailleurs pas de recueillir les anticipations de réponses des étudiants : qu'auraient-ils répondu eux-mêmes ? Que pensent-ils que M. FRYDMAN allait répondre ?

Niveau 5 du cône de l'expérience : DIRECT À DISTANCE

A ce niveau, celui des émissions de télévision, la co-présence n'existe pas, ni la possibilité d'interaction. On vit cependant encore le suspense du «direct». Il existe donc des vidéoconférences qui diffèrent peu d'exposés préenregistrés.

Voir, en direct, pendant des heures, agoniser une enfant à l'autre bout du monde, assister à la retransmission d'un match de football ou à l'arrivée d'une course cycliste ou à un débat télévisé sans pouvoir agir directement sur la réalité sont autant d'exemples de niveau 5, sauf possibilité de téléphoner en direct, ou de «*pooler*» sa voix dans un sondage «en direct». Il arrive que les «audimats» soient exploités en direct dans les émissions.

En pédagogie universitaire, on a étudié et développé des possibilités d'intervention par tous dans le déroulement d'un processus de transmission, avec la possibilité pour l'animateur de gérer ces interventions (à la limite de les ignorer), c'est-à-dire repasser du niveau 5 (à sens unique) au niveau 4 (plus participatif). Par exemple, FORUM est un logiciel qui facilite cette procédure (JANS et LECLERCQ, 1996) : chaque étudiant, depuis son ordinateur, peut faire connaître sa réponse à l'animateur (voir détails dans le chapitre 7). Des boîtiers de vote sans fil, fonctionnant par télétransmission, permettent à des grandes groupes (plus de 300 étudiants) de fournir des réponses individuelles en temps réel.

Niveau 6 du cône de l'expérience : MOUVEMENT

Au Québec, à Saint Félicien, c'est dans un petit train que l'on peut visiter le territoire huron. Pas de surprise : les Indiens (mannequins articulés) sont au rendez-vous, les messages de fumée (électroniquement contrôlés) aussi. Même chose pour les «Pirates» dans les sous-sols de *Disney World* ou pour le village viking de Yorvisk dans les sous-sols de la ville de York.

Au Musée des Sciences et des Techniques de La Villette à Paris, au Palais de la découverte, et à son petit frère liégeois, le Musée de la Science, un pas de plus est franchi : on peut toucher, on peut manipuler.

Il peut arriver que les objets à manipuler soient dangereux, ou que l'on craigne qu'ils soient détériorés, voire perdus ou volés. C'est le cas dans le cours d'anthropologie biologique du professeur RUWET à l'Université de Liège. Les étudiants y sont amenés à identifier des crânes d'hominidés : cromagnon, pythécanthrope, etc. Or ces crânes n'existent qu'en un seul exemplaire et 450 étudiants de candidature en psychologie doivent faire l'exercice. C'est pourquoi l'assistant du professeur, Pascal PONCIN et Jean-Luc GILLES ont réalisé un CD-Rom présentant ces crânes en mouvement (rotation gauche-droite et rotation avant-arrière contrôlables à volonté par l'apprenant). Ce logiciel rend plus faciles certaines opérations que dans la réalité. Ainsi, dans le logiciel, on peut rapprocher deux crânes et les examiner longuement (comme si on disposait d'une infinité de photos). La manipulabilité, impossible pour des raisons de sécurité, a été retrouvée grâce à la technologie informatique.

Niveau 7 du cône de l'expérience : TRI-DIMENSIONNEL

A ce niveau, la taille des objets n'est pas forcément respectée, le mouvement n'est pas présent.

Au Musée des Sciences Naturelles de Bruxelles, l'on peut se promener, toute peur proscrite, parmi les iguanodons fossiles trouvés à Bernissart, ou plutôt entre leurs squelettes reconstitués, en grandeur réelle... mais immobiles.

Lors de l'exposition Simenon, à Liège, on a pu passer dans le bureau du célèbre détective MAIGRET (en plâtre), le voir et sentir l'odeur de sa pipe, puis continuer par cette pièce en clair-obscur qu'est la morgue, et en respirer les effluves de formol.

L'exposition de Bruxelles, «J'avais 20 ans en 1945», reconstituait l'ambiance de l'époque via les meubles, les vêtements, les musiques, les documents authentiques (lettres, affiches, drapeaux, uniformes, objets). En particulier, les espaces étaient aménagés pour être «habités» quelques secondes : cave aménagée en abri où l'on se réfugie en cas de bombardement, tramway, carlingue d'un avion où s'entassaient les parachutistes avant leur grand saut, barge de débarquement, etc.

Parfois les objets authentiques sont si précieux que l'on doit prendre des mesures de protection considérables. C'est le cas de la momie inca derrière ses épaisses vitres au *Museo del oro* de Bogota. C'est aussi le cas de la Vénus de Milo au Louvre. S'ils sont encore accessibles aux regards, ils ne sont plus manipulables.

Niveau 8 du cône de l'expérience : ANIME

Les films de fiction sont propres à frapper efficacement la mémoire épisodique, s'ils sont bien faits en ce sens (par exemple histoire, personnages et acteurs attachants). Ainsi, ceux qui ont vu le film «*Rain Man*» avec Dustin Hofman (Raymond) et Tom Cruise (Charly) ont le sentiment de mieux savoir ce qu'est une personne autiste. De même, les spectateurs du film «Le 8e jour», avec Pascal Duquesne (Georges) et Daniel Auteuil (Harry), ont le sentiment de mieux savoir comment se comporte une personne affectée de la trisomie 21.

Le dessin animé est un ensemble de signes (y compris le mouvement) gardant son isomorphisme (les tailles respectives, la vitesse, ...) avec ce qui est évoqué. Cet isomorphisme peut être poussé jusqu'à ses limites, ce dont les procédés informatiques d'anamorphose[13] ne se privent pas. Certains logiciels (ex. : POWER POINT®) permettent de créer facilement de telles animations.

De plus en plus fréquemment, des appareils coûteux (une voiture, un ordinateur, une machine-outil) sont fournis avec un mode d'emploi audio-visuel (cassette vidéo, CD-Rom, vidéodisque).

C'est ce que fait RENAULT, qui adresse, comme méthode de formation et d'assistance technique à ses concessionnaires, des vidéos décrivant des actes professionnels tels que la pose et la dépose du moteur, le grand entretien, etc. Les organismes de formation ou de lutte contre le chômage donnent de plus en plus souvent des informations sur les professions et les carrières par vidéo, avec des témoignages. Ainsi, la Faculté de Psychologie et des Sciences de l'Éducation de l'ULg a interviewé une dizaine de ses anciens diplômés qui racontent «ce qu'ils sont devenus».

Un grand «Hobby Centre» de Genève a installé, dans son hall d'entrée, un meuble colonne d'une hauteur de 2 m, à 4 compartiments superposés. Le compartiment supérieur présente un écran TV. Le deuxième compartiment, une affiche avec des codes numériques correspondant à des intitulés de travaux techniques (ex. : 124, couler un béton sur une terrasse ; 228, armer un coffrage ; 139, peindre un treillis ; 141, coller un tapis derrière un radiateur, etc.). Le troisième compartiment comporte un simple clavier numérique (chiffres de 0 à 9) afin que le client compose le code relatif au travail qu'il veut visionner. Le dernier compartiment (tout en bas) est vitré pour que les clients puissent voir fonctionner un lecteur de vidéodisque et un bras articulé qui saisit le vidéodisque contenant la séquence vidéo sélectionnée et le pose sur le lecteur. Après la description (vidéo des gestes et commentaire en voix off) des actes techniques, la séquence se termine par la liste des fournitures à acheter : un pinceau de type P7, une latte de type AK83, de la colle, etc. C'est donc à la fin que l'intérêt commercial et l'apprentissage se rejoignent.

Niveau 9 du cône de l'expérience : FIGURATIF

Les photos, les affiches, les caricatures, les ombres chinoises statiques relèvent du niveau 9.

Les bandes dessinés comme celles d'Anselme Lanturlu (PETIT, 1985) sur les sciences nous permettent de vivre une série d'expériences commentées par des textes (relevant eux du niveau 10).

On sait que la tapisserie de la reine Mathilde à BAYEUX retrace la conquête de l'Angleterre par Guillaume, et principalement la bataille de Hastings en 1066. Avec ses 58 «vignettes» s'étendant sur 70 mètres de toile translucide, elle constitue un exemple remarquable de «bande dessinée» avant la lettre. Comme dans toute bande dessinée, ce sont les temps forts qui sont gardés, et ces temps sont même «surcodés» : la même vignette est chargée d'objets symboliques, évocateurs... Au lecteur d'en décrypter le sens ou l'intention.

Car c'est dans les cerveaux et non dans les cases des BD que se trouve le sens. Des problèmes du même genre se posent en pédagogue universitaire. Ainsi, il importe qu'un médecin-accoucheur ait une bonne représentation mentale des mouvements opérés par le bébé lors de l'accouchement. A l'audition du mot «mouvement», nombre d'enseignants penseront à «vidéo». Or, ce qui importe est que le mouvement soit dans le cerveau de l'apprenant et pas seulement sur l'écran de la télévision. Un certain nombre de personnes, comme SALOMON (1974) par exemple, pensent même qu'il faut qu'il ne soit pas sur l'écran pour qu'il doive, obligatoirement, être «construit» par le cerveau. Cet auteur signale en effet que le mécanisme de supplantation, abondamment utilisé par les médias, rend paresseux le cerveau des apprenants. Par supplantation, il entend des opérations physiques prises en charge par le média en lieu et place du cerveau qui pourrait le faire seul. Ainsi, le zoom avant focalise automatiquement l'attention du spectateur sur un détail qu'il eût pu ou dû détecter lui-même, le *flash-back* rappelle un autre élément dont le spectateur eût pu ou dû se rappeler spontanément, la mise en synoptique de deux images rapproche des objets mentaux que le cerveau eût pu ou dû comparer d'initiative, etc.

Diverses méthodes d'apprentissage autonome des langues recourent aussi à la Bande Dessinée. Dans les vignettes, il n'y a pas que le contenu linguistique qui «imprègne» le lecteur, mais également des signes culturels : la façon de s'appeler en famille, l'humour (anglais), les vêtements, etc.

Le dessin et la BD permettent des supplantations (dans le sens de SALOMON) que ne permet pas la réalité ou un film classique. Par exemple, dans la décomposition d'un accouchement en vignettes de BD, ces supplantations facilitatrices pourraient être nombreuses et montrer :

- la mise en parallèle systématique de deux points de vue (de profil et en coupe; de face et de dessous) dans chaque vignette;
- la représentation de certaines parties de l'anatomie, par exemple les os, en à-plat-noir;
- la représentation de la cavité utérine en grisé;
- la suppression de tous les détails «encombrants et inutiles» pour l'objectif visé (notamment le contenu de l'abdomen, le cordon ombilical etc.).

Niveau 10 du cône de l'Expérience : CODES

Les textes écrits sont l'expression courante la plus abstraite, la plus éloignée de l'expérience multisensorielle. Cela ne signifie pas que l'enjeu est moins émotionnel que cognitif. La poésie est la preuve que l'émotion peut être supportée par des codes. Revenant à notre exemple de départ dans ce chapitre (*Le silence des agneaux*), rappelons-nous le parti pédagogique que l'on peut tirer de la capacité humaine de reconstituer mentalement une réalité complexe (et forcément subjective) à partir de seuls écrits.

Nous n'en prendrons qu'un seul autre exemple : la méthode des cas programmés (DE WAELE, 1975; VANDENBRANDE, 1994; LECLERCQ et VANDENBRANDE, 1997) destinée à former des étudiants en criminologie, en psychologie ou en pédagogie. Cette méthode consiste à présenter la vie d'une personne (ou des moments choisis de cette vie) fractionnée en épisodes (une cinquantaine), chacun terminé par 4 ou 5 solutions (c'est-à-dire sous forme d'une Question à Choix Multiple) proposant le comportement de la personne. Exemple :

> L'étudiant puni a demandé au professeur à pouvoir faire sa dissertation-punition immédiatement, pendant que le cours continue. Le professeur J.P. ...
> 1. a accepté
> 2. a accepté, mais en dehors de la classe
> 3. a refusé
> 4. a refusé et a doublé la punition

La solution correcte est ce qui s'est réellement passé. Ce n'est donc pas une réponse logiquement correcte, mais historiquement correcte. L'étudiant est amené à réfléchir (de façon prédictive) un grand nombre de fois sur un seul cas. Si on multiplie les cas, l'étudiant peut acquérir une certaine expérience en peu de temps, ce que la réalité, même dans un hôpital, ne pourrait lui fournir dans la même période. La combinaison des avantages de deux niveaux (10 pour le texte, 6 pour le film) débouche sur la création de cas programmés multimédias (LECLERCQ et al., 1997).

Habituellement, on dit d'un stimulus qu'il est iconique quand il a gardé des caractéristiques formelles communes avec l'objet qu'il évoque. «*Ainsi PIERCE parle de 'ressemblance native' et dit qu'un signe est iconique quand 'il peut représenter son objet principalement par sa similarité' (1988, 149); selon MORIS (1996), le signe iconique a 'd'un certain point de vue, les mêmes propriétés que le dénoté'; RUESCH et KEES y voient 'une série de symboles qui sont, par leurs proportions et leurs relations similaires à la chose, à l'idée ou à l'événement qu'ils représentent'.*» (Groupe Mu, 1992, 124)

A ce niveau 10 se situent des codes plus abstraits encore : les idéogrammes et, enfin, les pictogrammes. Les panneaux du code de la route constituent un ensemble mixte, à cheval sur l'iconique (qui respecte les formes de la réalité) et l'arbitraire (qui n'a plus aucun point commun avec cette réalité). Le signe «interdit aux vélos» relève du premier type, puisqu'on y voit la silhouette d'un cycliste et une barre rouge en travers. Par contre, les flèches diverses, les «cédez la priorité», les «interdictions de parquer du 1 au 15 du mois» sont du second type, même si les codes ne sont pas tout à fait arbitraires. Certains symboles mathématiques ($<$, $>$, $=$) et certaines icônes informatiques (la poubelle, le fichier ouvert) sont des idéogrammes qui représentent des fonctions, des activités ou des concepts. La frontière entre l'iconique et le non-iconique est floue. A côté des définitions évoquées ci-dessus, on pourrait tout aussi bien considérer comme iconique toute représentation graphique qui évoque sans ambiguïté une même notion chez tous ses lecteurs. C'est le cas pour les signes de danger de radioactivité, pour les flèches, pour certains symboles illustrés sur les magnétoscope (le ⬛ pour « enregistrer » ou le ⬛ pour « pause »). Le point culminant de l'abstraction est sans doute une expression algébrique d'un phénomène.

En guise d'autocritique : ce que le cône ne peut représenter

Le modèle adopté est unidimensionnel et procède selon un seul axe, du bas vers le haut ou vice-versa. Il s'agit là, redisons-le avec force, d'une représentation excessivement schématique. Certains niveaux (le 6, le 7, le 8) pourraient être intervertis dans la mesure où ils mettent en jeu des facettes différentes de la sensorialité. C'est pourquoi nous n'avons pas placé sur le cône le volet sonore. Cela eût transformé le cône en « arbre ». Pour chacun des domaines, on peut imaginer un cône propre, un peu comme chaque registre sensoriel semble avoir sa « mémoire à court terme ». Le rôle des médias peut être analysé de la même façon.

Pour ne prendre qu'un seul exemple dans le registre sonore, correspondre par cassettes (audio) avec un être cher éloigné est une expérience très chargée d'émotion. Branchez votre enregistreur la nuit et éteignez les lumières : c'est comme si la personne était dans la pièce. Bien sûr, on n'est pas en direct, puisqu'on pourrait réécouter un tel enregistrement même après la mort de la personne.

D. DISCUSSION

A l'intérieur d'un même paradigme d'apprentissage, différents niveaux expérientiels peuvent être atteints. Imaginons par exemple l'apprentissage de la prononciation du r roulé espagnol ou Shakespearien, par imprégnation d'un modèle, par imitation. Cette imitation peut se faire à divers niveaux d'abstraction ou de proximité multisensorielle de la réalité. Voici, selon le cône de l'expérience, quelques exemples de ces niveaux, du plus concret au plus abstrait :

Ce «cône» de la multisensorialité pourrait être doublé par une variété de passages à l'acte (de paradigmes apprentissage/enseignement). Par exemple, au lieu de se contenter de regarder le film de Zorro, on pourrait être amené, avec une troupe d'amateurs, à jouer le rôle du sergent Garcia et à s'exercer à prononcer les «r» comme lui (niveau 3).

Cette déclinaison de niveaux d'abstraction (chapitre 5) et cette conjugaison de paradigmes (chapitre 4) se combinent à l'infini, d'où l'intérêt de les considérer comme deux modèles séparés et complémentaires.

NOTES

[1] Hannibal Lector et Clarice Starling.
[2] Comme nous le montrerons à propos des mouvements intra-utérins du bébé au moment de l'accouchement.
[3] Remarquons en passant que ces auteurs évitent soigneusement d'utiliser les termes, ambigus ici, que sont «visuel» et «auditif».
[4] C'est le titre d'un article de SALOMON.
[5] Voir la *Fast Foodisation* de l'université au chapitre 3.
[6] C'est le titre de son ouvrage.
[7] Voir chapitre 4.
[8] ... Ce qui n'est pas certain, du moins pour tous.
[9] Expérience connue sous les noms «La classe divisée» ou encore «*In the eye of the storm*» (Au centre du cyclone).
[10] L'expression «en aveugle» vient du domaine médical où l'expérimentation d'un médicament se fait «en aveugle» lorsque le patient qui l'absorbe ignore s'il s'agit vraiment d'un médicament ou d'un «placebo». L'expérimentation se fait en «double aveugle» lorsque les médecins (ou infirmières) qui donnent le médicament eux aussi l'ignorent (seuls les expérimentateurs le savent).
[11] Du grec, partie creuse du ventre.
[12] *(LAERDAEL®)*
[13] Passage progressif d'une forme iconique à une autre, en respectant la continuité des tracés de pourtour.

Chapitre 6
Le défi des grands groupes
Dieudonné LECLERCQ, Graham GIBBS et Alan JENKINS

A. LES GRANDS GROUPES ET LE SYSTÈME ANGLAIS
B. LES EXPOSÉS STRUCTURÉS
C. LA MÉTHODE DU LIVRE DE TRAVAIL
D. LES LECTURES GUIDÉES EN MODE KELLER
E. DISCUSSION

A. LES GRANDS GROUPES ET LE SYSTÈME ANGLAIS

1. L'ouvrage «Enseigner à de grands groupes dans l'enseignement supérieur»

C'est moins le titre ci-dessus (*Teaching Large Classes in Higher Education*) du livre collectif coordonné par Graham GIBBS et Alan JENKINS (1992) que son sous-titre *« Comment maintenir la qualité avec des ressources réduites »* qui indique le défi qu'a voulu relever une institution anglaise d'enseignement supérieur : l'Oxford Brookes University[1].

Cet ouvrage devrait intéresser tous ceux qui sont concernés par ce que, dans son ouvrage «Bien enseigner dans de grands groupes», WEIMER (1987, 2) appelle *«des classes dans lesquelles on ne peut donner la parole à tous les étudiants qui ont envie de la prendre et dans lesquelles la notation des examens écrits pourrait occuper tous les soirs et tous les week-ends du professeur»*.

Dans ce livre qui décrit les expériences menées dans leur institution, GIBBS et JENKINS (1992) espèrent être utiles à *« tous ceux qui, sous la pression de leur gouvernement, enseignent à plus d'étudiants à un coût unitaire moindre, sont amenés à enseigner dans des auditoires, des séminaires et des laboratoires à des groupes beaucoup plus grands que ceux dont ils ont eu l'expérience quand ils étaient eux-mêmes étudiants »* (11). Le présent chapitre décrit trois des formules retenues dans cette institution pour relever le défi de l'enseignement aux grands groupes.

2. Le système traditionnel anglais

La **conception traditionnelle** des cours et les méthodes d'enseignement utilisées dans l'enseignement supérieur au Royaume-Uni jusqu'à la fin des années 70 peut être caractérisée comme suit (d'après GIBBS, 1992, 37) :

– elle avait été développée à un moment où les ressources étaient copieuses ;

– la description des cours consistait en des listes de matières que les leçons hebdomadaires d'un professeur recoupaient largement (mais pas totalement) ;

– les contrats personnels avec les étudiants étaient fréquents, avec des travaux à domicile (*assignments*) assez fréquents, du type «rapport de laboratoire» ou «*essay*»[2], afin de fournir des *feedbacks* formatifs[3] aux étudiants ;

- les tests étaient rares. Ils n'intervenaient qu'après plusieurs années d'études et se présentaient sous la forme le plus souvent de plusieurs questions «non vues» (*unseen exam*) auxquelles il faut répondre en trois heures; les étudiants passaient peu de temps en classe (quoique beaucoup plus en sciences qu'en anglais) et étaient supposés passer une bonne partie de leur temps à lire et étudier par eux-mêmes, dans des bibliothèques bien fournies, offrant beaucoup d'espace. Nous avons tous une image de ces bibliothèques *old style* de collèges anglais.

3. Pourquoi le système traditionnel ne peut plus fonctionner

Au début des années 90, les conditions avaient radicalement changé. Les cours à de grands groupes étaient devenus la norme, les séances en petits groupes et les accompagnements individuels (*tutoring*) étaient devenus rares. En même temps, les institutions pressaient les professeurs pour qu'ils s'adonnent à d'autres activités (recherches et publications scientifiques, projets européens, etc.), ce qui réduisait encore leur disponibilité pour l'enseignement.

Si le système traditionnel était efficace, c'est parce qu'il était «huilé» par les échanges faciles et fréquents entre le professeur et les étudiants. Des exposés inefficaces pouvaient être compensés par de brèves explications individuelles. Des projets de dissertation alternatifs pouvaient être négociés autour d'une tasse de thé. D'autres sources de lecture pouvaient être conseillées quand celles de la bibliothèque ne convenaient pas. Le professeur pouvait même proposer ses propres livres.

Avec l'explosion du nombre d'étudiants, les faiblesses inhérentes au système traditionnel basé sur les exposés ne peuvent plus être cachées ou compensées. Les problèmes inhérents aux grands groupes sont bien connus (GIBBS, 1992, 38) :

1. Le manque de clarté des objectifs du cours, ce qui est attendu des étudiants (auparavant, cela était résolu par des entretiens en face à face).

2. Un manque de *feedback* quant à sa progression : travaillent-ils (qualitativement), suffisamment (quantitativement)? L'absence de «contrôle» amène souvent à découvrir un jour que la réponse est NON aux deux questions, ce qui entraîne l'angoisse et un taux élevé d'abandons (*drop out*) et d'échecs (*failure*).

3. Un manque de conseils quant à la façon de s'améliorer (sur les méthodes de travail), conseils qui devraient être personnalisés.

4. L'impossibilité d'offrir l'occasion de « lire à propos du cours ». La plupart des bibliothèques ne peuvent accueillir 400 étudiants au même moment, s'intéressant aux mêmes contenus. En conséquence, pour ces raisons organisationnelles, les enseignants demandent moins aux étudiants de lire et les lectures conseillées sont « moins lourdes ».

5. L'incapacité, faute de temps, à supporter l'étude indépendante, qui reposait sur le projet personnel et la dissertation, avec des échanges tutoriels personnalisés avec les encadrants. Ceci étant devenu impossible, les étudiants sont laissés durant de longues périodes sans guidance ni assistance.

6. Le manque d'occasions de discussions. L'apprentissage, dans de grands groupes, devient solitaire. L'exploration d'idées à moitié ébauchées et la négociation de signification que permettaient les discussions sont désormais exclues.

7. L'incapacité à tenir compte de la variété des étudiants vu la disparition du contact personnel.

8. L'incapacité de motiver les étudiants. Auparavant, la motivation venait de contacts personnels avec le professeur et de l'implication dans de petits groupes de discussion. Quand l'imagination des étudiants était « allumée », la bibliothèque et d'autres ressources lui laissaient libre cours, l'alimentaient. Ce n'est plus le cas (GIBBS, 1992, 43).

4. Les enjeux

Continuer dans le même sens amène à des glissements tels que supprimer les options, diviser une classe de 500 en deux classes de 250 (essentiellement pour des raisons de taille d'amphithéâtres), accepter que l'examen se réduise à de la régurgitation, accepter des lectures « plus étroites ». Si l'on suit ce mouvement, s'assigner de nouveaux objectifs signifie des objectifs moins exigeants.

Pour permettre aux anciens objectifs de survivre, on peut considérer des méthodes nouvelles empruntées aux systèmes d'enseignement de masse tel que l'enseignement à distance de l'*Open University*. On peut aussi être plus radical et changer les objectifs eux-mêmes, en mettant l'accent plus sur le processus d'apprentissage que sur le contenu.

5. Deux stratégies opposées : Contrôle et Indépendance

GIBBS considère deux ensembles de stratégies très contrastées pour répondre à ces difficultés : l'une consiste à contrôler étroitement la situation, l'autre attend des étudiants liberté et indépendance. Ces deux types de stratégies offrent des réponses différentes aux 8 difficultés énumérées ci-avant. En voici un tableau synoptique.

Problème[5]	Stratégies de type CONTROLE	Stratégies de type INDEPENDANCE
1. Manque de clarté des intentions	a) Utilisation d'objectifs b) Cours très structurés (la séquence des prérequis est précisée)	a) Contrats d'apprentissage négociés entre professeur et étudiants b) Apprentissage basé sur les problèmes (l'activité est claire même si les objectifs d'apprentissage ne le sont pas encore)
2. Manque de *feedback* sur les performances (résultats)	a) Tests par QCM (par ex. : par lecture de marques) b) Enseignement programmé (EP) et assisté par ordinateur (EAO), avec évaluations et traces contrôlables.	a) Développement du jugement de l'étudiant et de ses critères de qualité, auto-évaluation : commentaires critiques sur leur propre travail avant de le soumettre
3. Manque de conseils pour s'améliorer	a) Critères et instructions de correction fournies avec (ou après) le travail b) *Feedback* automatisé (fourni par ordinateur)	a) *Feedback* et évaluation par les pairs (liste de critères à appliquer) b) Pression du groupe à contribuer
4. Incapacité à supporter la lecture	a) Livres imposés et dossiers de lecture b) Modules d'auto-formation (*Learning packages*) avec questions (et réponses) et petites tâches entrelardées de matière à lire	a) Développement des habiletés de l'étudiant à la recherche autonome (exercices appropriés) b) Travaux très variés envoyant les étudiants *extra muros* c) Aménagements de locaux ouverts, facilement accessibles
5. Incapacité à supporter l'étude indépendante	a) Projets structurés (avec consignes précises sur la façon de procéder) b) Guides de laboratoire	a) Travail en groupes (avec néanmoins possibilité d'évaluation individualisée) b) Equipes d'apprentissage (*learning teams*)
6. Manque d'occasions de discussions	a) Exposés structurés (entrecoupés de discussions brèves par 3 étudiants) b) Séminaires et ateliers structurés (*brainstorming*, rapports en pyramide[6], etc.)	a) Séminaires menés par les étudiants (exposés, documents, références, discussion) b) Travaux à rédiger en groupes
7. Incapacité à tenir compte de la variété des étudiants	a) Prétests et matériel de remédiation (éventuellement sur ordinateur) b) Etude respectant le rythme (*self paced study*) comme le PSI de KELLER[7]	a) Variété de mécanismes de supports optionnels (tests, cours, vidéos, groupes...) b) Objectifs négociés débouchant sur une note C, ou B ou A[8]
8. Incapacité à motiver les étudiants	a) Testing fréquent b) Taux d'échec élevé conduisant à une grande compliance et à un travail acharné même si le contenu et la méthode sont peu attractifs	a) Tâches d'apprentissage passionanntes (problèmes actuels multidisciplinaires) b) Apprentissage coopératif

6. Combiner les deux stratégies

L'Oxford Brookes University a eu recours à des contributions diverses chez des professeurs différents. Bien souvent, cependant, dans un même cours, une stratégie donnée présente à la fois des aspects de contrôle et d'autres qui favorisent l'autonomie. Par exemple, un cours de physique utilise les tests QCM non pour évaluer, mais pour aider à décider à quel mécanisme de support (Stratégie 7Ia) il est préférable de recourir pour atteindre les objectifs fixés. Autre exemple : un cours de géographie peut imposer des exercices de terrain très structurés, mais effectués par des groupes fonctionnant avec beaucoup d'indépendance.

Devant le défi du grand nombre d'étudiants dans les amphithéâtres britanniques, les solutions adoptées à l'Oxford Brookes University ne sont pas «complètement révolutionnaires»; elles consistent en des changements graduels. Nous présentons ci-après trois de ces expériences innovantes qui ont comme point commun d'augmenter la participation active des étudiants à leur propre formation.

B. LES EXPOSÉS STRUCTURÉS

1. Ce qu'est la méthode

La méthode des «*Structured lectures*», développée par Alan JENKINS (1992, 63-77) est inspirée de Donald BLIGH «*What's the Use of Lectures?*» (1972). L'exemple d'application porte sur un cours de géographie humaine (la spécialité de JENKINS) en première année. Cette méthode des exposés[9] structurés consiste à fractionner l'exposé en plusieurs petits segments suivis ou précédés de discussions entre étudiants par groupes de 2 à 4. Dans une salle «plate», où les tables sont «réorganisables» et dans laquelle le professeur peut circuler entre les groupes, on peut aller jusque 4 étudiants par groupe. Dans un amphithéâtre classique en gradins (*tiered lecture theater*), 3 est un maximum. Ces nombres pourraient être (légèrement) augmentés.

2. Objectif de la méthode

Cette méthode vise à remédier aux défauts inhérents aux exposés dans les grands groupes :
− L'attention (et l'apprentissage) décline de façon notable après les 20 premières minutes. Ceci est confirmé par les études sur la nécessité de pauses (LECLERCQ, 1993, ch. 10, 28).
− Des objectifs de formation d'un niveau élevé qui impliquent la compréhension, l'application, le jugement d'idées, etc., et qui vont bien au-delà du rappel et de la description ne peuvent être facilement atteints quand les étudiants sont passifs, ce qui se produit généralement lors des exposés[10] (des preuves à ce sujet ont été rassemblées par GIBBS, 1982, et Mc KEACHIE, 1986).
− Les étudiants dans un grand groupe ont le sentiment d'être «perdus dans la foule de l'auditoire» ou d'être «un nombre dans la liste fournie sur ordinateur»[11].

Cependant, JENKINS, ayant décidé pour des raisons de rentabilité (*efficiency*) de s'en tenir à des exposés[12], pour des raisons d'efficacité (*effectiveness*), il lui fallait enseigner d'une façon qui surmonte les inconvénients des exposés traditionnels (*conventional lectures*).

3. Déroulement d'un Exposé Structuré

Voici, à titre d'exemple, une activité représentative de la méthode :

Phase	Activité	Durée
1	Un transparent est projeté comportant le résumé des travaux précédents relatifs au contenu de l'exposé. Il s'agit d'utiliser le temps habituellement perdu lorsque les étudiants s'installent, pour mobiliser à nouveau (*wind up*) les connaissances préacquises, pour rendre les étudiants prêts à donner du sens à ce qui va être présenté. C'est le principe de l'irradiation de l'activation dans un réseau conceptuel (QUILLIAN, 1969).	5'
2	Un exposé de révision porte sur l'exposé précédent, comportant un résumé sur transparent et une documentation (*handout*) imprimée. Il s'agit de rassembler les contenus pertinents couverts lors de précédentes parties du cours, ce qui fournit un contexte (*background*) pour le nouveau contenu. C'est le principe des *Advance Organisers* (AUSUBEL, 1968).	9'
3	Pour amorcer les tâches d'étudiants, la question suivante est affichée : "Quels aspects de la 'théorie du lien central' peuvent être appliqués pour analyser le nombre et la localisation des boutiques dans les villes ?" Les étudiants sont invités à discuter de la question par deux ou trois. Le professeur déambule parmi les étudiants, en aidant, en clarifiant la tâche si nécessaire.	5'
4	Le professeur fait un bref exposé, répondant à la question et introduisant de nouveaux contenus. Les étudiants ajoutent leurs réflexions sur le feuillet qui leur a été remis au début du cours.	7'
5	Les étudiants sont invités à discuter en groupes une nouvelle question sur des données présentées à l'écran. Le professeur circule et dès qu'il est satisfait...	4'
6	... le professeur résume certaines réponses des étudiants, les commente, fournit des rétro-informations (*feedbacks*) sur l'apprentissage des étudiants. Vient ensuite un exposé de 3 minutes développant les concepts plus en profondeur.	6'
7	Les étudiants se voient maintenant assigner une tâche plus exigeante : ici interpréter (à l'aide de la théorie) les changements dans le temps, dans la localisation des villes, présentés sur quatre cartes simplifiées. On constate ici un brouhaha (*a buzz*) d'activité, au moment où d'habitude se produit un creux (*a trough*) dans l'attention.	6'
8	Le professeur répond en partie à la question et amène les étudiants à faire face à un problème plus complexe.	1'
9	Les étudiants y travaillent dans leur petit groupe.	2'
10	Le professeur complète l'analyse des cartes et progresse par un bref exposé en appliquant les concepts à d'autres situations variées.	3'
11	La classe est confrontée à une question ouverte qui suppose d'appliquer la théorie à un concept complètement nouveau. Le temps accordé n'est pas suffisant pour résoudre le problème. On joue ici sur l'effet ZEIGARNIK (la personne a envie de "finir" une tâche commencée).	1'
12	Le professeur passe en revue le contenu du feuillet qui n'a pas encore été discuté.	6'
13	Les étudiants sont priés de résumer brièvement le cours par écrit.	2'
	TOTAL	57'

4. Problèmes inhérents à la méthode

Comme toujours, une méthode pose autant de problèmes qu'elle en résout. Examinons-les un à un.

a) *Comment couvre-t-on ainsi l'ensemble de la matière ?*

Dans la méthode des exposés structurés, peu de temps est consacré à la transmission (*conveying of*) d'information. JENKINS considère que le précieux temps de classe, et en particulier le temps que lui-même y consacre, ne doit pas être gaspillé à des objectifs de si bas niveaux, mais plutôt à des tâches d'analyse, de synthèse, etc. Bien sûr, il souhaite que les étudiants assimilent des contenus, mais ceux-ci sont le plus souvent véhiculés (*conveyed*) à travers les feuilles (*handouts*) accompagnant les exposés. JENKINS a également recours au livre le plus accessible (et le moins coûteux) et à des copies multiples d'articles importants (*key articles*) comme moyen de « couvrir » la matière.

b) *Quelle est la réaction des étudiants ?*

Au départ, ils s'attendent à « être enseignés ». C'est pourquoi la première rencontre, feuillet de deux pages à l'appui, est consacrée à expliquer la méthode, ses objectifs, ses règles de fonctionnement, la constitution des groupes de trois, la façon d'utiliser le livre en dehors et dans la classe. Les avis des étudiants recueillis par enquête écrite sont très largement positifs. Ils apprécient spécialement les interactions entre pairs et la disponibilité de l'enseignant que l'on pouvait appeler à tout moment. Certains étudiants signalent aussi leurs difficultés :

– « Si vous n'avez aucune idée de la réponse, même à trois, ces deux minutes sont assommantes. »

– « Une fois sur deux, je ne comprenais pas où il voulait en venir et je passais mon temps à éviter qu'il interpelle le groupe lors de son tour de salle. »

JENKINS reconnaît que si des questions fermées (auxquelles il y a des réponses clairement correctes ou clairement fausses) sont de peu d'utilité pour atteindre ses objectifs, à l'inverse, les questions ouvertes peuvent conduire à la confusion.

c) *Comment concevoir de tels exposés ?*

1. Créez des tâches et des questions suffisamment restreintes pour être conceptualisées et abordées facilement (*easily tackled*).

2. Recourez à des exemples concrets, des situations spécifiques dans des contextes familiers aux étudiants plutôt qu'à des problèmes abstraits, généraux et insolites.

3. Si le problème est vaste ou difficile, spécifiez les étapes à parcourir pour l'aborder.

4. Ne mettez pas trop vite les étudiants en groupes si la tâche requiert un travail pas à pas, qui ne recevrait pas, ainsi, suffisamment d'attention. Laissez-les d'abord y travailler seuls. Ils pourront ensuite comparer leurs réponses.

5. Ne laissez cependant pas les étudiants trop longtemps seuls quand ils travaillent à des tâches «ouvertes». Faites-leur comparer leurs réponses assez rapidement.

6. Variez le type de tâches : ne tombez pas dans le piège de poser des questions d'un style très répétitif.

7. Soyez clairs sur vos exigences (*demands*) quant aux résultats (*the outcome*) qu'ils doivent produire. Par exemple, « Listez cinq raisons pour lesquelles les coûts de transport ne sont pas une simple fonction de la distance », plutôt que « Discutez la relation entre le coût du transport et la distance ».

8. Au moment d'expliquer la tâche oralement, soyez attentif à ne pas modifier, ne pas contredire la version écrite, ce qui amènerait de la confusion chez les étudiants.

9. N'interrompez pas les groupes au moment où ils travaillent. Dites tout au début. Pendant le travail, taisez-vous.

10. Certains étudiants risquent de peu s'investir, car «JENKINS donnera de toute façon la réponse dans deux minutes». Dans certains cas (rares), laissez donc en suspens les réponses. Cela rappellera que c'est aux étudiants que revient la responsabilité de se former.

11. Donnez-leur des feuillets de notes, mais avec des trous qu'ils seront amenés à compléter, ce qui à la fois maintient leur attention et personnalise les notes distribuées «en format réduit» (*skeletal*).

12. A la fin du cours, prévoyez une activité ou une question qui les force à rassembler (*pull together*) ce qu'ils ont appris ou plutôt ce qu'ils ont compris (ce qui exclut d'énumérer des faits sans lien entre eux).

d) *Quelles dispositions complémentaires ?*

Parallèlement au cours, les étudiants par groupes de 10 à 15 ont un séminaire chaque semaine avec un encadrant pour développer des habiletés telles que d'utiliser la bibliothèque, écrire, parler et travailler en groupes.

La dernière exigence, et non la moindre, en rapport avec ce cours est un exercice qui demande aux étudiants d'intégrer certains thèmes centraux des exposés avec le contenu du livre. Il leur est rappelé que l'accent (*the emphasis*) sera mis sur leur capacité à analyser, discuter et structurer cette information.

e) Et l'examen?

La forme de l'examen est annoncée comme suit aux étudiants : un ensemble de sujets de dissertation leur est donné quelques jours avant l'examen, lors duquel ils ne pourront utiliser ni livre, ni notes. Ainsi, avec des questions annoncées (*seen exam*), ils constatent que connaître des faits est nécessaire mais sans intérêt si on ne sait pas les articuler dans un raisonnement que l'on comprend.

f) Faut-il encourager les étudiants à poser des questions?

Bien sûr cela pourrait améliorer l'apprentissage. Cependant, avec cette taille de classe, transporter le micro prend du temps et le cours risque de devenir chaotique, déstructuré. JENKINS s'est donc donné deux règles de fonctionnement (*ground rules*) :

« 1. Je n'accepterai pas de question quand je parle à la classe entière.

2. Je prévoirai un moment pour les réponses aux questions recueillies soit oralement, soit par écrit (quand le professeur déambule entre les tables). Je répondrai ensuite aux plus intéressantes.»

C. LA MÉTHODE DU LIVRE DE TRAVAIL (*THE WORKBOOK METHOD*)

1. Le problème

Pour Nick JOHNSON (1992, 78-87), responsable du cours «Introduction au Droit» (*Introduction to Law*) à Oxford Brookes University, tout est parti de l'accroissement du nombre de ses étudiants (75 en 1980 et 375 en 1990) ainsi que de leur diversité, ce cours étant suivi par beaucoup d'étudiants venus de candidatures les plus diverses, de la biologie à l'économie (six fois plus que ceux qui se destinent au droit).

De manière humoristique, il fait remarquer que «tout dépassement de la capacité d'absorption par l'institution» est criant dans des disciplines comme la physique où les «places de laboratoires» sont limitées et où les «rotations» ne peuvent être multipliées à l'infini. Par contre, dit-il, les problèmes qui surgissent à la bibliothèque ne touchent pas le professeur de droit qui n'y vit pas et peut adopter une vue darwinienne de la compétition pour les livres (souvent disponibles en UN exemplaire). En réalité, les exigences de lecture baissent et les étudiants se rendent rapidement compte que les longues listes de lectures recommandées sont plus des symboles de prestige académique que de réelles contraintes.

2. Pas de livre de référence

Pour les responsables de ce cours, les raisons de ne pas choisir de livre de référence étaient au nombre de trois :

a) Leur cours leur paraissait trop particulier, unique (*idiosyncrasic*) pour que s'y ajuste n'importe quel texte standard, et ils n'avaient pas non plus l'intention de changer leur cours pour qu'il s'adapte à un texte existant.

b) Ils voulaient que les étudiants lisent des documents d'origines variées.

c) Ils voulaient utiliser des sources authentiques.

3. Un produit nouveau

Six membres de l'équipe se sont attaqués à la rédaction de dix modules (*packages*) qui remplacent les exposés en tant que noyau central du cours. Les exposés sont maintenus, mais de façon réduite, constituant la cerise sur le gâteau (*the icing on the cake*). Basé sur des «Rapports légaux» originaux, chaque bloc comporte des exercices, des questions auto-administrées, des lectures additionnelles. On s'est inspiré là, consciemment ou inconsciemment, des matériels pédagogiques développés par l'*Open University*, l'examen de l'année antérieure étant aussi inclus dans le bloc.

Beaucoup de soin a été accordé à l'élaboration de ces documents, notamment parce qu'ils allaient être vendus aux étudiants. La coordination des documents venant de divers endroits a été un cauchemar. Sur base de cette expérience, l'Unité des Méthodes Éducatives de l'Oxford Brookes University a mis sur pied un service intégré pour la production de matériel. *A posteriori*, JOHNSON regrette de ne pas avoir laissées blanches les pages de droite pour permettre aux étudiants d'y écrire leurs notes notamment lors des exposés. La relecture de telles notes par les étudiants avant l'examen leur facilite grandement le travail.

4. Des réactions spontanées des étudiants et une évaluation externe

Généralement, les étudiants apprécient d'être des cobayes et un enthousiasme manifeste fut probablement dû à un effet HAWTHORNE[13] qui aviva la polarisation en « pour » (*pros*) et les « anti » (*cons*). Les (rares) exposés étaient considérés comme sources d'information sur le poids que l'enseignant donnait à chaque matière, sur les questions probables d'examen, comme une source de motivation pour la matière, motivation encore liée à la personnalité de l'enseignant. Ces exposés furent plus nombreux que prévu, étant donné le besoin des étudiants de percevoir la tournure d'esprit (*mind set*) du professeur.

JOHNSON l'exprime de manière humoristique : *« En tant que personne qui a souffert de façon vicariante (par mon épouse) d'un cours par l'Open University, je me rappelle de ses angoisses au début de ces cours. Son premier cri de frustration fut 'Où l'auteur veut-il en venir?' Ce n'est pas qu'elle ne comprenait pas le texte, mais elle ne parvenait pas à trouver le précieux fil conducteur épistémologique sous-tendant toute la pensée de l'auteur. Et quand les étudiants ne perçoivent pas ce fil (comment le professeur pense), ils ne voient pas comment ils seront évalués. »* En outre, les exposés permettent de mettre l'accent sur certains points, d'en dramatiser d'autres, bref d'offrir une « autre entrée » dans le même contenu.

Le cours a été étroitement accompagné (*monitored*) par l'Unité des Méthodes Éducatives. Tous les étudiants remplissaient des questionnaires d'avis chaque semaine et un échantillon représentatif a été interviewé à ce même rythme. La synthèse de cette évaluation-dialogue systématisée rapporte les éléments suivants :

1. Il y a eu polarisation des attitudes pour et contre. Les étudiants se destinant au droit, et plus « mûrs » (*mature*) étaient plus favorables que les autres, qui préféraient une approche plus traditionnelle (les exposés).

2. Aucun étudiant n'a étudié pendant un nombre d'heures atteignant celui que les planificateurs du cours attendaient.

3. La plupart des étudiants ont considéré que le cours les prenait de face d'emblée (*front-end loaded*) en plaçant une plus grande exigence dès le début de l'année, par comparaison avec la plupart des autres cours, où l'on avait peu de travail au début, celui-ci étant reporté à proximité de l'examen.

4. Il y a eu habituation progressive (*gradual warming*) des étudiants au cours, à mesure qu'ils comprenaient mieux la méthode.

5. L'efficacité des exposés et leur prix pour le professeur

Sur ce point, Nick JOHNSON est lyrique (1992, 86) : *«Je suis frappé et toujours surpris par la persistance de la puissance (potency) de l'exposé. Au moment où je clippe mon microphone sur mon veston, je me détourne des rétroprojecteurs dimensionnés pour images à taille de CinémaScope pour faire face aux masses d'étudiants alignés en gradins comme vers la face nord de l'Eiger, et je me demande si cela en vaut réellement la peine. L'avalanche de toux qui me frappe quand démarre l'épidémie annuelle de grippe, les cinq minutes qui amputent le début comme la fin de l'exposé pour que tout le monde puisse entrer, tout cela rend la communication éphémère (transcient) et périlleuse (harzardous) [...]. Pour que mon public reçoive tous les indices non verbaux et les points forts sur lesquels je veux insister, ma performance doit avoir des relents d'Indiana Jones à la recherche du Diamant Vert.*

Mais si l'exposé est peu efficace, il est rentable [...]. Au départ, notre intention n'était pas de réduire les coûts. Les séminaires ont été maintenus pour des groupes de 15 participants, mais leur nombre a évidemment augmenté [...]. La réduction en coûts d'encadrement pour un groupe de 300 étudiants fut minime : 21 heures par semaine (20 heures de séminaire et une d'exposé) au lieu de 22. Le principal bénéfice en efficacité a été une meilleure gestion du cours : le recours à des personnes à temps partiel a été possible suite à la fixation des séminaires à heures fixes. Par ailleurs, ce mode d'apprentissage à mi-distance ayant donné une expérience et des ressources utiles il a été possible de réaliser un enseignement totalement à distance, avec les pensionnaires d'une prison de haute sécurité qui avaient accès à un tutorat par téléphone...»

6. Le sort actuel de la méthode

«Ces réformes furent modestes et connurent un succès modeste. Nous avons revu et affiné les manuels durant plusieurs années. Les nouveaux enseignants y ont été familiarisés. Mais, de même que l'antithèse suit la thèse, il y a eu une réaction aux manuels : les 'innovateurs' ont décidé de retourner à un cours basé sur les exposés. Ayant perdu la bataille, j'ai battu en retraite sur des positions paternalistes. Je suis sincèrement

et sérieusement à leur disposition, et je cache du mieux que je peux mon intime conviction que la jeunesse doit pouvoir faire ses folies... »

Cette conclusion de JOHNSON apparaît comme particulièrement pessimiste. Les méthodes pédagogiques seraient-elles condamnées à se modifier perpétuellement? L'évolution du monde cognitif y contribue par l'explosion du savoir et par la transformation de modes de communication de ce savoir. Une autre raison plus interne n'y est probablement pas étrangère : l'enseignant est un professionnel particulièrement épris de liberté, de sa liberté notamment. Or, en pédagogie comme ailleurs, le moment où l'on ressent cette liberté de la façon la plus intense est le moment où l'on institue, où l'on crée : ici, des termes, des séquences de leçons, des méthodes pédagogiques, des systèmes.

D. LES LECTURES GUIDÉES[14] EN MODE KELLER

1. Le point de départ

Le cours de première année intitulé Fondements de physiologie humaine à l'Oxford Brookes University est suivi par 120 étudiants à chaque semestre (*term*). Jusqu'alors, les avis des étudiants le décrivaient comme peu passionnant, avec des commentaires ouverts du type *«J'ai déjà fait cela avant, dans le secondaire»*, *«Je suppose que c'est nécessaire pour ce qui suit, mais en soi c'est ennuyeux»*.

Les professeurs eux-mêmes, Ken HOWELLS & Sue PIGGOTT (1992, 88-98), étaient jugés amicaux (*friendly*) approchables, compétents et informés (*knowledgeable*). C'est donc le contenu en soi qui semblait poser problème, d'autant plus qu'un récent rapport de l'Inspection de Sa Majesté (qui évalue et qui conseille les établissements d'enseignement supérieur non universitaire en Angleterre et au Pays de Galles) avait énuméré les critiques suivantes sur les Polytechniques en Angleterre :

– Dépendance excessive (*overdependance*) vis-à-vis des exposés *ex cathedra* (*formal lectures*).

– Alimentation à la cuillère (*spoon feeding*) qui encourage la passivité.

– Travail manquant d'objectifs clairs.

– Insuffisance de *feedbacks* significatifs aux étudiants.

– Enseignement encourageant les simples (*mere*) rappel et reproduction.

Les étudiants étaient assez divers (*heterogeneous*) quant à leur origine : 70 % venaient directement du secondaire, mais d'autres avaient suivi des cours spéciaux dans des «*College for further education*»; d'autres venaient d'Outremer (*overseas*), et d'autres encore étaient des adultes «rentrants»[15] (*Mature Students returning to full or part-time study*).

2. Les objectifs

Cinq buts ont guidé le recours à l'approche KELLER :
- Obtenir une participation active des étudiants pour développer des habiletés d'étude fondamentales (*core study skills*), afin de générer la motivation et d'améliorer la rétention.
- Fournir une structure de cours très forte pour les étudiants non familiers avec l'enseignement supérieur.
- Générer la cohésion du groupe et fournir des vues d'ensemble (*overviews*) par des sessions avec la classe entière (*whole class sessions*).
- Augmenter les contacts entre les étudiants et le conférencier.
- Assurer une intégration facile des nouvelles modalités dans l'horaire des deux enseignants.
- Obtenir une certaine rentabilité dans l'utilisation des ressources et des documents de la bibliothèque.

3. Le plan KELLER

On sait que le plan KELLER est basé sur :
- l'apprentissage indépendant à partir de supports permanents (écrits, vidéos, logiciels) ;
- des testings fréquents pour vérifier le degré de maîtrise ;
- des sessions de mise au point ou de chirurgie (*surgery sessions*) où les étudiants posent des questions et le professeur des problèmes mettant en jeu les acquis ;
- l'intervention des *proctors* (étudiants ayant préalablement réussi le cours) ;
- l'exigence de maîtrise d'un module avant de passer au suivant ;
- le respect du rythme de chacun (*self pacing*).

Il y a autant de variations autour de l'idée générale du Plan KELLER (aussi appelé PSI : *Personalized System of Instruction*) qu'il y a d'enseignants qui y recourent. Les deux auteurs ont eu la chance de pouvoir bénéficier d'un collègue d'une autre université ayant une expérience du PSI, ce qui leur a donné confiance (*Self-confidence*) dans leur capacité à adapter la doctrine originale à leurs besoins.

Le grand nombre d'étudiants et la fréquence des testings nécessitèrent le recours à des QCM de trois types : vrai/faux, classique et assertion/raison[16]. Pour chaque unité, le fascicule de cours contenait une brève introduction au système KELLER, les objectifs, un guide de travail (*study guide*) et un test d'entraînement (*practice test*).

4. Les moyens

Il existe beaucoup de bons textes en physiologie humaine. Ayant obtenu des prêts pour examen (*free copies*) de divers manuels, les auteurs ont rédigé un bref résumé (*a short outline*) de ce que devait contenir le cours. Ils ont distribué les manuels et leur résumé à des étudiants de deuxième année d'une part, à leurs collègues d'autre part. Le choix du meilleur manuel (étant donné les objectifs) a été convergent, privilégiant la clarté de la présentation de la matière (*clarity of exposition*) plutôt que son approfondissement (*depth of coverage*).

La maison d'édition a fourni quelques copies supplémentaires, ainsi que toute la panoplie des Guides du maître, banque de questions, CD-Roms, etc., sans lesquels de nos jours aucun manuel américain ne paraît complet.

5. La répartition du temps

Quatre unités de deux semaines ont été définies. Or le cours disposait de trois heures par semaine, soit six heures par unité. La répartition a été la suivante :
– une heure de vue d'ensemble (exposé) ;
– quatre heures de « chirurgie » ;
– une heure de testing.

Dans le plan KELLER original, les sessions de mise au point, de « chirurgie », viennent APRES le testing, uniquement pour ceux qui ont raté le test. Elles sont menées avec des *proctors* (étudiants plus avancés). Cela posait ici des difficultés contractuelles importantes et les étudiants comme les encadrants étaient contre cette formule. Dès lors, les « chirurgies » ont été programmées pour tous à des moments fixes et avec des licenciés et non des *proctors*.

La demande des étudiants vis-à-vis des « opérations chirurgicales » est très difficile à anticiper, si bien qu'on mit en place des groupes d'entraide (*self-help groups*) chargés de tenter de résoudre entre eux les problèmes (*sort out any problem*) avant de demander de l'aide au tuteur.

6. Le bilan

Les exposés « vue d'ensemble » furent assez populaires : 80 % de présence pour les 2 premières unités, alors qu'un cours traditionnel de première années est suivi par 60 à 70 % des étudiants. Aucun des exposés ne dura plus d'une demi-heure, laissant ainsi un temps considérable pour la discussion.

La présence aux séances « de chirurgie » fut faible dès le départ (6 à 8 étudiants sur 120... et les plus faibles).

Les tests d'entraînement eurent un grand succès (*proved universally popular*). Les tests de chaque unité ont été considérés comme justes. Le système KELLER original fixait un seuil de réussite assez haut de 75 %, mais l'équipe responsable du cours décida de fixer ce niveau différemment pour chaque unité. Le taux de réussite des deux premiers tests étaient 80 % et 90 %, avec, lors du retest, une réussite massive des étudiants qui avaient échoué précédemment.

7. L'évaluation par les étudiants

Après le recueil systématique des avis de tous, un petit groupe d'étudiants a été choisi au hasard. Il leur a été demandé de se souvenir de la façon dont ils ont réparti leur temps passé à étudier chaque module. Il apparaît qu'ils ont travaillé plus régulièrement sur ces modules que pour d'autres cours, consacrant une quantité fixe de temps chaque semaine (en gros, le même que celui libéré par l'absence d'exposé) et se fiant au test témoin de chaque unité pour vérifier s'ils atteignaient le niveau de maîtrise requis.

Un questionnaire d'avis de fin de semestre mit en évidence que ces étudiants
a) pensaient que le cours s'était bien déroulé (*ran well*) ;
b) le préféraient aux exposés ;
c) passaient légèrement plus de temps à ces modules qu'à d'autres cours ;
d) n'avaient pas perçu d'amélioration dans leurs techniques d'apprentissage.

8. Les résultats aux épreuves

On n'observa pas de corrélation entre les performances au test et les points obtenus aux autres composantes du cours : rapports de TP, dissertation et analyses de simulation sur ordinateur.

Les résultats de l'examen se soldèrent par une augmentation statistiquement significative du taux de réussite (*pass rate*) et de la moyenne des points (*average mark*) par rapport au même cours précédemment donné sous forme conventionnelle. Plus d'étudiants ont obtenu des notes (*grades*) brillantes telles que B+ et A[17] : on avait espéré que les procrastinateurs[18] soient détectés plus tôt et ramenés dans le groupe général, mais ce ne fut pas le cas. Ils disparaissaient soudain comme pour d'autres cours.

9. L'évaluation par les enseignants

Le *feedback* des encadrants fut favorable également. Le seul inconvénient déclaré était les échéances rapprochées pour corriger les tests afin de donner un *feedback* rapide aux étudiants. Le recours à la Lecture Optique de Marques (LOM) les a soulagés dans ce processus, ainsi que l'utilisation de feuilles de calcul[19] pour afficher ces données.

Actuellement, on envisage d'automatiser plus encore le questionnement (*testing*) par micro-ordinateurs. Une banque de deux cents questions est disponible pour chaque unité et trente d'entre elles sont choisies au hasard pour chaque étudiant s'inscrivant (*registering*) à un test. Jusqu'à présent, HOWELLS & PIGGOTT n'ont pu concevoir une façon de procéder qui exclue la fraude (*a cheat proof way*). L'avantage signalé comme le plus important par les enseignants est que leur temps était utilisé d'une façon plus efficace (*in a more profitable way*), mobilisant toute la gamme de leur expertise pour expliquer les concepts dans les vues d'ensemble et pour la résolution de problèmes lors des «chirurgies». Cette méthode est moins fatigante pour l'enseignant et le *feedback* est plus rapide, si bien que des remédiations peuvent être apportées plus rapidement.

Le temps gagné peut être utilisé simplement pour connaître mieux les étudiants, ne serait-ce que par des discussions informelles (*chatting*) à la fin des «survols», une tactique très appréciée des étudiants.

L'intérêt principal du plan KELLER, c'est qu'il ne gaspille pas l'actif le plus précieux de l'institution : ses enseignants.

E. UN BILAN DES INNOVATIONS A L'*OXFORD BROOKES UNIVERSITY*

Des études quantitatives à large échelle ont été menées à l'*Oxford Brookes University*. Elles ont confirmé l'impression qualitative et subjective selon laquelle les grands groupes portaient préjudice à la qualité. L'analyse des performances des étudiants sur tous leurs cours durant une période de dix ans a montré qu'ils obtenaient des notes plus faibles lorsqu'ils étaient en grand groupe. La corrélation entre la taille des classes et la performance est négative et atteint −0,5 dans certaines matières (GIBBS *et al.*, 1996a). Le Questionnaire sur l'Expérience vécue au Cours (RAMSDEN, 1993) a été administré à des étudiants appariés[20] issus de grands groupes et de petits groupes, et ce dans une variété de domaines disciplinaires. Il a montré que les étudiants vivent les grands groupes comme moins satisfaisants et ce pour toutes les échelles du questionnaire, y compris la qualité de l'enseignement, l'adéquation de l'évaluation et le degré d'indépendance dans l'apprentissage. Dans les grands groupes, les étudiants adoptèrent plus une approche superficielle — tentant seulement de mémoriser — par opposition à une approche en profondeur — tentant de comprendre — qu'ils le firent dans de plus petits groupes (GIBBS et LUCAS, 1996). Depuis, ces mêmes résultats ont été observés dans deux autres universités (LUCAS *et al.*, 1997). Une seule matière, la géographie, semble avoir échappé aux effets négatifs des grands groupes. L'analyse de ses méthodes non conventionnelles d'enseignement, d'apprentissage et d'évaluation a révélé comment cela peut s'expliquer (GIBBS *et al.*, 1996b). Il semble clair qu'au moins en ce qui concerne le Royaume-Uni, à mesure que la taille des classes augmente, la qualité diminue inévitablement, à moins que les méthodes d'enseignement traditionnelles soient modifiées ou remplacées.

Les changements dans les méthodes d'enseignement, d'apprentissage et d'évaluation à *Oxford Brookes University* qui ont été décrits ici n'étaient qu'une partie d'un changement plus large déplaçant l'accent de l'enseignement vers le soutien à l'apprentissage. Ce changement a été facilité par la formation — obligatoire — des nouveaux enseignants, par la subsidiation de plus de cent projets innovants, par une évaluation systématique portant sur une large gamme d'aspects, par une recherche sur l'efficacité de ces nouvelles méthodes et par la dissémination des nouvelles pratiques d'enseignement efficaces via des séminaires fréquents, des feuillets d'information et des publications. Au milieu des années 90, ce qui était perçu comme innovation était désormais considéré comme conventionnel. Par exemple, pratiquement tous les cours de cette université — ils sont au nombre de 2000 — étaient soutenus par des «*packages*» imprimés pour soutenir l'apprentissage, du même type que ceux qui ont été élaborés par JOHNSON (voir ci-devant). L'impact que ceci a eu sur la qualité globale peut être jugé à partir de la procédure d'Evaluation de la Qualité de l'Enseignement[21] qui implique un audit externe et un jugement de l'enseignement dans toutes les matières. L'*Oxford Brookes University* a émergé comme un «*leader*» national parmi les nouvelles universités en termes de son rang sur l'échelle de la qualité de l'enseignement, et ce malgré ses grands groupes et ses problèmes de ressources. Le message est clair : il est possible de garder des aspects importants de la qualité quand on enseigne à de grands groupes, mais pas en gardant les méthodes conventionnelles.

F. DISCUSSION

Sur l'axe qui va du Contrôle à la promotion de l'Indépendance, les trois méthodes qui viennent d'être exposées (EXPS = Exposés Structurés; MLT = méthode du Livre de Travail; LGK = Lectures Guidées en mode KELLER) se situent plutôt du côté du Contrôle. Dans le chapitre qui suit, l'exemple d'amphithéâtre électronique par le LQRT (Lecture-Questions-Réponses-Test) sera lui aussi du côté du contrôle. Par contre, les méthodes exposées dans les deux chapitres ultérieurs (8 et 9) visent à développer l'indépendance : l'Apprentissage Par Problèmes (APP) et les Projets d'Animations Réciproques Multimédias (PARM).

Il serait tentant de chercher à classer ces six méthodes sur le continuum rappelé ci-dessus, mais un tel classement serait périlleux parce qu'il tenterait de réduire à une seule dimension ce qui est multidimensionnel.

Ainsi, si l'on considère *la vitesse de prise de connaissance de la matière*, le tempo est laissé libre lors du travail à domicile dans certaines méthodes (MLT, LGK, LQRT, APP), mais imposé en classe dans d'autres (ES, en partie PARM).

Quant au *contenu à étudier*, certaines (pas forcément les mêmes) ne laissent pas de liberté (MLT, LGK, ES, LQRT), d'autres oui (PARM, APP en partie).

Certaines méthodes sont *individuelles* (LGK, MLT), et d'autres supposent une forte *composante collective* (ES), et d'autres encore (LQRT en amphithéâtre électronique, APP, PARM) sont *mixtes* à ce sujet. Ainsi, on verra (au chapitre 9) que la méthode des Projets d'Animation Réciproques Multimédias (PARM) se déroule en deux temps, et le premier exerce beaucoup moins de « contrôle » que le second ; dans un premier temps, les étudiants travaillent par paires, puis, dans le second, par classes de 20 à 40 étudiants. De même, on verra au chapitre 8 que dans l'APP, la première phase se déroule avec 8 étudiants, la seconde est individuelle, et la troisième à nouveau à 8.

Toutes ces particularités rendent un classement sur une seule droite quasiment impossible.

	Contrôle	Indépendance
Vitesse de prise de connaissance de la matière	EXPS, PARM	LGK, APP, LQRT

	Contrôle	Indépendance
Contenu à étudier	EXPS, MLT, LGK, LQRT...	... PARM, APP

etc.

A l'Oxford Brookes University et à l'Université de Liège, diverses méthodes — récentes et traditionnelles — coexistent, selon les cours. Tout au plus pourra-t-on dresser des statistiques sur l'évolution du rapport quantitatif entre les deux[22]. Dans ces sites, la pédagogie fait l'objet de réformes. Par contre, à l'université de Maastricht par exemple, on peut parler de révolution dans la mesure où une seule méthode est utilisée, à l'exclusion des autres. Cette dernière formule a l'avantage de la cohérence, de l'approfondissement et de la permanence. Les systèmes mixtes ont l'avantage de la souplesse. Il semble qu'il y ait un prix à payer pour tout avantage. En pédagogie universitaire comme ailleurs.

NOTES

[1] Entre parenthèses apparaîtront les termes originaux en *anglais* lorsqu'il a paru à l'éditeur scientifique de l'ouvrage qu'il s'agit d'un terme technique intéressant à faire connaître aux lecteurs francophones.

[2] Précédemment « Oxford Polytechnic ».

[3] Un « essay » est une production personnelle sur un sujet en réponse à une question (sorte de « dissertation »).

[4] Par « formatif » on entend « qui a pour but d'améliorer l'apprentissage », mais cela veut aussi dire, ici, « dont les points n'entrent pas en compte pour la note finale ». Formatif s'oppose donc à « certificatif » ou à « sanctionnant ».

[5] Dû à la taille du groupe.

[6] Dans le travail en pyramide, les étudiants travaillent d'abord seuls, puis à 2, à 4, à 8, puis avec toute la classe.
[7] Le Personalized System of Instruction de Fred KELLER fera l'objet d'un autre document.
[8] Autrement dit, sur une Satisfaction (C), une Distinction (B) ou une Grande Distinction (A).
[9] Nous avons traduit *lecture* par *exposé*.
[10] Dans la revue *Chemistry in Britain* d'octobre 1995, sous le titre «The art of critical relaxation», un auteur humoriste commente, comme s'il s'agissait d'une étude scientifiquement menée, le graphique de «la réduction progressive de la distance de la tête au sol» (*HTFDR = Head To Floor Distance Reduction*), au cours d'une conférence, distinguant les états successifs sur un continuum : modérément alerte, léthargique, somnolent, assoupi, comateux. La réduction de la luminosité dans la salle pour projeter des diapositives contribue puissamment au phénomène. La remontée spectaculaire de la courbe à la 58e minute correspond à la phrase-signal de l'orateur : «Et ici, vous pouvez voir, sur ma dernière diapositive...».
[11] Expressions utilisés par des étudiants.
[12] Car JENKINS a décidé de garder une part importante de son temps pour encadrer les étudiants de licences, les thèses et les mémoires, les travaux de ses chercheurs et ses propres travaux scientifiques.
[13] Rappelons que cet effet, du nom d'une banlieue de Chicago, consiste à ce que les personnes conscientes de faire partie d'une expérience accroissent automatiquement leur rendement, même si la variable expérimentale n'est pas mise en œuvre (mais qu'ils ont reçu un «placebo»). Dans le cas de l'usine à Hawthorne, la variable manipulée était le nombre de lux émis par les tubes électriques.
[14] En anglais «*Guided Readings*».
[15] NDLR : Expression (malheureuse?) adoptée par l'Union Européenne, notamment pour désigner les «Femmes rentrantes».
[16] Exemple : Le ciel est bleu parce qu'il a été inventé par un Français.
  1. L'assertion et la raison sont vraies.
  2. L'assertion est vraie, mais la raison est fausse.
  3. L'assertion et la raison sont fausses.
  Ici, la réponse correcte est 2.
[17] La note A correspond à la Grande Distinction (16/20) en Communauté française de Belgique; la note B+ à 14 et 15, B à 13, C à 12, D à 11. En deçà, c'est l'échec.
[18] Procrastiner : remettre (de manière maladive) à plus tard.
[19] Lotus ou Excel, par exemple.
[20] Dans chacun des deux groupes comparés, tout étudiant a son «correspondant» (mêmes caractéristiques) dans l'autre groupe.
[21] *Teaching Quality Assessment*.
[22] Comme par exemple : «Il y a dix ans, on comptait 2% de cours rendant les grands groupes actifs; aujourd'hui, on en compte 3%. A ce rythme, dans 1000 ans, la pédagogie aura été complètement transformée.»

Chapitre 7
L'amphithéâtre électronique
Une application : le LQRT[1]-SAFE[2]

Dieudonné LECLERCQ, Brigitte DENIS, Véronique JANS, Marianne POUMAY et Jean-Luc GILLES

INTRODUCTION

A. L'AMPHITHÉÂTRE ÉLECTRONIQUE

B. LA MÉTHODE LECTURE-QUESTIONS-REPONSES-TEST (LQRT)

C. PRINCIPES SOUS-JACENTS À LA MÉTHODE

INTRODUCTION

Que serait le dialogue entre un enseignant et plusieurs centaines d'enseignés si chacun de ces derniers disposait d'un boîtier de réponses électronique pour faire connaître précisément son opinion à tout moment? Et si ce même dispositif permettait au premier de se rendre compte du taux de compréhension, ou d'adhésion de TOUS les membres de l'auditoire? En quoi les réponses des enseignés différeraient-elles si elles étaient anonymes plutôt que personnalisées? En quoi un débat modifierait-il, même subtilement, les positions immédiates des participants face à un problème? Autant de questions auxquelles on commence à s'attaquer grâce aux **amphithéâtres électroniques**. Encore très rares, ces dispositifs peuvent déjà être simulés en mi-grandeur, c'est-à-dire avec une trentaine de participants disposant chacun d'un ordinateur connecté au réseau du professeur. Ils peuvent être aussi approchés par l'utilisation de réponses apposées sur des feuilles qui sont ensuite lues par un Lecteur Optique de Marques (LOM).

Quoiqu'il en soit, ces ressources techniques doivent être mises au service d'objectifs pédagogiques et leur apporter les soutiens appropriés. La méthode LQRT-SAFE préexistait aux amphithéâtres électroniques, aux salles d'ordinateurs et aux feuilles de lecture optique. Cette méthode de formation et d'animation est destinée à poursuivre des objectifs très précis et, en même temps, à faire face au «défi des grands groupes».

La méthode LQRT est appelée un Système «Adulte» de Formation parce que c'est de cette manière que les adultes se forment tout au long de leur vie : ils prennent connaissance et étudient les nouveautés par le biais de l'écrit (parfois par vidéo ou par cassette sonore ou radio), et ne recourent à des personnes plus compétentes qu'eux-mêmes que pour les aspects qu'ils n'ont pas compris. C'est aussi une méthode d'évaluation dans la mesure où elle produit des informations détaillées, personnalisées, précises, à chaque apprenant (et à l'enseignant) en minimisant le temps de «prise d'information».

A. L'AMPHITHÉÂTRE ÉLECTRONIQUE

Permettre à chacun des nombreux étudiants assistant à un cours de fournir une réponse personnelle à TOUTES les questions posées par le professeur et permettre à ce professeur de prendre connaissance à chaque fois immédiatement de ces réponses et d'en garder automatiquement la trace est désormais possible. Tout d'abord, ce système peut être mis en œuvre dans de petites salles de cours, destinées à une trentaine d'étudiants. Ainsi, dans le CAFEIM[3] à l'Université de Liège, le logiciel FORUM permet à chaque étudiant, via son clavier d'ordinateur, d'envoyer sa réponse et son degré de certitude sur le poste professeur. FORUM fournit à l'enseignant d'une part, des informations dans le détail (qui a répondu quoi, avec quelle certitude, avec quel délai, etc.?), et d'autre part, une vue d'ensemble des réponses (quel pourcentage d'étudiants ont répondu B, avec quelle certitude moyenne, avec quel délai moyen?). Les deux écrans FORUM ci-dessous concernent les performances de six étudiants.

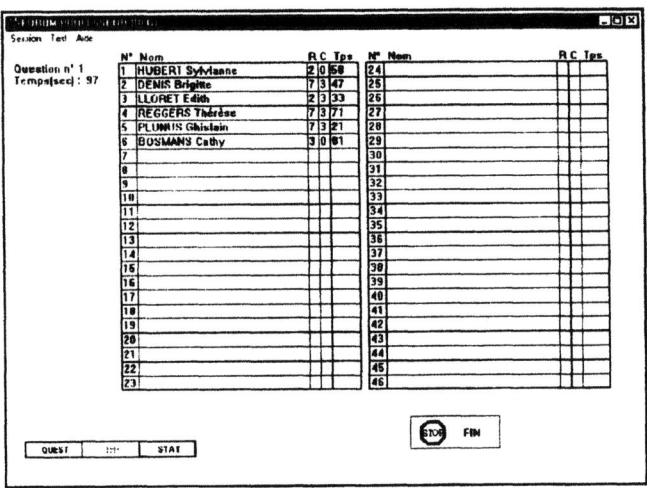

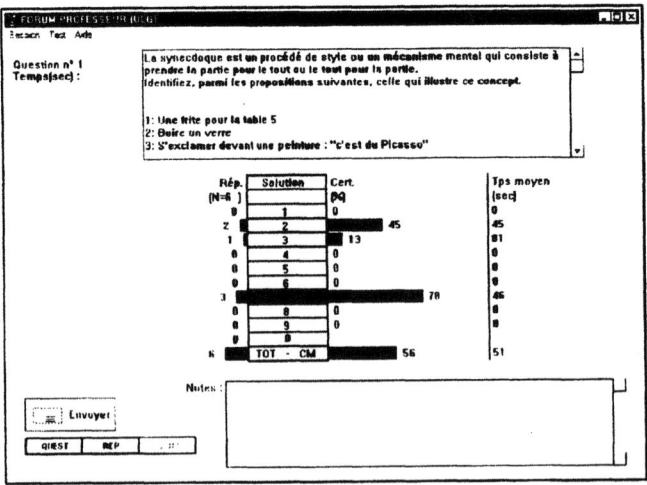

Dans de plus grandes salles, pouvant contenir plusieurs centaines de personnes, on peut doter chaque apprenant d'un « boîtier de vote » fonctionnant par transmission infrarouge des réponses vers un appareil « concentrateur ». On fonctionne ainsi dans un amphithéâtre électrique.

Les possibilités méthodologiques d'animation possibles à partir de ce type de dispositif sont infinies, et nous commençons seulement à les explorer (JANS et LECLERCQ, 1996; LECLERCQ et al., 1997).

B. LA MÉTHODE LECTURE-QUESTIONS-REPONSES-TEST (LQRT)

Un cours basé sur le LQRT-SAFE vise avant tout la participation active des apprenants avant et pendant les séances orales (Principe 1 ci-après).

Il se déroule de la façon suivante :

a) Les étudiants lisent à domicile une partie du livre de référence (Principe 2), et prennent note des problèmes de compréhension rencontrés (Principe 3).

b) En début de cours, l'enseignant répond aux questions des étudiants (Principe 3).

c) Ensuite, l'enseignant illustre certains points de matière précis, en faisant vivre aux étudiants des expériences complémentaires au livre, comme une production personnelle, le visionnement d'un document audio-visuel, etc. (Principe 4).

d) En fin de cours, l'enseignant propose aux étudiants une courte série de Questions à Choix Multiple (un quizz) avec justifications écrites (Principe 7) portant sur la matière du jour. Le système des Solutions Générales Implicites ou SGI (Principe 6) et celui des degrés de certitude (Principes 8 et 9) est d'application. Les quizzes successifs (Principe 10) ainsi que l'entraînement avec le jeu GUESS (Principe 11) sont autant d'évaluations formatives qui donnent l'occasion aux étudiants de se familiariser, grâce aux *feedbacks* (Principe 12), au système d'examen final pour ce cours.

Les bases du système LQRT-SAFE ont été jetées par D. LECLERCQ lors de la création, en 1971, d'une banque de questions à l'École Technique de la Force Aérienne Belge à Saffraanberg, banque qui compte aujourd'hui près de 30 000 questions. Le caractère vital des compétences des pilotes et des mécaniciens avait rendu nécessaires des concepts et instruments permettant une évaluation plus exigeante, plus rigoureuse, plus systématique et plus diagnostique.

Par la suite, le Système LQRT-SAFE a été appliqué à l'Université de Liège dans plusieurs cours, avec le développement d'infrastructures techniques permettant de le pratiquer en routine : Lecture Optique de Marques (LOM), logiciels de correction, Services Méthodologiques d'Aide à la Réalisation de Tests (SMART).

Il s'est étendu à d'autres cours de cette université d'abord, et ailleurs ensuite, tout spécialement en pédagogie médicale. Aujourd'hui, des vecteurs de cette méthode sont notamment les formateurs (médecins et paramédicaux), venus des quatre coins du monde, qui participent au cours de Psychologie de l'Apprentissage « Maîtrise en pédagogie de la Santé » organisé par l'Unité d'Enseignement et de Recherche de Bobigny, Université Léonard de Vinci, sous la coordination du Professeur Jean-François d'IVERNOIS. Ce dernier est ainsi l'amical complice de la diffusion de ces théories et des pratiques qui l'accompagnent.

Afin de faire découvrir au lecteur en quoi consiste le système LQRT-SAFE et sur quelles réflexions théoriques il prend appui, nous présentons ci-après 12 principes, explicités, outillés et illustrés. Ils peuvent être lus autant comme les fondements de l'élaboration théorique du système que comme des objectifs de son application pratique.

C. PRINCIPES SOUS-JACENTS À LA MÉTHODE

Principe 1 : Maximiser le Taux de Participation Active (TPA) à un cours présentiel

Nous proposons ci-après une série d'estimations grossières de Taux (T) ou pourcentages relatifs de la participation des étudiants à un cours universitaire en grand amphithéâtre, où **100 %** signifie : « 100 % des inscrits ». Insistons d'emblée sur le fait que ces valeurs sont proposées à titre de modèles, qu'elles ne sont basées sur aucune étude rigoureuse et qu'elles peuvent varier sensiblement d'un cours à l'autre.

80 % : le pourcentage d'étudiants qui sont occupés par le cours, par leur seule présence ou TO (ou Taux d'Occupation). Cette « présence physique » n'est pas forcément Participation, (c'est-à-dire « présence mentale »). Attention ! Ce ne sont pas toujours les mêmes qui sont absents à tous les cours; on peut avoir un empêchement occasionnel, et, comme on ne prend pas les présences... Certains, peu nombreux, ne viennent jamais. Interrogés sur la raison d'absences répétées, des étudiants invoquent la qualité du syllabus : *«Il est tellement bien fait qu'il n'est plus nécessaire d'être présent au cours.»* C'est ignorer la valeur ajoutée du cours oral qui sert à «fouetter» la matière pour que prenne la mayonnaise. Se passer de cela, c'est se condamner à boire l'huile à la bouteille! Certains en sont capables, d'autres en tombent malades.

70 % : le pourcentage de ceux qui sont attentifs aux explications données ou TOP (Ocupation et Participation, car «présence mentale»). Ici non plus, ce ne sont pas toujours les mêmes. Le professeur doit garder son attention pendant les 120 minutes, mais chaque étudiant, lui, peut «décrocher», une minute, un quart d'heure. La redondance du discours professoral vise à combler les interruptions brèves, les «ruptures de courant neuronal» dans le réseau conceptuel des participants.

40 % : le pourcentage de ceux qui tentent par eux-mêmes d'apporter une réponse aux questions posées par l'enseignant, et n'attendent pas qu'un autre donne la solution, ou TOPA (Active). Ce nombre n'est pas pessimiste car, sur 70 %, 40 % est une majorité parmi les présents attentifs.

10 % : le pourcentage de ceux qui sont arrivés au bout de leur raisonnement, ou TOPAC (Complet). En effet, pour ne pas perdre de temps, le professeur donne la parole à l'un de ceux qui ont levé leur doigt pour répondre. Ce faisant (car souvent ils répondent bien), ces étudiants «court-circuitent» le raisonnement des plus lents. Dira-t-on assez combien, dans de grands amphithéâtres, les plus rapides font (involontairement) du tort aux plus lents?

5 % : le pourcentage de ceux qui lèvent le doigt pour répondre aux questions, ou TOPACM (Manifeste). Interrogeant une étudiante sur les raisons de sa participation exceptionnellement élevée, un professeur a reçu la réponse suivante : *«C'est qu'aujourd'hui, les copains ne sont pas là; les autres fois, je n'ose pas prendre la parole devant eux!»*

3 % : le pourcentage de ceux à qui le professeur donne la parole ou TOPACME (Exprimée).

1 % : le pourcentage de ceux (3 étudiants sur 300) qui ont l'occasion d'intervenir plusieurs fois, ou TOPACMER (Répétée).

Il serait intéressant d'estimer les valeurs de TOPA, TOPAC, TOPACM, TOPACME, TOPACMER espérées pour divers paradigmes, voire diverses stratégies (voir chapitre 4). On pourrait de même tenter de confronter ces «espérances» ou hypothèses à des mesures objectives lors de réalisations concrètes des paradigmes ou des stratégies. Le LQRT-SAFE vise, précisément, à maximiser chacun de ces indices, comme on va le voir ci-après.

Principe 2 : Rendre les contenus accessibles sur supports permanents

Dans les cours traditionnels, il est fréquent que l'étudiant ne sache pas où on veut l'amener, n'ayant ni carte, ni but, ni boussole. Or, au départ d'un cours, l'étudiant devrait savoir trois choses fondamentales :
1. Quelle en sera la matière EXACTE (ce que l'on doit étudier, ce qui est optionnel et ce qui sort de la matière), bref quelle est la «**carte**» de la région à explorer;
2. Quels en sont les objectifs (étudier en vue d'être capable de quelle performance? appliquer? restituer?), quel est le **but** à atteindre;
3. Où se trouvent les documents de référence, quand ils seront disponibles, quelle est la fiabilité[4] des «notes» (manuscrites? avalisées par l'enseignant?), il n'a pas de **boussole**!

Dans ces conditions, l'étudiant ne peut que SUIVRE le cours, il ne peut pas le PRÉCÉDER! Quand on ignore la direction à suivre, il est impossible de prendre de l'avance. «*A qui n'a mis le cap sur aucun port, il n'est point de vent favorable*» disait SÉNÈQUE. C'est pourquoi, dans le LQRT-SAFE, les contenus des cours sont disponibles sur un support permanent d'information. Jusqu'à présent, c'est le livre qui a été choisi[5], mais il faut s'attendre dans les années qui viennent au recours de plus en plus fréquent à des supports tels que la vidéo, le CD-Rom et à des réseaux tels que l'Internet.

Ces deux premiers principes sont issus des célèbres «plans pédagogiques américains». Les premiers d'entre eux furent développés pour l'enseignement primaire : d'abord, dans les années 20, le Plan DALTON d'Helen PARKHURST, ensuite, dans les années 30, le Plan WINNETKA de Carleton WASHBURNE et, dans les années 80, l'Individually Prescribed Instruction (IPI) de Robert GLASER et ses collaborateurs du Learning Research and Development Centre (LRDC) à Pittsburgh.

Le premier «plan» (DALTON) instaura (1) la progression entièrement individualisée de l'apprenant, (2) son appartenance à des groupes de niveaux différents selon les matières (un même élève peut être de niveau 2 en anglais et 4 en mathématique) et (3) la spécialisation des divers enseignants par discipline, comme c'est le cas dans notre enseignement secondaire actuel. Le second « plan » (WINNETKA) mit en place (1) des exercices (tests) d'auto-contrôle utilisables avant de se présenter au test sanctionnant, et fournissant la base de prescriptions individuelles venant de l'enseignant (tests formatifs), (2) le droit (à acquérir!) pour certains élèves (les *self reliant students*), de fixer leur emploi du temps eux-mêmes. Le troisième plan (IPI) (1) informatisa la prescription de remédiation ou de progression, (2) fixa à 85 % l'exigence de réussite au test pour qu'un contenu soit considéré comme maîtrisé.

A l'université, le projet le plus connu est sans conteste le fameux Plan KELLER ou *Personalized System of Instruction* (PSI) qui fut lancé par l'article de Fred KELLER en 1968 : «*Good-bye Teacher*». Dans le chapitre 6, une application actuelle (à l'Oxford Brookes University) de ce type de plan est décrite. Ses principes furent (1) l'exigence de maîtrise préalable d'un contenu pour en poursuivre un autre ; (2) le recours à des étudiants plus avancés (*proctors*) pour encadrer, (3) des quizzes[6] sur lesquels les étudiants peuvent s'exercer sans limite.

Principe 3 : Forcer et valoriser l'autoformation préalable au cours oral

Si, dans des cours traditionnels les étudiants réagissent peu au cours oral (voir l'indice TOPACM faible), c'est notamment parce qu'une participation active implique une information préalable. Le professeur doit souvent se résigner à parler devant un auditoire qui ne connaît pas la matière. Et pour cause : c'est bien parce qu'il ne la connaît pas qu'il vient au cours oral !

Dans l'approche LQRT-SAFE, pour certains cours (pas forcément tous), les étudiants doivent avoir lu le chapitre concerné AVANT le cours oral, pour s'y préparer. Encore faut-il s'assurer qu'ils le font effectivement. C'est pourquoi, dans le SAFE, il est annoncé, dès le départ, que certains cours dont les dates sont fixées seront remplacés par une interrogation précédée d'un débat. Avec les grands groupes, cette épreuve est un QUIZ, notamment parce qu'on ne peut assurer des conditions anti-fraude, ce qui impliquerait, par exemple, d'éloigner les étudiants les uns des autres et d'utiliser quatre amphithéâtres au lieu d'un seul. Avec de plus petits groupes, de trente étudiants par exemple, le test qui suit peut être sanctionnant.

Le « cours » oral se transforme alors en une série de Questions-et-Réponses, de demandes d'explications, d'éclaircissements, de liens, de dépassements. L'expérience montre que l'on va plus loin et plus en profondeur. L'étudiant y fait bien plus qu'écouter les réponses du professeur aux questions : il participe[7] en posant ses questions. Tous les Taux, et tout spécialement le plus exigeant, celui de Participation Active Manifeste, Complète, Exprimée et Répétée (TOPACMER) sont évidemment plus élevés et frôlent les 100% des «Occupants» de l'amphithéâtre par le test de fin de cours, même purement formatif sous forme de *quiz*. Ce test vise à ce que ces taux soient les plus élevés possible en forçant le plus grand nombre d'étudiants à réfléchir aux questions posées. Une telle interactivité avec l'auditoire n'est possible que si le professeur est libéré de la hantise de voir toute la matière au cours oral. Dans LQRT-SAFE, c'est une affaire entre l'apprenant et son livre. La prise de connaissance ne dépend plus en priorité du cours oral!

Récemment, ce système a évolué : au lieu d'occuper les 15 dernières minutes du cours collectif, l'évaluation (le test ou le QUIZ) est disponible sur Internet pendant 5 jours et 5 nuits. Les étudiants peuvent donc s'y soumettre à leur meilleure convenance horaire et à leur rythme. Les réponses correctes et les scores ne sont pas donnés. Le sixième jour, le responsable de la banque de questions bloque les entrées Internet à son site et établit les statistiques de réponses, après quoi, il communique (automatiquement) par courrier électronique le dossier de chacun, en même temps que le dossier collectif de référence (résultats globaux de tout le groupe).

Ce Système d'Évaluation aussi est considéré comme étant «Adulte», puisqu'il invite l'apprenant à s'auto-évaluer au mieux de ses convenances, dans une relation anonyme avec le système de testing, et en pouvant se comparer aux critères absolus (évaluation critériée) comme aux moyennes du groupe (évaluation normative).

Principe 4 : Rendre le cours oral et le livre complémentaires

Le livre ne peut être concurrencé par le cours oral sur certains aspects : la rigueur de l'exposé (choix des termes, fourniture des synonymes, traductions de longs passages dans une autre langue, etc.), son exhaustivité, sa précision (graphiques, tableaux, cartes), etc.

A l'inverse, le cours est irremplaçable par d'autres aspects : le caractère émotionnel d'un exposé, la rencontre avec une personne en chair et en os ou via le grand écran d'un film, l'activité réelle, la prise personnelle de parole, bref une certaine «expérience» d'un autre niveau (*cf.* chapitre 5) que celui que permet le livre.

Cette complémentarité des deux modalités d'apprentissage/enseignement permet de lier l'abstrait au concret.

En effet, s'il existe un «décalage en compréhension» de la matière exposée entre les étudiants et le professeur, c'est parce qu'il y a enseignement sémantique d'un apprentissage événementiel. Depuis les travaux de psychologues cognitivistes comme NORMAN (1980) ou TULVING (1972), on considère qu'il existe deux grandes modalités d'archivage en mémoire à long terme :

(1) l'archivage ÉPISODIQUE par ÉPISODES VÉCUS où les divers éléments imagés, sonores, olfactifs, verbaux, etc., de cet événement sont «classés» ensemble et se «rappellent» l'un grâce à l'autre ;

(2) l'archivage SÉMANTIQUE, d'où sont éliminées les circonstances de l'apprentissage, un peu comme une sédimentation : les éléments, ou alluvions, prennent place les uns par rapport aux autres à l'endroit où la mémoire les entrepose[8], en «oubliant» d'où ils viennent, de quelle falaise ils ont été arrachés. C'est pourquoi nous parlerions volontiers d'une «mémoire sédimentique».

Le professeur a une longue expérience derrière lui, avec des tas d'exemples concrets, vécus (expériences, lectures personnelles, rencontres, colloques, débats, etc.). Il les a intégrés dans une vision plus abstraite. Il a donc une double représentation de certains concepts. C'est souvent la synthèse abstraite (sans épisode vécu) et verbale (sans image) qu'il délivre le plus aisément aux étudiants. Ceux-ci ne parviennent pas — et pour cause — à donner à cette matière la même richesse, la même densité de liens que ce qui existe dans l'esprit du professeur.

C'est pourquoi la méthode LQRT-SAFE exploite le cours oral — libéré de la charge de «transmission de la matière» — pour donner des expériences concrètes aux étudiants, expériences vécues sur lesquelles on s'appuiera PLUS TARD pour théoriser. Cette approche relève de la logique de l'apprenant par opposition à une logique de l'enseignant ou de la matière.

A nouveau, il sera impossible de faire vivre des expériences sur TOUS les points de la matière, mais c'est la même chose pour l'enseignant : lui non plus n'a pu rencontrer tous les auteurs, vivre toutes les expériences décrites par ceux-ci, séjourner dans tous les laboratoires. Fort de plusieurs expériences concrètes, l'étudiant aura, lors de son étude ultérieure dans les livres, des «piliers» concrets sur lesquels jeter les tabliers de ses propres ponts (théoriques).

Principe 5 : Entraîner et évaluer une large gamme des objectifs cognitifs

Traditionnellement, on n'évalue systématiquement qu'une partie des objectifs cognitifs, notamment parce que les enseignants ne disposent pas des instruments d'évaluation *ad hoc*.

Rappelons que BLOOM (1956) a beaucoup critiqué le système traditionnel d'évaluation qui fait la part belle à la mesure des connaissances **de mémoire**, mais qu'il ne s'est pas contenté de la critique. Au terme de l'analyse de milliers de questions posées par des enseignants, il a en effet proposé une TAXONOMIE (classification) des objectifs cognitifs (en fait des processus mentaux à promouvoir ET à évaluer), en six grands niveaux :

La **connaissance**	Capacité à évoquer de MEMOIRE (ou à reconnaître)[7] des faits, des règles, des lois, des événements, des noms, des terminologies, des valeurs quantitatives, des dates, etc.
La **compréhension**	Capacité d'INTERPRETER correctement les éléments présentés, ce qui implique une certaine connaissance.
L'**application**	Capacité à comprendre une situation (où toutes les données sont disponibles), à se remémorer un (des) principe(s) et/ou un (des) algorithme(s) et à TRANSPOSER les éléments (concrets) de cette situation aux composantes (abstraites) du principe.
L'**analyse**	Capacité de DETECTER les incohérences, de réorganiser les données dans un problème présenté d'une façon inhabituelle ou peu claire, de distinguer l'essentiel de l'accessoire, le nécessaire du suffisant, de déjouer les pièges.
La **synthèse**	Capacité de produire une FORMULATION personnelle, de rédiger (souvent de façon originale, si possible créative). Cela peut être une compression ou une expression[8].
L'**évaluation**	Capacité à JUGER en s'étant donné des critères personnels et d'assumer ses décisions et[9] à prendre des risques en situation d'incertitude.

Les enseignants sont assez bien outillés pour mesurer trois types de processus mentaux (la connaissance, l'application et la synthèse) et, comme par hasard, ce sont ces trois-là qui sont mesurés le plus systématiquement :

La connaissance (ex. : *Quelle est la valeur de g ? Quel est l'énoncé de la loi d'Archimède ?*)
Donner une part trop grande à la connaissance, c'est s'exposer à ce que les étudiants mémorisent des choses qu'ils n'ont pas la **compréhension**; or *on ne devrait jamais mémoriser ce qu'on n'a pas compris*. D'où l'accent mis dans le LQRT-SAFE sur la compréhension, par des évaluations à livres ouverts.

L'application (ex. : Voici un triangle. Mesurez (avec votre règle) et calculez son aire)
Le danger est ici que les étudiants se limitent aux cas classiques, exposés au cours (comme l'a montré HALLEUX, 1969) et soient désarçonnés lorsque le problème se présente *de façon inhabituelle, quand il requiert la détection de pièges, la vigilance cognitive.* D'où l'accent mis dans le LQRT-SAFE sur l'**analyse** par des Solutions Générales Implicites ou SGI (voir ci-après) dans les QCM. La **synthèse** est développée au chapitre 9 et l'**évaluation** dans le présent chapitre.

Principe 6 : Dévoiler le curriculum caché et exercer la vigilance cognitive

Dans leur expérience sur la séduction pédagogique, appelée *The Dr Fox experiment*, NAFTULIN *et al.* (1975) ont entraîné un acteur à faire un exposé devant deux publics, du personnel médical et paramédical d'une part, des psychologues et sociologues d'autre part. L'acteur avait pour consigne de donner cours de façon brillante, mais en truffant son exposé d'inepties, de comparaisons fallacieuses, de digressions sans fondement... jamais détectées ! Et lors du questionnaire écrit, la majorité des auditeurs se sont déclarés enchantés de la leçon, ayant le sentiment d'avoir appris beaucoup. Les auteurs nous mettent ainsi en garde contre le critère de « satisfaction du consommateur » comme seul et unique base de jugement de la qualité d'un enseignement.

Nous n'avons pas été entraînés à nous méfier, à vérifier, à éviter les pièges d'un curriculum manifeste, et encore moins ceux d'un **curriculum caché**, c'est-à-dire *ce que personne n'enseigne, mais que tout le monde apprend.* L'école, en effet, et ce de la maternelle à l'université, « véhicule » des messages implicites tels que

Message implicite	Or...
Quand on vous pose une question, il faut répondre	... il existe des situations où il faut refuser de répondre, soit parce que la question est indiscrète, soit parce qu'on n'est pas compétent, soit qu'une autre personne présente répondrait plus efficacement, soit parce qu'on a besoin de temps pour réfléchir, etc.
Quand une question est posée, il existe une réponse (et UNE SEULE)	... pour certaines questions, il n'existe pas de réponse, pour d'autres, il en existe plusieurs.
Une question posée par l'autorité est forcément bien posée	... il arrive que (volontairement ou non) on ne fournisse pas à celui qui doit répondre assez d'information pour le faire valablement.

D'où l'entraînement et l'évaluation systématiques de la **vigilance cognitive**, c'est-à-dire la tendance à analyser une situation (ou une question) pour y détecter les aspects implicites. Les **Solutions Générales Implicites** y contribuent. La consigne de leur utilisation recommandée par LECLERCQ (1994) est la suivante :

Les questions sont à choix multiple. Chaque question comporte *une* (et une seule) solution correcte. Cependant, certaines solutions (appelées solutions générales) font appel à votre vigilance; elles vous sont proposées sous les numéros de code suivant : 6-7-8 ou 9 et ne seront *pas dactylographiées* dans les QCM, bien qu'elles soient *d'application pour toutes*!!!

6 ou REJET = AUCUNE des solutions proposées n'est correcte.

7 ou TOUTES = TOUTES les solutions proposées sont (simultanément) correctes.

8 ou MANQUE = Il est impossible de répondre parce que de l'information (au moins une donnée) MANQUE *dans l'énoncé* de la question (donc pas dans le cours ni dans les connaissances actuelles sur le problème). La réponse correcte est donc « Ça dépend... ».

9 ou ABSURDITÉ *dans l'énoncé* = Toute la question est sans objet parce qu'il y a par exemple une CONTRE-VERITÉ (dans l'énoncé : il ne s'agit donc pas ici de dénoncer une absurdité dans les solutions !).

Attention ! La réponse 9 a priorité sur 6, 7 et 8 et, évidemment sur les réponses 1, 2, 3, 4 ou 5 dactylographiées.

Exemples :		Il faut répondre
La capitale de la France est	1. Lille 2. Lyon 3. Paris	3
La capitale de l'Italie est	1. Berlin 2. Prague 3. Tokyo	6
La Grande-Bretagne comprend	1. L'Angleterre 2. L'Ecosse 3. Le Pays de Galle	7
Quel âge avait Rimbaud ?	1. 2 ans 2. 10 ans 3. 20 ans	8
En quelle année Jules César a-t-il rencontré Napoléon ?	1. 1850 2. 1915 3. 1945	9

Principe 7 : Reporter ailleurs la synthèse longue, mais pas l'expression courte

La **synthèse** est souvent entraînée et évaluée via des questions du type « Que pensez-vous de l'œuvre de...? ». Que la réponse soit orale ou écrite, il s'agit toujours de Question à Réponse Ouverte Longue (QROL) dont la docimologie (PIERON, 1963; BECKERS *et al.*, 1977; DELANDSHEERE, 1993) a montré la difficulté d'assurer la validité et surtout la fidélité de la notation.

Quoiqu'il en soit, cette capacité doit être exercée et mesurée au moins tout autant que ce qui est mesuré via des QCM, fussent-elles SGI. Des rapports écrits ou oraux doivent donc être prévus. Pour des raisons logistiques, ils sont souvent mis en œuvre là où les étudiants sont moins nombreux. Il importe de réaliser l'équilibre (comme on dirait d'un repas qu'il est équilibré dans ses apports nutritionnels) entre les divers objectifs et donc les diverses modalités d'entraînement.

Ainsi, dans les cours relevant de la Technologie de l'Éducation, à l'ULg, voici la répartition des modalités d'évaluation :

Niveau	Cours	Méthodes d'évaluation		
		QCM SGI	Oral	Ecrit
1° candi	Approche Technologique de l'Education et de la Formation	X		
2° candi	Méthodes de Formation et Psychologie de l'Apprentissage	X	X	
1° licence	Conception d'Intervention et Conception de Produits de Formation	X	X	X
1° licence	Evaluation et Docimologie	X		
2° licence	Audio-Visuel et Apprentissage		X	X
2° licence	Compléments de Technologie de l'Education et de la Formation		X	X
3° licence	Pédagogie des Moyens de Diffusion (Education aux Médias)		X	X
Mémoire	Document écrit et soutenance publique		X	X

Les cours qui pratiquent par QCM ne renoncent pas forcément à l'expression, et ceci grâce au système des justifications écrites. En effet, surtout dans les épreuves certificatives, l'étudiant peut, à volonté, justifier chacune de ses réponses à une QCM. Il est convenu que le professeur ne lira qu'une partie des justifications : celles qui concernent les réponses en désaccord avec les réponses attendues par le professeur.

Une réponse erronée peut donc être «rattrapée» si la justification écrite montre que le raisonnement est correct ou que la question pouvait être interprétée autrement que ce que le professeur avait anticipé. On le voit, cette formule des justifications est une procédure intermédiaire entre les QCM simples et l'oral (dont on reste quand même encore très éloigné).

Il est aussi bien clair pour les étudiants que les justifications accompagnant les réponses correctes ne seront même pas lues. Les justifications ne peuvent donc en aucun cas défavoriser l'étudiant, au contraire. La pratique a montré que ces justifications étaient d'autant plus nécessaires que la consigne des QCM est subtile (ce qui est le cas pour les solutions générales implicites ou SGI).

Principe 8 : Entraîner et évaluer la métacognition par des degrés de certitude

L'**évaluation** selon BLOOM (capacité de *juger, de s'engager, de prendre ses responsabilités*) est rarement évaluée. Elle est introduite systématiquement dans le LQRT-SAFE par le recours aux **degrés de certitude** (DC) accompagnant chaque réponse (voir ci-après).

Habituellement, les enseignants ne s'occupent pas de la métacognition des étudiants parce qu'ils manquent de théories et de techniques *ad hoc*.

Nombreux sont maintenant les auteurs tels que BRUNO (1993), HUNT (1993), VAN LENTHE (1993), FABRE (1993), LECLERCQ (1993), DIRKZWAGER (1993) qui, à la suite de pionniers tels que DE FINETTI (1965), VAN NAERSSEN (1965), SHUFORD *et al.* (1966), pensent qu'il est inconcevable de traiter de la même façon

1. l'ignorance (avouée),

2. la connaissance insuffisante parce que trop partielle (réponse correcte mais peu sûre),

3. la connaissance satisfaisante (réponse correcte et assez sûre),

4. la connaissance totale (réponse correcte et très sûre),

5. la méconnaissance sur base d'idées fausses ou *misconceptions* (réponse sûre et pourtant incorrecte).

Une telle confusion est inadmissible (LECLERCQ, 1983 et 1993) dans l'attribution des notes (car on favorise le *guessing*[12], même quand on utilise la fameuse «*correction for guessing*»[13]).

C'est pourquoi, dans le LQRT-SAFE, on demande systématiquement aux étudiants d'accompagner chacune de leurs réponses d'un degré de certitude indiquant la confiance (probabilité subjective) qu'il leur accorde. La procédure doit en plus être conforme à la théorie des décisions. Parmi les nombreuses façons de recueillir cette certitude ou ce doute (LECLERCQ, 1993), quelques-unes constituent ce que SHUFORD et al. (1966) appellent des «*Admissible Probability Measurement Procedures*» où la consigne est probabiliste (non pas «peu sûr», mais «25%») et où le barème des tarifs avantage le fait d'exprimer son doute (ou sa certitude) sans biais. La qualité des mesures dépend en effet étroitement de la consigne, du barème de tarifs et de la signification accordée aux scores. Voici la consigne :

Vous devez accompagner chaque réponse par un des degrés de certitude suivants :

Si votre certitude est comprise entre	écrivez	Vous obtiendrez comme score	
		si la réponse est correcte	si la réponse est incorrecte
0 % et 25 %	0	13	4
25 % et 50 %	1	16	3
50 % et 70 %	2	17	2
70 % et 85 %	3	18	0
85 % et 95 %	4	19	-6
95 % et 100 %	5	20	-20

Une formule équivalente consiste à utiliser les milieux des zones, ici 12,5%; 37,5%; 60%; 77,5%; 90%; 97,5%. Actuellement, nous utilisons (JANS, 1997) les certitudes suivantes, équivalentes aux pourcentages : 2, 10, 25, 50, 75, 90, 98.

Principe 9 : Proposer un barème de tarifs conforme à la théorie des décisions

Le **barème des tarifs** peut paraître «bizarre». Il a été calculé de manière (voir graphique ci-après) à ce que DIRE LA VÉRITÉ soit la stratégie qui rapporte le plus de points et à ce que ceux qui s'auto-évaluent bien, c'est-à-dire qui sont RÉALISTES (ni surestimation flagrante, ni sous-estimation énorme) gagnent le plus de points. Attention ! 4/20 est un score positif, mais il est cependant l'indication d'une note insuffisante (puisque inférieur à 10/20).

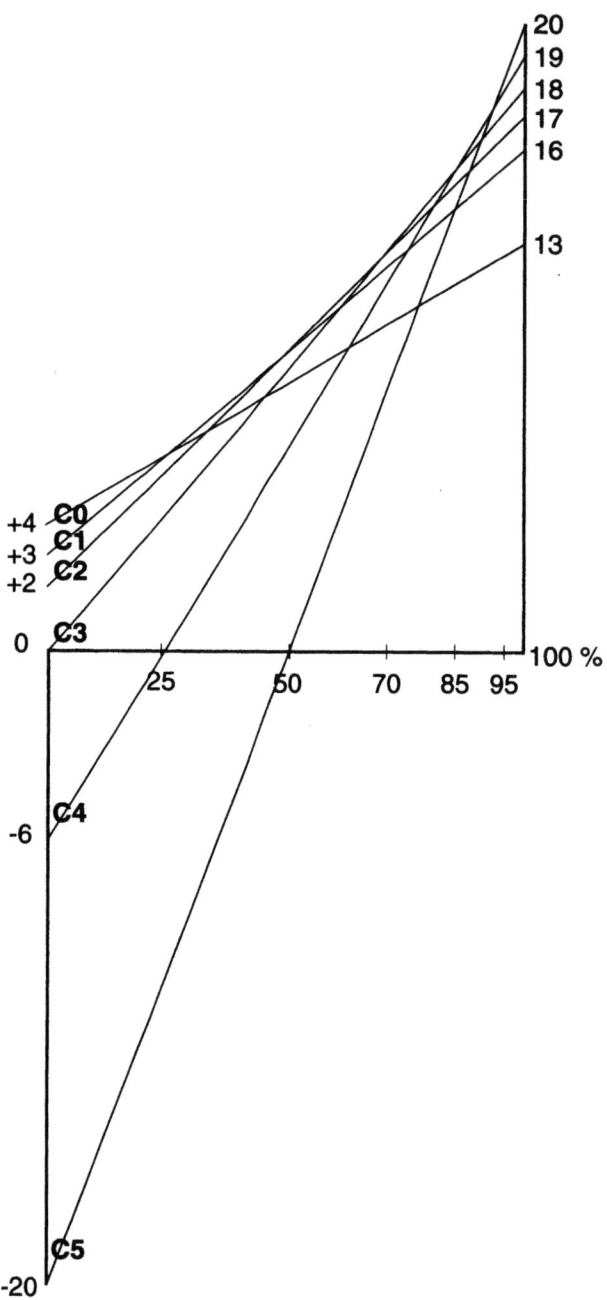

Droites des scores probabilisés de chaque degré de certitude (de 0 à 5).

Les points accordés et retirés sont calculés de sorte que la droite des scores probabilisés de chaque degré de certitude (de 0 à 5) soit maximale pour la zone qui correspond à la consigne annoncée.

Ainsi, la droite de la certitude 2 (ou C2) joint les scores 2 (pour 0 % de chances de réussir) à 17 (pour 100 % de chances de réussir).

Cette droite C2 « passe sous C0 et C1 » en-deçà de 50 % et en-dessous de C3, C4 et C5 au-delà de 70 %. Entre 50 % et 70 %, elle est maximale (elle surpasse toutes les autres) : l'espérance de rentabilité de la certitude 2 est supérieure à celle de tous les autres degrés entre 50 et 70 %... comme annoncé dans la consigne. Il en va de même pour chacun des autres degrés.

Le score à chaque question fait donc intervenir, paye, la compétence (exactitude + certitude) ET le réalisme.

Comment passer de ce score (de –20 à + 20) à la Note Conventionnelle (de 0 à 20)? La **sévérité** est le niveau d'excellence (ou Maximum de Référence ou MR) fixé par le professeur. La sévérité maximale est 20 (MR = 20). Elle n'est appliquée qu'avec des étudiants entraînés.

La note conventionnelle (NC) sur 20 est calculée par

Note Conventionnelle = (score/MR) x 20

On peut donc obtenir une note conventionnelle supérieure à 20, auquel cas elle est ramenée à 20/20. Elle est ramenée à 0 si le score est négatif.

La sévérité 18 est assez habituelle en sciences humaines. On comprendrait qu'on la fixe à 20 en chirurgie ou en pilotage d'avion.

Principe 10 : Pratiquer une évaluation formative par des quizzes

Selon le Conseil de l'Éducation et de la Formation (CEF)[14], *« les établissements doivent mettre en place un processus d'évaluation formative avec des épreuves diagnostiques»* (Avis n° 52, 1998, 6). La Fédération des Étudiant(e)s Francophones (FEF) diagnostique, elle, que *« nombre d'enseignants ne savent pas ce qu'ils évaluent ni comment ils doivent procéder »* et exige que *« les étudiants, pour chaque cours, soient informés... des procédures d'évaluation »* (11). En septembre 1998, à l'Université de Liège, un accord pédagogique entre le Recteur et la Fédé (la fédération des étudiants de cette université) a été conclu. Le point 3 de cet accord instaure la multiplication, en cours d'année, d'évaluations formatives, diagnostiques et non sanctionnantes. C'est ce que recommande le groupe de travail «Réussites» du CIUF (LECLERCQ et al., 1997).

Ces réactions institutionnelles rejoignent ce que dit la recherche sur l'apprentissage :

1. La rétroaction (*feedback* et procédures correctives) est une des variables les plus efficaces comme facteur de «Qualité de l'enseignement». C'est ce qu'a montré BLOOM, dans son ouvrage «Caractéristiques individuelles et apprentissages scolaires»(1969, 135-138), référence en ce qui concerne la Pédagogie de la Maîtrise. BLOOM s'y intéresse aux variables changeables pouvant influencer favorablement l'apprentissage.

2. Le *feedback* doit être fréquent et le plus rapide possible (tant que les questions sont encore fraîches à l'esprit), l'optimum se situant aux alentours de 30 secondes de délai (DEPOVER, 1987, 105), ce qui est respecté surtout dans la version «amphithéâtre électronique» du LQRT-SAFE.

3. Utiliser des QCM impose de donner ensuite les solutions correctes. SKINNER (1961) avait en effet dénoncé un danger potentiel des QCM : *«qu'un jour, de sa mémoire défaillante, l'étudiant fournisse une solution erronée qu'il a vue, un jour, associée à la question»*. Nous avons décrit en détails (LECLERCQ, 1986, 35-39) comment PRESTON (1965) avait démontré expérimentalement la pertinence de cette crainte lorsqu'on ne révèle pas la solution correcte aux étudiants après l'épreuve. KARRAKER (1967) a ensuite démontré qu'il n'y avait plus rien à craindre, *au contraire* (la performance s'améliore) quand on révèle les solutions correctes.

Évaluer, c'est encore enseigner,
si on fournit des *feedbacks* informatifs.

C'est pourquoi, dans le LQRT-SAFE, on pratique des micro questionnements (ce que KELLER appelle des QUIZZES) en fin des cours oraux, avec remédiation au cours oral suivant. A la fin de chaque cours, en effet, le professeur projette une dizaine de QCM-SGI auxquels chacun s'efforce, sans trop solliciter ses voisins, de répondre sur son formulaire destiné à la lecture optique de marques (*formulom*). Quand chacune des questions a été présentée, tous les formuloms sont récoltés, et les questions à nouveau affichées pour communication (immédiate) des solutions correctes, le débat de fond étant laissé à la semaine suivante.

Une formule plus récente (voir principe 3 ci-avant) permet de se tester sur Internet depuis son domicile ou une salle de travail de l'université de

Liège. D'autres formules existent, notamment des CD-Roms où les questions et le cours sont sur le même support, si bien que les liens entre les deux sont particulièrement aisés. Ainsi, pour commenter la réponse erronée d'un étudiant, VIGNERON et BORN (1997, 587-598) lui communiquent simplement dans une fenêtre adjacente le contenu du cours qui se rapporte à cette question.

Principe 11 : Entraîner les étudiants aux procédures d'évaluation : le jeu GUESS

Les étudiants n'ont pas l'habitude de répondre à des QCM, encore moins à des SGI, et ce parce que, hélas, on ne les y a pas habitués (Soldats de La Palice)[15].

Les météorologistes sont quotidiennement obligés de faire des prédictions dont ils ont la confirmation (ou l'infirmation) le lendemain, et ce 365 fois par an. Une des premières études systématiques sur le réalisme des prédictions a été effectuée par COOKE (1906) sur 1951 prédictions du temps du lendemain par des météorologistes, prédictions accompagnées d'un degré de certitude sous la forme d'expressions verbales telles que « A peu près certain » (code 5), « Probabilité normale » (code 4), « Il existe un doute » (code 3), etc. Les prédictions accompagnées de la certitude 5 se confirmaient à 98 %, la certitude 4 à 94 %, la certitude 3 à 77 % (d'après LICHTENSTEIN *et al.*, 1977). On voit que ces météorologistes se sont montrés COHERENTS : plus ils sont sûrs, plus leur taux d'exactitude est élevé (la cohérence se mesure par la corrélation entre ces deux variables : certitude et réussite). Par contre, il est impossible de savoir s'ils étaient RÉALISTES, et ce par faute de la consigne, qui n'était, hélas, qu'ordinale. Il aurait fallu que la consigne demande de préciser non pas si la prédiction était « à peu près certaine », mais, par exemple, la probabilité sur une échelle comme la nôtre (*cf.* point 8 ci-avant), qui est une consigne métrique !

Aucun d'entre nous n'a été amené à se prêter systématiquement à ce genre d'exercice. Quel serait notre réalisme dans un tel cas ? Nous sous-estimerions-nous ? Nous surestimerions-nous ? Pour le savoir, chacun doit avoir essayé. C'est pourquoi nous avons développé (LECLERCQ, 1983) le jeu[16] qui permet de s'exercer (en s'amusant) soit avec un partenaire (comme au combat naval), soit via une version logicielle (LECLERCQ et GILLES, 1994 ; GILLES, 1996 et 1997) accessible via Internet à l'adresse **http : //www.ulg.ac.be/cafeim/guess/guessdc6.htm**.

Chaque joueur choisit un paragraphe au hasard dans un livre (un roman par exemple). L'autre joueur doit deviner les lettres successives du texte, en fournissant à chaque fois une des 26 lettres de l'alphabet et en accompagnant cette réponse (cette «prédiction») d'un degré de certitude de 0 à 5 (consigne exposée au principe 8). Il est ensuite informé à chaque fois de la réponse correcte, c'est-à-dire LA lettre à deviner. Dans le logiciel GUESS, la lettre correcte vient s'afficher au bon endroit du texte sur l'écran. Chaque joueur doit ainsi deviner toutes les lettres une à une en connaissant les lettres précédentes. Dès la deuxième lettre à deviner, il faut tenir compte d'une 27e possibilité : l'espace entre deux mots, ou un signe de ponctuation (virgule, point, etc.). Dans tous ces cas, dans GUESS, la réponse à fournir est de presser sur la barre d'espacement. Dans ce jeu, certaines lettres sont évidemment faciles et d'autres difficiles.

Quand on joue avec une feuille de papier, chaque joueur dispose d'une grille en 3 lignes. Le joueur note ses réponses sur la deuxième ligne et ses certitudes sur la troisième. Après que le partenaire lui ait communiqué la lettre correcte, il l'indique sur la première ligne et barre sur la ligne 3 les certitudes de ses réponses incorrectes, laissant celles des correctes intactes. Voici un exemple de grille remplie par un joueur qui devait deviner le début d'un conte de VOLTAIRE (1775, 470 de l'édition 1954), «La lettre d'Anabed», et le paragraphe à deviner commence par «Je suis donc encore au nombre des vivants» :

J	E	*	S	U	I	S	*	D	O	N	C	*	E	N	C	O	R	E	*
L	E	*	V	A	I	V	*	L	A	N	C	*	L	T	*	L	R	E	*
~~10~~	50	90	~~10~~	~~10~~	25	~~25~~	90	~~10~~	~~10~~	25	75	90	~~10~~	~~10~~	~~10~~	~~25~~	75	90	90

Principe 12 : Fournir à chacun une information sur son réalisme

L'intérêt du jeu GUESS est qu'il permet aux étudiants de s'entraîner à utiliser les degrés de certitude (ou pourcentages de confiance) sur un contenu qu'ils maîtrisent (phrases simples de la langue française) et qu'ils n'ont pas dû étudier en vue de se faire tester. Cela reste un jeu. Sans cette préoccupation pour le contenu et sans le stress de scores «sanctionnants», ils peuvent se centrer quasi exclusivement sur la qualité de leurs auto-estimations, caractérisées principalement par deux indices : la *centration* (tendance à se sous-estimer ou se surestimer sur l'ensemble du jeu) et le *réalisme* (capacité de distinguer ses réponses correctes de ses incorrectes, ou la conformité de ses prédictions avec la réalité).

La façon classique de calculer le réalisme consiste à prendre en compte les écarts entre les Taux d'Exactitude observés (TE) et les pourcentages de certitude annoncés. Ainsi, si un étudiant a utilisé dix fois le degré de certitude « 60 % », en toute logique, six de ces dix réponses devraient être correctes. S'il en réussit moins, il s'est surestimé. S'il en réussit plus, il s'est sous-estimé.

La plupart des étudiants «pêchent» par surestimation plutôt que par sous-estimation. C'est aussi ce que rapportent de très nombreux auteurs dans la littérature (BRUNO, DENEF, FABRE, GATHY, LECLERCQ, *in* LECLERCQ & BRUNO, *Item Banking : Self Assessment & Interactive Testing*, NATO ARW, Berlin : Springer Verlag, 1993). Dans le jeu GUESS, on constate souvent que la surestimation de départ fait place, après une trentaine de questions, à une stratégie de prudence (légère sous-estimation), comme l'illustre d'ailleurs l'exemple ci-dessous. Soulignons qu'il s'agit d'un testing interactif et que l'étudiant est informé de la qualité de sa performance après chaque réponse. Il dispose en permanence de son graphique de réalisme (évolutif tout au long du test), ainsi que de ses indices de centration et réalisme. Voici, sur le logiciel GUESS, le graphique de réalisme d'un étudiant qui a répondu à 90

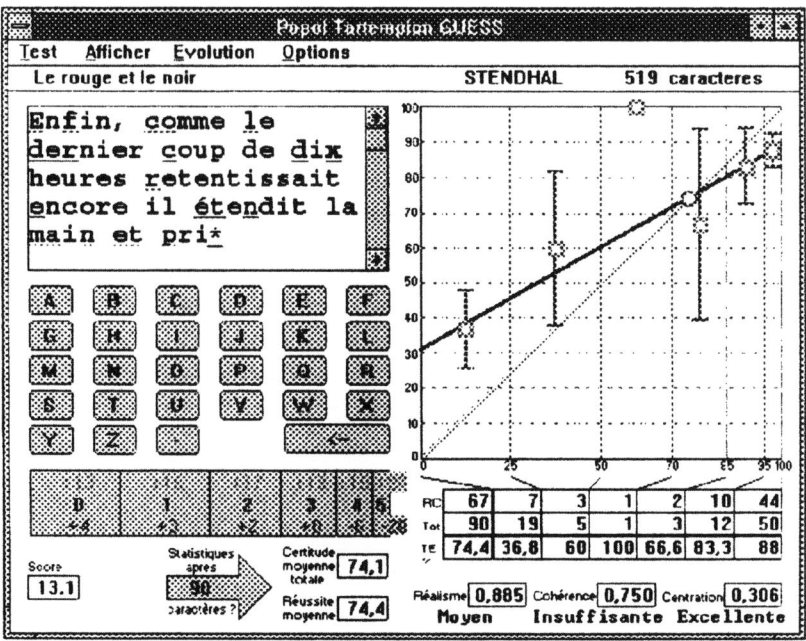

questions. Son graphique de réalisme montre une tendance à la sous-estimation quand il utilise les degrés de certitude les plus bas (à gauche sur le graphique) et une légère surestimation avec le degré de certitude le plus élevé (à l'extrémité droite du graphique).

Nos recherches ont montré (LECLERCQ, 1993; GILLES, 1997) que l'entraînement améliore le réalisme... à condition de délivrer un *feedback* après le test ! Une fois entraînés, la majorité des étudiants, s'auto-estimant bien (avec réalisme), sont généralement avantagés par les degrés de certitude : leur score ainsi calculé est meilleur que s'il avait été calculé sur la seule base de la *correction for guessing*[17].

Pratiquement, pour informer l'étudiant de ses performances en réalisme, nous lui fournissons, après chaque test et sur version papier, ses graphique et indices de réalisme. L'interprétation de ceux-ci est expliquée et/ou rappelée en début d'année. Le professeur et ses assistants restent à la disposition des étudiants pour une clarification plus individuelle, version papier à l'appui.

CONCLUSIONS

Le système LQRT-SAFE veut doter les étudiants de compétences transversales. Pour ce faire, divers principes sont mis en œuvre. Bon nombre d'entre eux concernent l'évaluation formative et l'application systématique de modalités d'évaluation particulières.

Ainsi les Solutions Générales Implicites dans les QCM (SGI), associées aux justifications écrites ouvertes de réponses fermées, visent à développer la capacité d'analyse, la compréhension en profondeur, et, par-dessus tout, la vigilance cognitive. Plus qu'une technique docimologique, il s'agit donc d'une arme pour lutter contre le curriculum caché qui nous prépare trop peu à nous poser des questions restées implicites, à remettre en cause le bien-fondé des énoncés des problèmes, à détecter les aberrations, les incompatibilités, les impossibilités de mener des tâches à bonne fin, par manque de données par exemple.

Les degrés de certitude et les méthodes de calcul d'indices personnels circonstanciels tels que le réalisme et la centration visent à développer une capacité métacognitive qui devrait être utile dans bien des domaines, dans la gestion des connaissances et des apprentissages. Ces indices sont circonstanciels, c'est-à-dire liés au contenu et au contexte. Il n'est pas question d'extrapoler et, sur la base d'une seule épreuve, donc d'un seul indice de centration, de décréter qu'une personne « est » sous-estimatrice.

Tout au plus peut-on, peut-elle, constater que dans cette épreuve elle s'est sous-estimée. Serait-ce encore le cas dans un autre domaine ? Et dans ce domaine lors d'une autre épreuve ? L'observation nous le dira. Les recherches sont en cours sur le caractère général de la tendance à se sous ou sur-estimer ; elles tentent notamment de déterminer si cette tendance est très différente d'une matière à une autre, d'un contexte à l'autre.

Le caractère systématique de ces techniques importe grandement à nos yeux. Pour lutter efficacement contre le curriculum caché, il ne suffit pas de faire de tels exercices de temps en temps, mais à chaque cours, dans chaque matière. La faisabilité de ces pratiques est donc cruciale.

Des études cherchant à valider la pertinence de ces approches commencent à livrer des résultats. Ainsi, dans une étude corrélationnelle, GILLES et MELON (1998) ont mis en évidence que les QCM dont la solution correcte était une Solution Générale Implicite étaient nettement mieux corrélées avec la réussite à des examens partiels chez des étudiants en médecine que les QCM habituelles.

Mais la conception de l'apprentissage, elle aussi, doit évoluer. Il devient de plus en plus évident qu'il faut donner un poids au réalisme dans la note finale. La compétence dans un domaine, c'est aussi la méta-cognition que l'on a sur ce domaine. C'est ce que pensent ceux qui, de plus en plus nombreux, en linguistique, en médecine, en psychologie et éducation, en ont fait une pratique quotidienne.

NOTES

[1] Lecture, Questions-Réponses, Test.
[2] Système Adulte de Formation et d'Évaluation.
[3] Centre d'Auto-Formation et d'Enseignement Individualisé Multimédias.
[4] Il est hasardeux de se baser sur les notes de l'année précédente, car le professeur « change son cours chaque année » (ce dont on ne peut que se réjouir par ailleurs).
[5] Sans un tel support permanent et préalable, toute absence était catastrophique pour le professeur (quand vais-je retrouver ces deux heures perdues pour des raisons de force majeure ?) comme pour l'étudiant (mon condisciple aura-t-il pris des notes compréhensibles par quelqu'un d'autre que lui-même ?).
[6] Courte série de Questions à Choix Multiple (QCM) ne donnant pas lieu à sanction.
[7] On aurait pu, en effet, se demander si le cours oral méritait encore que l'étudiant (ou le professeur) s'y déplace, dans la mesure où l'on pourrait le suivre de son domicile (dans

son fauteuil, retransmis par câble)? C'est UNE (et non LA) solution déjà actuelle pour certaines formations et à envisager à l'avenir pour notre université.

⁸ On ignore trop souvent que le sommeil joue un grand rôle dans la «mise en place», plus exactement dans l'intégration du nouveau dans l'ancien, dans la restructuration de l'ancien sous l'effet du nouveau, et dans l'«enfoncement» en mémoire.

⁹ On pourrait reprocher à BLOOM de ne pas distinguer la mémoire «de rappel ou d'évocation» de la mémoire «de reconnaissance», et beaucoup moins exigeante. GUILFORD (1961), dans son «modèle tridimensionnel de l'intelligence», fait cette distinction entre (re)cognition et mémoire (évocation).

¹⁰ Inventer un titre pour un article est une compression (rendre plus compact, plus concis), mais dans le sens de BLOOM, la catégorie SYNTHÈSE contient aussi les digressions, qui peuvent être plus longues que le point de départ.

¹¹ Selon LECLERCQ.

¹² *To guess* signifie «deviner» et non «répondre au hasard»!

¹³ Cette correction consiste, quand on donne un point par réponse correcte, à retirer $1/(k-1)$ par erreur, k étant le nombre de solutions proposées. Ainsi, avec une question VRAI-FAUX (2 solutions), on retire 1 point; avec une QCM à 3 solutions, on retire 1/2 point, avec 4 solutions, on retire 1/3 point, etc.

¹⁴ De la Communauté Française de Belgique.

¹⁵ Maréchal de France tué à Pavie (1525). La chanson que ses soldats composèrent pour célébrer sa vaillance et qui se terminait par ces vers «Un quart d'heure avant sa mort, il vivait encore» est restée célèbre par sa naïveté, qu'on a injustement attribuée à La Palice lui-même (d'après le *Dictionnaire Robert 2*).

¹⁶ Programmé par Michel HURARD et inspiré du *Shannon Guessing Game*.

¹⁷ Voir principe 8 ci-avant, note de bas de page.

Chapitre 8
PBL – Problem Based Learning ou APP – Apprentissage Par Problèmes

Dieudonné LECLERCQ et Cees VAN DER VLEUTEN

A. LA PÉDAGOGIE MÉDICALE S'AUTO-CRITIQUE

B. L'APPRENTISSAGE PAR PROBLÈMES DANS LE MONDE

C. CURRICULUM EN SPIRALE

D. DES GROUPES TUTORIELS

E. PAS DE COURS *EX-CATHEDRA*

F. CAS CONCRETS ET INTERDISCIPLINARITE

G. LA MÉTHODE DES « 7 JUMPS »

H. UN PAYSAGER D'ÉTUDE

I. LE *SKILLSLAB* ET LES STAGES

J. ÉQUILIBRE ENTRE L'OBLIGATOIRE ET L'OPTIONNEL

K. LE RÔLE DES ENSEIGNANTS EST MODIFIÉ

L. LES TESTS DE BLOC

M. LES TESTS « DE PROGRÈS »

N. *FEEDBACKS* DÉTAILLÉS AUX TESTS DE PROGRÈS

O. ÉTUDES COMPARATIVES DES RÉSULTATS DE L'APP EN MÉDECINE

P. DISCUSSION

A. LA PÉDAGOGIE MÉDICALE S'AUTO-CRITIQUE

Dans les années 70 et 80, de nombreuses facultés de médecine ont remis en cause leur pédagogie, sous la pression de principes de l'OMS visant à donner priorité aux soins de santé primaires. On a investi aussi bien le préventif que le curatif. Dans le tiers monde[1]. Notamment, on a voulu éviter des situations telles que

« a [...] une relation inversement proportionnelle entre la fréquence d'une maladie sur le terrain et l'importance qui lui a été accordée durant les études de médecine ;

b [...] les facultés d'observation, de déduction et d'initiative des étudiants restent atrophiées par rapport aux facultés de mémorisation ;

c [...] les étudiants sont initiés à des techniques complexes de diagnostic et de traitement, alors qu'il est fréquent qu'un hôpital de district ne dispose que d'un seul médecin (secondé par une infirmière qualifiée et une poignée d'auxiliaires) pour plus de 100 000 personnes et ne possède ni appareil de radiologie, ni eau courante, ni salle d'opération et seulement un maigre stock de médicaments divers... » (Mc GAGHIE et al., 1978, 12).

Des diagnostics d'insatisfaction ont été posés sur la pédagogie médicale de l'époque :

«... les causes profondes {d'insatisfaction}, particulièrement dans les pays qui ont subi l'influence coloniale [sont les suivantes] :

– l'enseignement médical est généralement calqué sur un modèle étranger...

– de nombreuses écoles de médecine sont isolées de la clientèle que leurs diplômés seront appelés à servir...

– la préoccupation principale de certains enseignants éminents est plus de comprendre la maladie que de préserver la santé...

– les étudiants entrent en contact avec les malades dans des hôpitaux d'enseignement... généralement peuplés de cas complexes et non résolus, de sorte que l'enseignement clinique a tendance à mettre l'accent sur le diagnostic et le traitement de troubles rares, plutôt que de troubles fréquents. » (Mc GAGHIE et al., 1978, 12)

Aussi bizarre que cela paraisse, les pays développés ont parfois des problèmes semblables à ceux du Tiers Monde en ce qui concerne la couverture médicale. Ainsi, dans l'État d'Illinois, de vastes zones rurales sont dépourvues de médecin (il arrive qu'une femme enceinte soit à plus de 200 km de tout gynécologue !). La formation médicale « adaptée aux besoins locaux» est devenue une préoccupation mondiale (COLES, 1991).

B. L'APPRENTISSAGE PAR PROBLÈMES DANS LE MONDE

La pédagogie par problèmes est proche, comme on va le voir, de la pédagogie par projets.

Deux références incontournables concernant cette dernière approche sont d'une part John DEWEY (1905), philosophe de l'éducation américain et Célestin FREINET, instituteur français (1896-1966). Au centre de la pédagogie par projets, quatre principes : (1) la définition du projet par l'apprenant lui-même; (2) le décloisonnement des matières et l'approche interdisciplinaire; (3) la responsabilité personnelle de l'apprenant dans sa propre formation et (4) la coopération entre apprenants.

Partir des problèmes n'équivaut pas totalement à cette approche, en tout cas quant au premier principe, dans la mesure où les problèmes ne sont pas choisis par les apprenants. Néanmoins, après l'analyse du problème, l'étudiant (ou le ici le groupe) devra se définir un projet d'apprentissage. On rejoint donc ainsi la pédagogie du projet.

SCHERLY (1997) fait remarquer que l'APP est aussi fondée sur les préoccupations de la *Situated Learning* (BILLETT, 1996) qui vise à rendre similaires les contextes de l'apprentissage et de la pratique du métier donc à partir de problèmes authentiques et à apprendre ce qui sera utile à leur solution. Il en va de même pour l'*Enchored learning* (CTGV, 1992) qui insiste sur l'ancrage de l'apprentissage dans des situations concrètes et le *Cognitive Apprenticeship* (COLLINS et al., 1989) qui tire parti des échanges entre apprenants.

Les théoriciens de l'APP les plus connus sont BARROWS et TAMBLYN (1977, 1980), de la faculté de médecine de la *Southern Illinois University*. Selon eux (1980, 163-164), un problème «didactique» devrait :

1. présenter les informations comme le praticien les reçoit habituellement du patient, et non pas sous la forme d'un résumé prédigéré;
2. amener l'étudiant à prendre des décisions qui s'enchaînent, comme dans la vie réelle, les actions n'étant plus réversibles;
3. pouvoir être abordé de différentes façons conduisant éventuellement à des résultats différents en fonction de la stratégie ou de la compétence des étudiants;

4. permettre de mettre en pratique et d'évaluer les différentes phases du raisonnement clinique (1980, 19-36) :
    (a) Perception et interprétation de l'information : se forger une «image» du patient;
    (b) Génération d'hypothèses;
    (c) Enquête (questions, examens, tests, prélèvements) pour nuancer, vérifier, éliminer certaines hypothèses (b), sur base de la compétence clinique;
    (d) Synthèse du problème;
    (e) Diagnostic et décision thérapeutique;
    (f) Communication(s) au patient;
5. être supporté par des documents multimédias (photo, radiographie, vidéo, bande sonore, ...).

C'est à la Faculté de Médecine de l'université *Mac Masters* (Hamilton, Ontario) qu'eut lieu le premier lancement de cette approche sur le terrain. Rapidement, l'approche *Problem based Learning* fut adoptée par de nombreuses autres facultés de médecine : la moitié des canadiennes, aux USA, celles de Harvard (STARR, 1982) et de Stanford, etc. Les Québecquois ont traduit PBL par APP (Apprentissage Par Problèmes). On peut tout aussi bien traduire par ABP (Apprentissage Basé sur les Problèmes), traduction plus proche de l'original anglais.

Lors de sa fondation en 1974, la Faculté de Médecine de Maastricht, qui forme des médecins généralistes en six ans, a adopté l'approche APP mais en a fait une «version Maastricht» originale, la plus «en pointe» dans le monde. Ses conditions d'implantation à Maastricht ont bénéficié de deux circonstances favorables : d'une part une volonté politique du Sud Limbourg néerlandais d'avoir une faculté de médecine et de la supporter, même (et surtout) dans son originalité méthodologique par rapport aux facultés anciennes du pays, d'autre part l'installation de l'APP *dès la création de la faculté* (seuls des enseignants adhérant à ces principes ont été recrutés). Il est plus facile de naître que de renaître!

L'Université de Sherbrooke (Québec) qui, au milieu des années 80, a opté pour cette même approche, a dû démolir ses installations pédagogiques au bulldozer (les amphithéâtres) pour les remplacer par des infrastructures appropriées (grand nombre de petites pièces pouvant contenir dix personnes).

Si c'est la faculté de médecine qui a lancé le mouvement à Maastricht, les autres facultés l'ont rejointe sur ce terrain : les facultés d'économie

(GIJSELAERS et SCHMIDT, 1995), de droit, de sciences de la santé, de psychologie et de sciences pratiquent aussi l'APP.

On trouvera ci-après les grands constats, diagnostics et principes mis en œuvre en faculté de médecine dans les 4 premières années (1 à 4), les deux dernières (5 et 6) étant réservées aux «rotations cliniques» dans les hôpitaux et chez les généralistes praticiens. L'entrée en première année se fait sur base d'un *numerus clausus* de 200 étudiants par an, sélectionnés au hasard parmi les candidats ayant satisfait aux critères (élevés) d'admission.

La description qui suit doit beaucoup aux écrits de VANDERVLEUTEN et WIJNEN (1990), NORMAN et SCHMIDT (1992), DOLMANS, VANDERVLEUTEN et WOLFHAGEN (1998), LECLERCQ (1998).

C. CURRICULUM EN SPIRALE

Le curriculum des quatre premières années est découpé en blocs de 6 semaines, une année comportant 6 de ces blocs. Chaque bloc est centré sur une fonction et ses pathologies associées (respiration, système cardiaque, etc.). Ainsi, le thème des douleurs dans le dos permettra d'étudier le squelette et le passage des nerfs dans les vertèbres. Le **curriculum** est conçu «en **spirale**» : les mêmes notions sont revues au cours des années ultérieures, mais de façon plus approfondie (principe aussi appliqué dans l'approche LQRT-SAFE, qui a le souci de «Considérer la logique de l'apprenant»).

D. DES GROUPES TUTORIELS

Les 200 étudiants de chacune de ces quatre années sont répartis en **petits groupes** de 8 étudiants dont la composition change, au hasard, à chaque bloc. Ces groupes se réunissent deux fois par semaine dans des «sessions tutorielles» de deux heures. Un *tutor* (professeur, assistant ou moniteur) assiste le groupe dans sa démarche mais n'enseigne pas ! A la fin de la *tutoring session*, il fait des remarques méthodologiques au groupe. Dans le groupe, un des étudiants est le *chairman* (qui anime et régule les débats) et un autre le *recorder* (qui note au tableau). Ces fonctions sont réparties selon une tournante de façon à être également exercées par tous les étudiants.

Le groupe travaille en deux temps :

a) La première heure est consacrée à la mise en commun du travail. Chacun verbalise — dans ses propres termes — ce qu'il a appris à propos du cas examiné lors de la session tutorielle précédente. En quelque sorte, les étudiants jouent tour à tour le rôle d'enseignant pour les autres (sans que ce principe soit aussi poussé que dans les Projets d'Animations Réciproques Multimédias ou PARM – voir Chapitre 9).

b) Lors de la deuxième heure, le groupe est confronté à un problème, un cas médical concret présenté par écrit (le patient ne sera physiquement présent qu'à partir de la 4e année). Le cas est alors analysé selon la méthode des «*7 jumps*» (voir ci-après). Suite à une répartition du travail entre les membres du groupe, chacun ira consulter des ouvrages de référence.

SCHERLY (1997) signale que «selon les écoles, on peut dégager deux attitudes face au rôle des tuteurs.» (SCHMIDT et MOUST, 1995) «Une perspective met l'accent sur les qualités personnelles du tuteur : être capable de communiquer d'une manière informelle avec les étudiants, de les encourager à apprendre par l'intermédiaire des échanges d'idées. Les partisans de cette attitude estiment qu'un tuteur expert peut court-circuiter l'auto-apprentissage et ainsi être un obstacle au processus même de l'APP. L'autre attitude considère l'expertise du tuteur dans le domaine touchant le problème proposé aux étudiants comme déterminante pour l'apprentissage. Ceci est en partie confirmé par les expériences de NEEDHAM et BEGG (1991) qui montrent qu'un *feedback* correctif rapide est très important dans l'apprentissage. L'étude de SCHMIDT & MOUST (1995) a montré qu'en fait le tuteur idéal devrait rassembler trois qualités : expertise dans la matière traitée, engagement personnel pour l'apprentissage des étudiants et capacité à s'exprimer en utilisant le langage des étudiants.»

E. PAS DE COURS *EX-CATHEDRA*

Traditionnellement, l'apprentissage autonome des étudiants est difficile à l'université parce que les meilleures heures de la journée sont occupées par les cours *ex-cathedra*. C'est pourquoi ceux-ci sont quasiment supprimés dans l'APP à Maastricht. Des «conférences» (en anglais *Lectures*) existent encore, mais elles sont assez rares (une par semaine) et servent de support à l'apprentissage. Elles ne sont pas obligatoires.

F. CAS CONCRETS ET INTERDISCIPLINARITÉ

Dans l'approche traditionnelle, beaucoup d'étudiants quittent la 1re ou la 2e année de médecine, démotivés, notamment parce qu'ils étudient la chimie, la physique, la biologie pendant des années avant de voir un patient ou un «cas».

Au contraire, dans les trois premières années de l'APP, on part du cas d'un patient, dans sa version écrite, avec ses plaintes, ses radiographies, ses analyses d'urine et de sang, etc., comme dans la réalité, c'est-à-dire toutes disciplines confondues.

A partir de la 4e année, les patients «didactiques» peuvent être réels ou simulés (en anglais «*standardized patients*», c'est-à-dire rendus conformes à des normes) : ils ont alors appris leur rôle comme des acteurs. La faculté de médecine de Maastricht fonctionne avec un pool de 130 patients didactiques. Ces derniers, souvent des volontaires (pour aider les étudiants à devenir de bons médecins), sont entraînés à cette fonction.

Voici un tel «cas» (DOLMANS et al., 1998, 2) :

«Au petit matin, Paul rentre saoul à la maison, après une nuit de copieuses libations. Il essaye d'ouvrir la porte avec la clé, mais plus il rapproche sa main de la porte, plus sa main est agitée de tremblements. Quand, finalement, il se retrouver chez lui à l'intérieur, il a le sentiment que la pièce tourne, même quand il ferme les yeux. Ses jambes vacillent, ont du shimmy. Il essaye de se faire une tasse de café, mais après avoir craqué une série d'allumettes et s'être brûlé, il y renonce.»

G. LA MÉTHODE DES «7 JUMPS»

D'habitude, la majorité des étudiants ne savent pas comment apprendre seuls parce qu'on ne les y a pas entraînés systématiquement. C'est au contraire une approche méthodique qu'adopte l'APP via les «*7 jumps*» : 7 étapes pour aborder un problème, gérer son ignorance (ou plutôt sa connaissance partielle) et «apprendre».

SCHMIDT (1983) définit comme suit ces *seven jumps* :
1. Identifier et clarifier les termes, concepts, valeurs numériques, etc., non compris;
2. Définir le problème (quel phénomène s'agit-il d'expliquer?);

3. Analyser le problème (hypothèses causales, créativité nécessaire pour générer des idées);
4. Inventaire systématique (coapparitions, connections, liens, ..., fixation de priorités dans la vérification);
5. Formulation des objectifs d'apprentissage et distribution des tâches;
6. Étude individuelle;
7. Synthèse (collective) et critique des informations apportées par chacun. Mise à l'épreuve de l'acquis en essayant de résoudre un (ou plusieurs) autre(s) cas dans le même thème.

H. UN PAYSAGER D'ÉTUDE

Traditionnellement, l'ambiance d'une université (avec ses amphithéâtres en pente, etc.) se prête mal au travail individuel de centaines d'étudiants simultanément. Si l'on veut favoriser ce travail de recherche et d'étude individuels, l'architecture et la logistique doivent être conçus en conséquence. C'est pourquoi le vaste «*Study landscape*» (paysager d'étude) combine deux types de bibliothèques :

a) La bibliothèque habituelle où plusieurs milliers d'ouvrages se trouvent en un seul exemplaire.

b) La bibliothèque «de travail» où les ouvrages fondamentaux se trouvent en plusieurs dizaines d'exemplaires ainsi qu'une importante documentation audio-visuelle (dias, films, vidéos, CD-Roms). C'est donc une **médiathèque spécialisée**. Un étudiant (ou un groupe) peut y rassembler des livres sur une table de travail et les y laisser toute une journée.

I. LE *SKILLSLAB* ET LES STAGES

Les habiletés pratiques ne s'acquièrent pas de la même façon que les théoriques. L'APP s'est dès lors doté d'un système propre à l'acquisition de ces techniques (VAN DALEN, 1990, 19) : le Skillslab ou Laboratoire d'entraînement pratique.

Des salles sont spécialisées en vue d'entraîner à des habiletés précises :

a) des capacités d'examen physique (durant 50 % du temps passé au Skillslab) :
– ausculter par stéthoscope, palper, examiner les yeux, les oreilles, le rectum, etc.;

– prendre la température, le pouls, faire des injections, des prélèvements;
b) des habiletés thérapeutiques : sutures, bandages, intubations, etc. (15 % du temps de Skillslab);
c) des habiletés de laboratoire : prises de sang, analyses d'urine, d'expectorations, de biopsie (15 % du temps), etc.;
d) des capacités relationnelles, des savoir-être : un entraînement à la relation médecin/patient (psychologie médicale) : mener une anamnèse, conclure un entretien, communiquer un diagnostic, prescrire, former le patient à sa maladie (20 % du temps).

Dans ce *Skillslab*, des patients, vrais ou simulés, sont souvent présents et ce durant les quatre premières années. En outre, des **stages sur le terrain** (en hôpital, au cabinet médical) se déroulent en compagnie de praticiens professionnels et permettent la mise en œuvre de techniques spécialisées (radiographies, endoscopie, ...).

J. ÉQUILIBRE ENTRE L'OBLIGATOIRE ET L'OPTIONNEL

L'auto-formation a besoin d'être stimulée. Un minimum d'activités organisées est nécessaire parce qu'en-deçà de 10 heures «obligatoires» (l'horaire ci-dessous, excepté la conférence), la stimulation est insuffisante et au-delà de vingt heures, les étudiants n'ont plus le temps de s'auto-former (VAN DER DRIFT et VOS, 1987). Voici une semaine typique dans l'agenda d'un étudiant (d'après VAN DER VLEUTEN, 1996, 11), où chaque activité dure deux heures :

Jour	*Matin*	*Après-midi*
Lundi		*SkillsLab*
Mardi	GROUPE TUTORIEL	Conférence (*lecture*)
Mercredi	*SkillsLab*	
Jeudi		Stage chez un généraliste
Vendredi	GROUPE TUTORIEL	

K. LE RÔLE DES ENSEIGNANTS EST MODIFIÉ

Traditionnellement, les professeurs sont peu disponibles pour les étudiants bien qu'ils se sentent eux-mêmes écrasés par les charges de cours. En fait, ils sont accaparés par la transmission du contenu dont il faut les libérer pour les rendre disponibles pour d'autres tâches. Dans l'APP, leur **rôle** consiste désormais à :

– créer l'environnement d'apprentissage ;

– repérer des cas, tenir à jour l'information scientifique ;

– créer des questions ;

– assister les étudiants dans leur auto-apprentissage et les y former.

Toutes ces tâches sont comptabilisées pour calculer la « charge » de l'enseignant. Par exemple, « *tutorer* » un groupe de huit étudiants vaut 30 heures, être membre d'un « *planning group* » (qui conçoit les cas, etc.) vaut 30 heures également, et être membre d'une commission de création de tests vaut 120 heures. Pour devenir *chairman* d'un *planning group*, il faut en avoir été membre, et pour en être membre, il faut avoir été tuteur.

Les tuteurs sont évalués par les étudiants. Si plusieurs rapports consécutifs sont négatifs, des dispositions sont prises pour changer la situation.

Le plus souvent possible, chaque enseignant, pour une matière donnée (ex. : la cardiologie) assume SOIT une fonction d'évaluation, SOIT une fonction de formation. Dans ce dernier cas, il est donc entièrement engagé aux côtés des étudiants vers leur réussite. Ainsi, le tuteur du groupe n'a pas de fonction d'évaluation. L'année suivante, le professeur peut changer de fonction dans chaque discipline.

Le professeur perd de son « pouvoir » traditionnel. Par exemple, il peut « soumettre » des questions à l'équipe d'évaluation, mais celle-ci n'est pas forcée de les accepter. Cette révision des questions par les pairs amène à en éliminer 15 % (hors matière, ambiguës, trop difficiles...). Après que les questions aient été posées, 10 à 15 % d'entre elles sont encore éliminées sur base de leurs caractéristiques psychométriques et des critiques des étudiants, qui ont 15 jours, après l'affichage des résultats et des solutions correctes, pour contester les questions par écrit (PRINCE et VISSER, 1997).

L. LES TESTS DE BLOC

D'habitude, les étudiants ne se rendent compte que très (trop) tard des exigences des cours et de leur degré de maîtrise de la matière. Or ils devraient pouvoir se confronter, immédiatement après l'étude de chaque matière, à une évaluation formative, ce qui implique banque de questions, diagnostic, prescriptions et éventuellement remédiation.

Dans l'APP en médecine à Maastricht, des tests obligatoires sont administrés après l'étude de chaque thème (ou bloc de six semaines), avec conseil (éventuel) de cours de rattrapage organisés.

M. LES TESTS « DE PROGRÈS »

Traditionnellement, une faculté (et encore moins une université entière) est incapable de dire, preuves à l'appui, si les étudiants s'améliorent ou si leur qualité baisse d'une année à l'autre. La raison en est que les épreuves ne sont pas comparables d'une session à l'autre, puisqu'elles ne sont pas créées à partir de grilles d'objectifs de référence, avec accord de tous les professeurs concernés sur la pertinence et la qualité de chaque question de la banque (ce qui force à la concertation), avec échantillonnage rigoureux, avec vérification des qualités métriques de chaque question, etc.

Dans l'APP en médecine à Maastricht, chaque année, à trois mois d'intervalle, les étudiants sont soumis à une évaluation « sanctionnée » via les Tests de Progrès. Ces tests comptent environ 250 questions à consigne « VRAI-FAUX GÉNÉRALISÉ[2] ». Ils portent sur toute la matière de médecine.

Cette formule présente un avantage pédagogique non négligeable : le stress des jours précédant l'examen est diminué, dans la mesure où il est impossible de se préparer à TOUTE la matière de médecine dans la semaine qui précède le test. La solution consiste à faire, au jour le jour, tout au long de l'année, le mieux possible son métier d'apprenant (NEWBLE et JAEGER, 1983 ; SCOTT et CHAFE, 1997). Ceci contraste avec les habitudes du classique « *Test directed studying* » : les apprenants étudient ce sur quoi ils seront testés ... pour l'oublier peu après (SEMB et ELLIS, 1994).

Les étudiants des 6 années passent ce même test ensemble dans un grand hall de la ville loué pour l'occasion. Chacun peut ainsi mesurer ses résultats, les progrès qu'il a réalisés depuis le test précédent, parallèle, portant sur la même matière. Il est normal que les étudiants des années inférieures ignorent (en écrivant «?») de nombreuses réponses. En conséquence, le taux de réussite attendu diffère selon les années. Ainsi, on attend de l'étudiant de première année qu'il réussisse 10 % des questions, de celui de deuxième année 20 %, etc., et de celui de sixième année 60 %. Il doit atteindre au moins une des quatre fois le pourcentage fixé pour son année, sinon il se voit contraint de doubler son année.

Voici le graphique des résultats (44 tests au total, comme l'indique l'axe des x) obtenus par des cohortes différentes et par les mêmes cohortes au cours des années (VANDERVLEUTEN et WIJNEN, 1990, 31) :

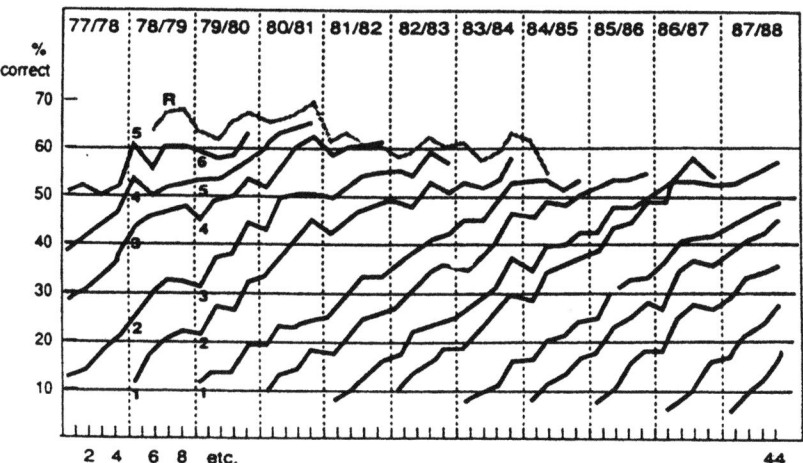

Comme comparaison inter-cohortes au cours de la même année de calendrier, prenons à titre d'exemple l'année 79/80. Les étudiants de première année (E1) ont obtenu un score d'un peu plus de 10 % dès le premier test et de près de 20 % lors du dernier test de l'année. Les E2 dépassaient 20 % lors du premier test et même 30 % lors de leur dernier (4e) test de cette année. La moyenne des E6, cette année-là a atteint les 60 % (score plancher de réussite) lors du premier et du dernier test, mais pas lors des tests 2 et 3.

En haut du graphique, les scores obtenus par les **R** ou **praticiens en fonction** (non formés à Maastricht) sont supérieurs aux scores des E6, ce qui conforte les responsables dans leur conviction que le système forme à «apprendre tout au long de sa vie professionnelle» (VANDERVLEUTEN et WIJNEN, 1990, 31).

N. *FEEDBACKS* DÉTAILLÉS AUX TESTS DE PROGRÈS

D'ordinaire, les étudiants reçoivent trop peu de précisons sur la qualité de leurs résultats. Or, chacun devrait pouvoir se situer au moins par rapport aux autres (référence normative). La solution dans l'APP en médecine à Maastricht consiste à ce que chaque étudiant reçoive un dossier individuel après chaque épreuve (voir *fac-similé* ci-dessous). En outre, les étudiants reçoivent le test et les réponses correctes, qu'ils peuvent critiquer sur base d'arguments tirés de la littérature (ils ont deux semaines pour le faire).

Résultats par disciplines (en %)

		Résultats individuels				Résultats collectifs (n = 54)					
Description	Nb Q	Cor.	Inc.	?	C-I	Cor.	Ec. type	Inc.	Ec. type	?	Ec. type	C-I	Ec. type
1. Anatomie/embryologie	13	54++	0--	46	54++	39	14	20	16	40	19	19	23
2. Biochimie	13	77+	8-	15	69++	68	13	15	11	17	11	52	21
3. Pharmacologie	7	57+	0-	43	57++	38	19	14	17	48	25	24	27
4. Physiologie	11	73	0--	27++	73++	67	16	19	11	14	12	48	24
5. Génétique-Biol. cell.	8	50	25	25	25	57	16	22	10	21	14	36	23
6. Immunologie	4	75+	25+	0-	50	65	17	15	15	19	20	50	25
7. Microbiologie médicale	6	83	0-	17+	83	85	12	6	8	10	13	79	16
8. Pathologie	10	60	0-	40	60	59	14	7	10	34	16	52	18
Total des sc. de base	**72**	**65+**	**6--**	**29**	**60++**	**58**	**9**	**15**	**7**	**26**	**11**	**43**	**11**
9. Médecine du travail	1	0	0	100	0	13	34	7	26	80	40	6	45
10. Chirurgie générale	16	38	6--	56	31+	33	13	18	11	48	19	15	14
11. Cardiologie	10	30--	10-	60++	20	49	17	21	14	29	21	28	22
12. Dermatologie	5	40	0	60	40	31	33	7	15	62	34	25	39
13. Gynécol.-Obstétrique	6	33	17	50	17	29	21	13	13	57	21	16	29
14. Pratique familiale	9	44	11--	44+	33+	40	14	27	13	33	17	13	21
15. Médecine interne	20	65++	10-	25-	55++	49	13	17	8	35	15	22	16
16. Pédiatrie	8	38	0--	63+	38+	36	19	16	14	48	16	20	29
17. Nez, gorge, oreilles	5	20	20+	60	0-	22	18	8	15	70	22	14	25
18. Neurologie	2	50+	0	50-	50++	19	31	3	11	79	34	16	32
19. Ophtalmologie	3	33	33++	33-	0-	37	28	9	17	54	29	28	37
20. Orthopédie	5	20+	0	80	20++	10	15	3	7	87	19	6	13
21. Pneumologie	5	40	0-	60+	40	42	22	10	13	48	22	33	28
22. Méd. de réadaptation	3	0-	33++	67	33-	15	22	12	23	73	26	3	37
23. Urologie	1	100+	0	0	100+	74	44	15	36	11	31	59	73
Total des sc. cliniques	**99**	**40**	**9-**	**51**	**31+**	**37**	**10**	**15**	**7**	**48**	**14**	**21**	**10**
24. Soins de santé	2	0	100++	0-	100--	6	16	42	42	53	46	-36	43
25. Epidémiologie	12	75++	8--	17	67++	65	18	18	9	17	18	48	22
26. Législation sanitaire	2	50	50++	0--	0-	40	40	13	26	47	42	27	52
27. Psychiatrie clinique	6	0-	0-	100++	0	18	19	10	16	72	28	8	22
28. Psychologie médicale	3	33+	33+	33-	0	17	25	18	25	65	41	-1	27
29. Sociologie médicale	2	100++	0	0-	100++	52	37	7	18	41	41	44	42
Tot. des sc. comportem.	**27**	**48**	**19**	**33**	**30**	**42**	**13**	**17**	**8**	**41**	**20**	**26**	**10**
GRAND TOTAL	**198**	**51+**	**9--**	**40**	**41++**	**45**	**9**	**16**	**6**	**39**	**13**	**30**	**9**

Résultats par catégories (en %)

Description	Nb Q	Résultats individuels				Résultats collectifs (n = 54)					
		Cor.	Inc.	?	C-I	Cor.	Ec. type	Inc.	Ec. type	?	Ec. type	C-I	Ec. type
1. Système respiratoire	18	56++	6--	39	50++	44	11	23	10	33	14	22	16
2. Hémat. & syst. lymph.	15	73+	0-	27+	73++	65	12	17	9	18	11	48	19
3. Syst. musculo-osseux	19	37+	16	47-	21	30	9	12	10	58	16	18	11
4. Soins de santé mentale	9	11	11	78	0	18	18	13	15	70	28	5	16
5. Système reproductif	13	46+	15	38-	31+	35	13	16	9	49	15	19	17
6. Syst. cardio-vasculaire	23	43-	4--	52++	39	54	15	19	11	27	17	35	21
7. Syst. endocr. + métabol.	14	57-	14	29+	43	65	13	14	9	22	11	51	18
8. Peau	9	22	11	67	11	27	21	14	12	59	26	14	21
9. Santé sociale	7	43+	43++	14--	0-	30	20	19	18	52	32	11	19
10. Système digestif	19	58++	5-	37	53++	45	12	15	10	40	17	29	15
11. Système urinaire	12	50+	0--	50+	50++	44	11	16	13	40	18	28	17
12. Système nerveux	21	48++	10	43-	38++	31	12	12	10	57	18	18	14
13. Divers	9	78	0-	22+	78	82	13	6	6	12	13	76	16
14. Méthodol. et philos.	10	80+	10-	10	70+	67	20	19	12	14	19	49	26
GRAND TOTAL	198	51+	9--	40	41++	45	9	16	6	39	13	30	9

Légende : Corr. = correct; Inc. = Incorrect; ? = réponses par le signe ?; Ec. type = Ecart-type; C-I = Différence entre taux de corrects (C) et taux d'incorrects (I).
Les croix (+ ou ++) et les signes négatifs (- ou --) indiquent quand l'étudiant est supérieur ou inférieur à la moyenne collective.

O. ÉTUDES COMPARATIVES DES RÉSULTATS DE L'APP EN MÉDECINE

1. La définition des critères

De nombreuses études ont été consacrées à l'évaluation de l'efficacité de l'APP comparée à celle d'autres méthodes de formation médicale. Le taux d'abandons (*dropouts*) mérite d'être pris en considération en premier lieu : moins de 10 % à Maastricht alors qu'il est de 30 % en moyenne pour la Hollande. Le temps moyen d'études de médecine est aussi un indicateur très précieux : de 6,2 ans à Maastricht alors qu'il est de 7,5 ans en moyenne en Hollande.

2. Les principes des méta-analyses

Devant la diversité des études, de leurs objets, de leurs méthodes, de leurs instruments, de leurs résultats, s'est développée la nécessité d'en donner une vue synthétique, résultant de l'analyse secondaire des analyses de premier degré ou résultant de l'agrégation de plusieurs analyses, c'est-à-dire de méta-analyses. Dans son célèbre article «*Primary, Secondary and Meta-Analysis of Research*», GLASS (1976), partant du principe que «mille doctorats sont muets si personne ne les a lus» et que «les données sont dans les livres, mais la connaissance est dans les cerveaux» a développé des démarches et des formules devenues classiques.

Central dans son apport est le concept d'Ampleur de l'Effet (AE), en anglais *Effect Size* (ES). Il s'agit de la différence des moyennes du groupe expérimental et du groupe contrôle, différence rapportée à (divisée par) l'écart-type du groupe contrôle.

Une variante a été proposée par HEDGES et OLKIN (1985) qui rapportent la différence à l'écart-type des deux distributions fusionnées (celle du groupe contrôle et celle du groupe expérimental).

Cette «standardisation» des résultats contourne la difficulté des différences de métrique d'une étude à l'autre.

D'habitude, une méta-analyse, présente ses données sous la forme d'un tableau comportant les colonnes suivantes : noms des auteurs de l'étude, date, lieu, nombre de sujets dans cette étude, nature de la méthode (ou variantes), nature des mesures d'efficacité (ex. : test QCM sur les connaissances de base; capacité clinique jugée au lit du malade, motivation à poursuivre des études, degré de satisfaction mesuré par questionnaire, etc.), type de méthode de recherche (ex. : comparaison du groupe avec lui-même dans le temps, comparaison «statique» de deux groupes, etc.), Ampleur de l'Effet.

Les lignes du tableau sont constituées par les études et leurs données. Il apparaît immédiatement qu'un obstacle important à la comparaison et à la fusion des résultats entre plusieurs recherches est la diversité des objets étudiés et des méthodes de ces études. C'est pourquoi, dans une méta-analyse, on trouve plusieurs tableaux.

Ainsi, la méta-analyse de l'efficacité de l'APP réalisée par VERNON et BLAKE (1993) comporte 4 tableaux, c'est-à-dire 4 méta-analyses, des études sur l'efficacité de l'APP :

a) Un tableau des comparaisons des évaluations (subjectives) du programme par les étudiants (ce tableau regroupe 15 études).

b) Un tableau des comparaisons sur le rendement des étudiants aux tests de *National Boards of Medical Examinations* (NBME) comportant 8 études présentant 28 séries de données différentes.

c) Un tableau des comparaisons de performances cliniques, comportant 12 études présentant 20 séries de données différentes.

d) Un tableau des comparaisons des connaissances cliniques, comportant 4 études présentant 12 séries de données.

Deux autres méta-analyses, celle d'ALBANESE et MITCHELL (1993) et celle de BERKSON (1993) parues la même année dans la même revue (*Academic Medecine*) présentent elles aussi plusieurs tableaux récapitulatifs.

3. Résultats des méta-analyses

De ces trois méta-analyses, nous relevons que :

a) Parmi les facultés pratiquant l'APP, on peut observer une **grande variété** de résultats par exemple entre les facultés de la *Michigan State University* ou du Colorado d'une part, et dans les facultés de Mac Master (Ontario) ou de New Mexico d'autre part. Les unes peuvent avoir une Ampleur d'Effet (*Effect Size*) positive (rendement supérieur au groupe contrôle) et les autres une Ampleur d'Effet négative.

b) Pour les **connaissances** (souvent testées au NBME), l'APP est inférieur aux études traditionnelles. L'Ampleur de l'Effet va de de -1,00 à +0,27 dans la méta-analyse d'ALBANESE et MITCHELL et de -0,24 à +0,06 dans la méta-analyse de VERNON et BLAKE.

c) Pour les **performances cliniques**, l'APP est supérieur aux études traditionnelles, l'AE variant de +0,02 à +0,51 chez ALBANESE et MITCHELL et de +0,40 à +0,70 (dw = 0,55)[3] pour VERNON et BLAKE. Bien sûr, il faut ici se méfier d'un possible effet Hawthorne[4].

d) Pour le choix des spécialisations, en moyenne, l'APP est supérieur (dw = +0,33 avec ES allant de -0,22 à +0,96) chez ALBANESE et MITCHELL, avec un plus grand choix du métier de médecin de famille (généraliste) chez les étudiants formés par l'APP.

e) Pour d'autres caractéristiques, des différences apparaissent aussi. Ainsi, ALBANESE et MITCHELL font apparaître que :
– Le nombre de consultations par mois (moins pour les APP : -0,28);
– Le revenu par mois (moins pour les APP : -0,27);
– Les patients par mois (moins pour les APP : -0,37);
– Les coûts à la consultation (plus pour les APP : +0,35), car ils demanderaient plus d'expertises secondaires.
– Les consultations relevant de la psychologie (plus pour les APP : +0,23).

Il serait intéressant de mesurer aussi la capacité à (et la volonté de) s'auto-former, à consulter une bibliothèque ainsi que d'autres compétences transversales, mais cela n'a pas fait l'objet de méta-analyses, sauf dans l'étude de BERKSON (1993) selon laquelle les étudiants APP seraient plus réticents à s'engager dans des apprentissages de surface (pour le court terme) et plus enclins à étudier pour comprendre. Il serait aussi intéressant de disposer de comparaisons de résultats avec des méthodes qui mêleraient les deux approches, l'APP et la traditionnelle, où est plus présente la notion de soutien par les formateurs (d'étayage, selon l'expression de BRUNER).

4. Conclusions

Les résultats comparatifs sont encore assez flous, étant donné les difficultés méthodologiques. Globalement, on ne peut dire qu'un système méthodologique est nettement meilleur que l'autre. Par ailleurs, à l'intérieur de chaque système, des écarts importants existent. Enfin, on doit se demander quelle sera l'évolution des systèmes respectifs. Pour BERKSON, il faut s'attendre à ce que les différences de rendement s'amenuisent.

P. DISCUSSION

On peut se demander si un curriculum de médecine générale ne présente pas des caractéristiques très particulières par rapport aux autres formations universitaires qui expliqueraient le succès de l'APP en formation de médecins généralistes.

Tout d'abord, la cohorte d'étudiants qui s'engage dans ces études va faire l'objet d'un traitement uniforme pendant six ans, car il y a peu (ou même pas) d'options. Un système APP portant sur les six ans peut donc compter sur une cohérence d'ensemble de l'approche, ce qui pose le problème au départ de «s'adapter» au système, mais qui évite celui de «se réadapter» ou d'être «compatible» avec le système traditionnel qui ne réapparaît plus dans la formation.

Ensuite, la situation médicale est naturellement une situation de résolution de problèmes, plus particulièrement de «cas», la plupart du temps, individuels. Ce n'est pas le seul domaine de ce type. Le droit, l'économie se présentent aussi de la sorte. On ne voit pas pourquoi, cependant, la psychologie y échapperait, pas plus que les langues étrangères! Dans tous ces domaines, il est possible de pratiquer les principes d'isomorphisme : faire vivre lors de la formation les expériences de la vie professionnelle.

Enfin, la démarche médicale de résolution de problème est elle-même bien formalisée : Observations, Diagnostic, Communication et Perception, Traitement, Suivi. Mais les autres disciplines n'auraient-elles aucune démarche «rigoureuse»?

Nous laissons ce débat ouvert.

Je ne vois qu'un moyen de savoir jusqu'où on peut aller,
c'est de se mettre en route et de marcher.
Henri BERGSON

NOTES

[1] Sur ce sujet, on consultera, pour la méthodologie, GACHIE *et al.* (1978) et, pour la description de diverses expériences dans le monde, RICHARDS et FULOP (1989) d'une part et KRANTOWITZ *et al.* (1989) d'autre part.

[2] VFG = QCM où l'étudiant doit fournir une réponse VRAI-FAUX pour chaque solution proposée. En cas de réponse correcte, l'étudiant reçoit 1 point, en cas d'incorrecte, il en perd 1. C'est la «*correction for guessing*» classique (voir LECLERCQ, 1987).

[3] Dw = «*difference weighted*». Cet indice est une somme pondérée (par les nombres dans chaque échantillon) des «Effect Size» moyens dans diverses études.

[4] Les étudiants sont stimulés par le sentiment de faire partie d'une expérience et leur jugement surévalue les bénéfices retirés. Ce phénomène a été appelé «Effet HAWTHORNE» du nom de la localité dans laquelle cette expérience a été menée pour la première fois, sur l'influence des intensités lumineuses sur le rendement au travail. On a ainsi montré que c'est quand ils croyaient que l'intensité lumineuse avait augmenté que les ouvriers amélioraient leur production.

Chapitre 9
Projets d'Animations Réciproques Multimédias (PARM)

Véronique JANS, Dieudonné LECLERCQ,
Brigitte DENIS et Marianne POUMAY

INTRODUCTION

A. UN EXEMPLE DE LA MÉTHODES DES PARM — PROJETS D'ANIMATIONS RÉCIPROQUES MULTIMÉDIAS

B. UNE RÉVISION DES RAPPORTS ENSEIGNÉS-ENSEIGNANT-ENSEIGNEMENT

C. UNE RÉVISION DES SITUATIONS D'APPRENTISSAGE

D. UNE RÉVISION DES OBJECTIFS DE L'APPRENTISSAGE

E. UNE RÉINTERPRÉTATION DE L'ACTE D'APPRENTISSAGE

F. DISCUSSION

INTRODUCTION

John DEWEY (1859-1952), considéré comme le père de la pédagogie du projet, concevait l'enseignement comme *« une action organisée vers un but déclaré »*. Parmi les «méthodes actives» fondées sur les besoins et les initiatives des élèves, la pédagogie du projet propose aux apprenants *« des réalisations concrètes (par exemple la réalisation d'un journal), qui mobilisent leurs activités en leur donnant l'occasion de s'approprier des connaissances »* (FOURNIER, 1996, 36).

BRU et NOT[1] (1987) distinguent cinq fonctions principales à la pédagogie du projet. Trois d'entre elles nous paraissent importantes à retenir pour l'application d'une pédagogie du projet à l'université :

« – une fonction de motivation : les élèves s'engagent dans des activités dont ils perçoivent le sens, et renouvellent leurs intérêts pour l'école ;
– une fonction didactique : le traitement des connaissances et des compétences à acquérir est resitué dans l'action du projet ;
– une fonction sociale : tout projet passe par une médiation avec des partenaires. »

Pour VASSILEFF (1997), créateur de l'Institut de Pédagogie du Projet à Nantes, l'autonomie devient la visée première de la pédagogie du projet en formation. Ce courant semble s'affirmer de nos jours comme étant le plus adapté pour développer des attitudes et impliquer davantage des individus ou des groupes (rapport final du CUNIC, 1994).

Ce sont les principes de la pédagogie du projet, alliés à l'utilisation des Technologies de l'Information et de la Communication comme objet d'apprentissage et comme support d'animation, qui sont à la base de l'approche «PARM», c'est à dire «Projets d'Animations Réciproques Multimédias», décrite ci-après.

Le présent chapitre comporte deux grandes parties :
– Tout d'abord, un exemple d'application de la méthode au travers du cours «Audio-Visuel et Apprentissage» donné à l'université de Liège
  A. Un exemple de la méthode des PARM — Projets d'Animations Réciproques Multimédias

– Ensuite, la confrontation entre cette pratique et la théorie sous-jacente, sous forme de 12 principes, regroupés en 4 problématiques :
  B. Une révision des rapports enseignés-enseignant-enseignement
  C. Une révision des situations d'apprentissage
  D. Une révision des objectifs de l'apprentissage
  E. Une réinterprétation de l'acte d'apprentissage

A. UN EXEMPLE DE LA MÉTHODES DES PARM — PROJETS D'ANIMATIONS RÉCIPROQUES MULTIMÉDIAS

Étape 1 : Vécu commun initial

Pour faire comprendre mieux que par des mots quels sont ses objectifs, le professeur fait vivre des expériences à des groupes de 30 étudiants (nombre à ne pas dépasser pour des raisons de disponibilité de ressources humaines et matérielles). Ce que les étudiants vivent ainsi durant les premières séances du cours, c'est ce qu'ils vont être amenés, sur un autre thème et avec leur propre scénario, à faire vivre aux autres.

Étape 2 : Manuel de référence

Il est acquis par tous. Ce sera la référence «proxime», mais dès le départ les étudiants sont invités à consulter d'autres sources : livres, articles, experts, documents audio-visuels, etc.

L'ouvrage comporte 7 chapitres abordant des matières telles que la perception visuelle, la polysémie de l'image, l'efficacité différentielle des médias, etc.

Étape 3 : Choix d'un thème

Les étudiants forment des équipes de deux. Chaque équipe choisit un thème parmi ceux présentés par le professeur. Les thèmes retenus ne représentent qu'une petite partie du cours.

Les thèmes ainsi traités constitueront, pour l'étudiant qui lira plus tard le livre de référence, des «ancrages» dans sa mémoire épisodique (événementielle) et contribueront à rendre le contenu moins abstrait.

Étape 4 : Initiation à Powerpoint©

Les étudiants participent à une formation collective de base sur les possibilités de Powerpoint© (logiciel de présentation assistée par ordinateur) et sur les manipulations élémentaires : créer des textes, scanner des images, créer des boutons et des hyperliens, etc.

Étape 5 : Conception du scénario et approfondissement de la matière

Les équipes sont invitées à concevoir un scénario d'animation de leurs collègues. Pour cela, elles vont être amenées (1) à « creuser », approfondir la matière choisie, à se reporter à d'autres documents, à consulter des experts, etc. Cet enrichissement, à son tour, influencera le scénario (2). Le scénario est soumis au professeur qui le critique tant quant au fond que quant à ses aspects d'interactivité pédagogique. Il donne aussi des conseils techniques liés au projet.

Étape 6 : Approfondissement technique et réalisation du support

En cours de réalisation, des besoins techniques plus pointus se font sentir (3). Les étudiants recourent alors à des tuteurs, des condisciples, des manuels, des aides informatisées en ligne, etc. Cet apprentissage autonome sera immédiatement mis en application pour réaliser leur projet (4). Comme l'illustre le schéma ci-dessus, le processus de travail n'est pas linéaire, mais itératif : il est caractérisé par de nombreux aller-retour entre les étapes.

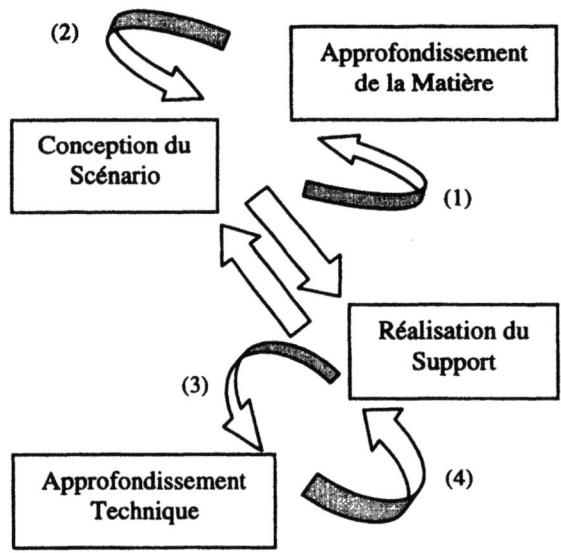

Étape 7 : Animation des collègues à l'aide de l'application informatique

De manière interactive, et en variant les stratégies (transmission, exercisation, voir chapitre 4), l'équipe de deux étudiants fait vivre son scénario au reste du groupe. Les deux animateurs sont actifs et complémentaires pendant cette demi-heure de «cours» qu'ils prennent en charge.

Étape 8 : Allo-Évaluation

Evaluateur : Professeur		Evalués : Magali et Pierre		
Critère d'évaluation		*Note*	*Sur*	*Justification*
POINT DE VUE THEORIQUE				
Contenus de la séquence			20	
1	*Pertinence :* – adéquation avec la matière du syllabus (respect du contenu, pas de confusion avec d'autres concepts) – exhaustivité du contenu	6	10	– *contenu respecté (ch. 1, A)* – *quelques erreurs dans la compréhension de l'expérience de GUBA (1964)*
2	*Créativité :* apport de nouvelles données, richesse des illustrations	7	10	– *reprise des exemples donnés dans le syllabus* – *peu de recherche personnelle*

Evaluateur : Fabian		Evalués : Magali et Pierre		
Critère d'évaluation		*Note*	*Sur*	*Justification*
POINT DE VUE THEORIQUE				
Contenus de la séquence			20	
1	*Pertinence :* – adéquation avec la matière du syllabus (respect du contenu, pas de confusion avec d'autres concepts) – exhaustivité du contenu	8	10	*Tout semble s'y trouver et tout semble compris (à part Guba : pas clair)*
2	*Créativité :* apport de nouvelles données, richesse des illustrations	5	10	*Magali et Pierre n'ont rien apporté de neuf !*

Avant de procéder à l'allo-évaluation, tous les étudiants lisent le passage du syllabus concerné par l'animation qui vient d'être vécue. L'allo-évaluation est menée par le professeur et chacun des étudiants sur une grille de critères (voir ci-dessus le début d'une telle grille) qui a été présentée, débattue et négociée avec les étudiants dès le début du cours. Elle sera réajustée à la fin du processus avec tous les participants. Ces évaluations sont formatives, par les justifications communiquées, mais elles sont également certificatives.

Étape 9 : Auto-évaluation

Evaluateur : Magali		Evalués : Magali et Pierre	
Critère d'évaluation	Note	Sur	Justification
POINT DE VUE THEORIQUE			
Contenus de la séquence		20	
1 Pertinence : – adéquation avec la matière du syllabus (respect du contenu, pas de confusion avec d'autres concepts) – exhaustivité du contenu	9	10	Je pense que nous avons bien respecté et compris le chap. 1 point A. Nous avons couvert l'ensemble de cette matière.
2 Créativité : apport de nouvelles données, richesse des illustrations	6	10	Nous avons surtout repris les exemples du syllabus, car ils étaient très clairs et suffisants pour comprendre la matière.

Grille d'auto-évaluation en PAV

Evaluateur :		Evalués :	
Critère d'évaluation	Note	Sur	Justification
POINT DE VUE THEORIQUE			
Contenus de la séquence		20	
1 Pertinence : – adéquation avec la matière du syllabus (respect du contenu, pas de confusion avec d'autres concepts) – exhaustivité du contenu		10	
2 Créativité : apport de nouvelles données, richesse des illustrations		10	
POINT DE VUE PEDAGOGIQUE			
Conception du scénario		20	
3 Pertinence : – traduction pertinente de l'objectif dans le scénario – agencement judicieux des activités en fonction de l'objectif		10	
4 Créativité (sur le fond) : – richesse et originalité de l'interactivité – personnalisation de la séquence, des feedbacks, etc.		10	

POINT DE VUE TECHNIQUE		
Utilisation de PowerPoint	20	
5	*Pertinence :* bonne exploitation des rapports textes/images, des raccords (transitions), tempo, son (si pertinent !), recours aux options les plus adéquates, pas de gadget pour le gadget, pas perturber, lasser, distraire	10	
6	*Créativité (sur la forme) :* personnalisation, originalité des arrière-plans, des raccords, des effets, etc.	10	
POINT DE VUE METHODOLOGIQUE		
Animation	20	
7	*Présentation orale :* efficacité de la co-animation (répartition des tâches entre animateurs), qualité de l'expression, clarté, rythme, etc.	10	
8	Attention accordée à ce que les apprenants *participent* à l'animation	10	
POINT DE VUE DOCIMOLOGIQUE		
Grilles d'évaluation	20	
10	*Proximité* (de 0 à 10) entre mes cotes (auto-évaluation) et celles des juges (LECLERCQ, JANS)	10	
11	Pertinence de mes *justifications*	10	
Total	100	

Étape 10 : Exploitation des évaluations

Chaque étudiant peut confronter sa propre évaluation (ses notes et ses justifications) à celles de ses condisciples (leurs notes et leurs justifications) et à celle du professeur (ses notes et ses justifications). Les discordances éventuelles (sur- et sous-évaluations) font l'objet de discussions avec les encadrants et permettent à l'étudiant de prendre des décisions de stratégies d'apprentissage et d'auto-évaluation. Il arrive aussi que, lors de cette confrontation, le professeur revoie son jugement... ou son cours.

B. UNE RÉVISION DES RAPPORTS ENSEIGNÉS-ENSEIGNANT-ENSEIGNEMENT

Principe 1 : La révolution copernicienne en éducation

Pendant des siècles, les interactions entre enseignant et apprenants avaient pour centre l'enseignant (sur une estrade, écrivant au tableau, disposant du micro, corrigeant en rouge, fixant l'horaire, évaluant, etc.). Or plusieurs courants de pensée contemporains en psychologie et en éducation (le behaviorisme skinnérien, le constructivisme piagétien, l'instrumentalisme vygotskien, le cognitivisme, mais aussi les travaux de MONTESSORI, de CLAPAREDE, de DECROLY, de FREINET, etc.) ont contribué, chacun à leur façon, à placer l'apprenant au centre du « système scolaire ». Ce renversement des positions a été appelé « la révolution copernicienne de l'éducation » par Edouard CLAPAREDE.

McKEACHIE *et al.* (1986, 63) illustrent cette révolution à leur façon : « *The best answer to the question, 'What is the most effective method of teaching?' is that it depends on the goal, the student, the content, and the teacher. But the next best answer is, 'Students teaching other students'.* »[2]

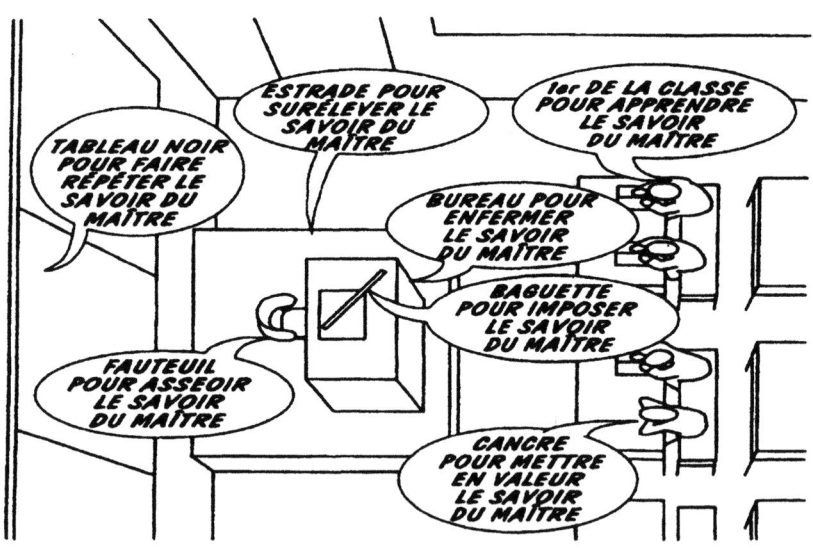

Contrairement au dessin ci-dessus (extrait des Cahiers Français, 1977, n° 179), qui illustre la «pédagogie centrée sur l'enseignant», Célestin FREINET, dans les années 20 déjà, brûle l'estrade de sa classe d'école primaire provençale. Il veut la transformer en atelier, et donne à ses élèves la responsabilité de se fixer des projets, des «plans de travail», des horaires. Bref, il met les élèves en position d'acteurs. A eux de prendre des initiatives; à lui de les soutenir, de les y aider!

The teacher is not any more
The sage on the stage
But a guide on the side.

Le professeur n'est plus
Le sage sur l'estrade
Mais le guide à portée.

Principe 2 : De nouveaux rôles pour l'enseignant

D'habitude, dans l'enseignement traditionnel, l'enseignant est un des supports de la transmission d'informations : il expose oralement, il écrit au tableau, etc. Or, la révolution copernicienne est tout aussi lourde de conséquences pour le formateur que pour l'apprenant, désormais au centre du processus d'apprentissage/enseignement.

De nouvelles compétences pédagogiques sont requises du formateur. Il devient un «facilitateur», un «médiateur», un «guide» dans l'orientation des apprentissages. Etre facilitateur ne signifie pas avoir une attitude totalement non directive. Comme le souligne MEYER (1975, 43), *«son rôle se veut non directif, mais il a, en fait, une 'direction' plus ou moins implicite [...] sa tâche est de faire que l'étudiant réussisse dans son projet»*. Pour cela, il incombe à l'enseignant d'exploiter et de créer des situations riches pour l'apprentissage.

Par ailleurs, il est fréquent que l'enseignant soit amené à chercher une solution en même temps que ses apprenants. La relation éducative traditionnelle se trouve ainsi modifiée : l'étudiant a l'occasion de voir apprendre quelqu'un d'autre (l'enseignant)! Il y a partage et production réciproque du sens.

VYGOTSKY avait défini la «zone proximale de développement» d'une personne comme ce qu'elle est capable de faire avec l'aide d'une autre plus compétente qu'elle, ouvrant ainsi un champ de développement autonome possible dans le futur, puisqu'elle pourrait se rendre capable de le réaliser seule. Prolongeant cette idée de VYGOTSKY, BRUNER (1983, 277-279) a développé le concept d'échafaudage, ou étayage (en anglais *scaffolfing*). Pour lui, l'enseignant (l'éducateur) fonctionne essentiellement en deux temps. Le premier temps est l'**étayage** où le formateur propose une «allonge» (échafaudage) posée sur ce que l'apprenant a déjà comme compétences (ce qui implique de diagnostiquer la présence ou l'absence de ces pré-acquis) mais lui permettant de se prolonger, de se dépasser, nous dirions «d'être en surplomb par rapport à lui-même». Le deuxième temps est le **désétayage** où le formateur retire progressivement les prothèses. SKINNER (1971) parle de *prompting* (soufflage) et de *vanishing* (estompage).

Nikos KASANTZAKIS[3] le dit dans des termes plus poétiques :
> *« [The ideal teachers]*
> *use themselves as bridges over which*
> *they invite students to cross,*
> *then, having facilitated their crossing,*
> *joyfully collapse,*
> *encouraging them*
> *to create bridges of their own. »*

> « Les enseignants idéaux
> se transforment en ponts
> qu'ils invitent les étudiants à traverser.
> Une fois qu'ils les ont aidés à passer de l'autre côté,
> les enseignants sont heureux de s'effacer
> et d'encourager leurs étudiants
> à construire leurs propres ponts. »

Il importe que le formateur se tienne *à côté* de l'apprenant pour chercher avec lui en veillant à ne pas faire écran entre l'apprenant et l'objet d'apprentissage (MESNIER, 1996, 68).

Les éducateurs sont des jeteurs de ponts.

Principe 3 : Des renoncements nécessaires

1. Voir toute la matière

Même s'il était possible de «voir» en classe toute NOTRE matière (celle de notre syllabus), LA matière (plus vaste) ne serait pas vue, et même notre matière ne serait que «vue». Mais serait-elle comprise? Nous visons à doter les étudiants des compétences démultiplicatrices, stratégiques et surtout dynamiques (voir chapitre 4) pour «voir» cette matière par eux-mêmes. Un professeur de littérature regrette-t-il qu'au terme de ses cours, les étudiants n'aient pas lu tous les livres?

2. Atteindre la perfection

«Il vaut mieux avoir approximativement raison que précisément tort.» Il importe que les pas soient dans la bonne direction, plutôt que des bonds de géants dans le sens opposé. L'œuvre s'améliorera avec le temps, ne serait-ce que parce que les étudiants successifs y contribueront.

La recherche sur les médias (SCHRAMM, 1977) a montré qu'il n'existe pas de méthode supérieure à toutes les autres sur tous les plans. Il n'y a pas de solution pédagogique miracle.

3. Contenter tout le monde

Si l'on interroge les étudiants sur leurs préférences en matière de méthodes pédagogiques, d'évaluation, de support audio-visuel, d'horaire, etc., on débouche sur la diversité et les incompatibilités. Il est impossible de satisfaire chacun sur tous les points. Alors, restons nous-mêmes en tant que formateurs et respectons au moins NOS préférences. Non pas que «la meilleure méthode soit celle à laquelle l'enseignant croit et qu'il pratique bien», mais parce qu'il n'est pas possible d'obtenir de bons résultats avec une méthode à laquelle on ne croit pas et qu'on utilise mal. Ceci n'exclut pas, bien sûr, que l'on tienne compte aussi de l'avis des étudiants.

4. Entreprendre sans risque

Changer de stratégie est toujours un risque. Il faut le prendre, en comptant sur les étudiants pour donner la vraie dimension à l'entreprise, car, chaque fois que nous avons misé sur leur esprit d'initiative et leur créativité, que nous les avons responsabilisés, nous n'avons jamais été déçus.

5. Marquer à tous les coups

Les entreprises pédagogiques sont à la merci du moindre grain de sable, ou plutôt, pour que le succès soit total, bien des conditions doivent être remplies. Il est utopique de croire qu'on y arrivera en une fois. L'expérience ici aussi est nécessaire.

6. Croire que l'on peut s'en sortir seul

Pour encadrer 2 fois 30 étudiants, outre le professeur et son assistante, deux étudiantes-monitrices, un technicien et un informaticien étaient à la disposition des étudiants, souvent selon des horaires à la carte (par exemple le samedi). La technologie résout bien des problèmes, mais ne peut se substituer à l'expertise humaine et au compagnonnage. *«La technologie force l'Homme à se spécialiser dans l'humain.»* (FOURASTIÉ, 1971)

Renoncer au meilleur des mondes
n'est pas renoncer à rendre ce monde meilleur.

C. UNE RÉVISION DES SITUATIONS D'APPRENTISSAGE

Principe 4 : Apprentissages contextualisés et co-construction du sens

BARTH (1996, 25) envisage l'apprentissage comme « *un processus de participation 'authentique' dans un domaine donné [...] dans un contexte partagé [... avec] une compréhension commune du but de l'activité et des outils dont on se sert, y compris les outils intellectuels. L'apport de chacun, l'interaction et la 'négociation du sens' permettent de donner une signification à l'activité commune.* »

Cherchant à traduire dans la pratique pédagogique sa conception de l'apprentissage, BARTH a développé la démarche des « scénarios pour la co-construction du sens ». Après avoir mis en œuvre auprès de ses élèves certaines séquences d'apprentissage « pilotes », elle a proposé à des enseignants en formation de réfléchir ensemble sur les conditions affectant le processus d'enseignement-apprentissage. Cette réflexion commune a permis à BARTH, d'une part, d'affiner son modèle théorique visant à « *valoriser l'importance de l'implication affective et cognitive de l'apprenant dans la construction de son savoir* » (Idem, 32), et d'autre part, de viser un changement des conceptions et des attitudes des enseignants concernant le processus d'enseignement-apprentissage.

Dans toute mise en œuvre de PARM, les animateurs doivent se fixer comme contrainte de susciter des « apprentissages contextualisés », sans quoi le processus de construction du sens serait rendu laborieux. FRENAY (1996, 42) insiste également sur cette idée de contextualisation des apprentissages pour favoriser le transfert des connaissances.

Sous le concept de « *situated learning* », COLLINS *et al.* (1989) ont attiré l'attention sur les liens entre la cognition et les circonstances sociales de leur acquisition et sur leur utilité sociale (BILLETT, 1996, 263). Ce lien peut être illustré par les animations multimédias conçues par deux des groupes de l'expérience de PARM sur le thème « Audio-Visuel et Apprentissage ».

Deux groupes avaient en effet choisi de traiter du thème de « la fiabilité des témoignages visuels », thème classique spécialement étudié par LOFTUS (1979). Ces deux paires d'étudiants ont choisi de faire vivre à leurs condisciples deux animations dans des contextes différents, mais dont ils ont chaque fois pesé avec soin la pertinence sociale. Ainsi, un groupe a choisi le contexte du témoignage en justice lors d'un accident de la circulation : ils ont donc photographié un carrefour et mis leurs condisciples en situation de témoigner : « Le feu vert était-il allumé ? » L'autre paire a choisi le contexte d'une enquête policière (menée par Magnum-Tom Selleck) et a posé des questions du style : « La chambre contenait-elle un téléphone ? »

Dans ces deux exemples, le fait d'avoir « situé » l'apprentissage dans un contexte « parlant » aura très certainement favorisé la compréhension et la rétention chez les étudiants.

> Apprendre, c'est donner du sens et le négocier
> dans un contexte significatif.

Principe 5 : Les deux moteurs d'un projet : entreprendre et chercher

Pour l'équipe de deux étudiants, mener un Projet d'Animations Réciproques Multimédias, c'est se dépasser, se projeter, s'extrojeter vers les autres, les «animés» que l'on éduque. Or, *e-ducere*, en latin, signifie : «mener hors de»... (hors de soi-même), conduire plus loin. Pour ce faire, l'équipe va devoir entreprendre et chercher.

Or, l'entreprendre et le chercher (expressions de MESNIER, 1996) *«suscitent un apprendre constant et diversifié»* (Idem, 60), comme le déclarent d'ailleurs dans leurs témoignages les entrepreneurs et les chercheurs.

Pour MESNIER (1996, 62), le chercher *« c'est faire des tours et des détours qui conduisent à penser 'à côté'»*. La soif de connaître du chercheur est associée au mystère, au vertige, à l'inconnu. Le mot *savoir*, issu du verbe latin *sapere*, a d'abord le sens d'avoir du goût, de la saveur, puis seulement celui de comprendre. Désignant, dès l'origine, une activité en relation avec le registre corporel du sujet, le savoir doit se vivre (MESNIER, 1996, 70).

Quant à l'entreprendre, il importe qu'il soit couronné de succès. *« L'entrepreneur est homme de résultat [... Or l'école] se centre surtout sur les erreurs et les lacunes. La joie 'entrepreneuriale' du succès est un sentiment trop peu partagé dans l'univers scolaire.»* (Idem, 68) Cet univers scolaire, MIALARET (1986, 363) cherche à le transformer quelque peu ; pour cela, il invite les enseignants à appliquer la «pédagogie de l'étonnement» avec les apprenants (expression forgée par LEGRAND). Habitués à se poser des questions sur le monde environnant et à y chercher des solutions, les apprenants seraient ainsi formés à devenir de vrais «acteurs de changement». Ces changements, sur quoi les faire porter? Sur les collègues eux-mêmes! On évite ainsi le piège de projets consistant à produire des montages vidéo qui ne seront visionnés par personne ou des CD-Roms qui ne seront utilisés par personne. Cet absence de «consommateurs» laisse l'entrepreneur sans critère de qualité, sans incitant à l'excellence. Dans notre expérience, les produits (en Powerpoint©) ne sont pas développés pour eux-mêmes mais à l'intention d'une consommation par d'autres, dont l'avis sera un critère de succès.

Ce qui pousse une personne à concevoir et mener des projets, ce sont la soif d'entreprendre et la motivation à chercher. L'expérience de PARM tente d'éveiller chez les étudiants ces deux moteurs de l'apprentissage. D'ailleurs, les étudiants eux-mêmes se rendent vite compte que les volets «chercher» et «entreprendre» sont complémentaires. Ainsi, quand, au départ, nous avions imaginé de confier l'aspect «recherche de documentations et illustrations» aux uns et l'aspect «réalisation du produit» à d'autres, les étudiants ont — très sainement — réclamé que TOUS vivent les deux à la fois. Comme FREINET (1967, 45), ils ont refusé «le travail en miettes».

Refuser le travail en miettes,
c'est vouloir donner un sens à l'entreprise,
c'est vouloir se mettre en projet.

Principe 6 : Expérience, culture et apprentissage

On l'aura remarqué, dans les Projets d'Animations Réciproques Multimédias, les étudiants vivent des expériences à répétition, puisque chaque équipe a pour but, non pas de transmettre de la matière, mais de «faire vivre une situation intéressante à propos de la matière». Ce vécu n'a de sens que s'il est interprété via les concepts. Pour LADRIERE (dans BARTH, 1996, 26), c'est le concept qui éclaire l'expérience et lui donne sens, et non l'inverse. Comprendre la réalité, c'est l'interpréter selon certains critères «partagés». BARTH souligne à ce propos l'influence de la «culture» qui met à notre disposition des outils intellectuels qui *«nous incitent à voir le monde d'une certaine manière et nous rendent difficile une observation individuelle»* (*Idem*, 26). BRUNER (1991) défend la même opinion dans son ouvrage au titre évocateur : *«... car la culture donne forme à l'esprit»*.

Quelle place laisser à la créativité ? Selon CLAUSSE (1975, 219), si *«la civilisation c'est l'acquis matériel, moral, spirituel, social d'un milieu historique déterminé, la culture est compréhension, appréciation, réflexion, jugement critique. C'est un acte permanent de l'esprit, de l'individu qui s'applique aux réalités de la civilisation. L'éducation, elle, est la transmission, d'une génération à l'autre, des techniques, des attitudes, des références, des connaissances, du comportement inspirés ou suggérés par la civilisation».* Nous aurions envie d'ajouter : «... pour permettre à la nouvelle génération de *créer sa* culture», ou encore de rappeler cette phrase de John Fidgerald Kennedy :

> *«Some look at what is*
> *and ask 'Why ?'*
> *Others look at what could be*
> *and ask 'Why not ?' »*

Dans la méthode PARM, les étudiants sont invités à fournir un apport unique, à se dépasser, voire à créer les concepts, à faire œuvre de culture.

C'est le moment de signaler que la méthode PARM n'a pas de prétention hégémonique. Nous ne pensons pas que tout curriculum doive fonctionner entièrement selon ce principe. Nous suggérons cependant que, chaque fois que les circonstances le permettent (taux d'encadrement favorable, ressources informatiques disponibles, horaire compatible), cette méthode soit envisagée. Son isomorphisme avec les enjeux dans la vie professionnelle plaide en ce sens.

« L'expérience n'est pas ce qui arrive à un homme,
c'est ce qu'un homme fait de ce qui lui arrive. »
(Aldous Huxley)

D. UNE RÉVISION DES OBJECTIFS DE L'APPRENTISSAGE

Principe 7 : Ce qui est appris, c'est le processus et non le contenu

L'obsolescence des connaissances rend les acquis de contenu de moins en moins importants. Les acquis procéduraux, eux, peuvent espérer garder un statut plus permanent. Il importe donc, dans la formation, de s'intéresser tout autant (si pas plus !) aux démarches qu'à leurs résultats.

La méthode des PARM met l'accent sur le développement de processus (compétences transversales) plus que sur l'acquisition de contenus (compétences spécifiques). Ce qui est appris par les étudiants au cours des séances, ce n'est pas seulement la matière (ici les liens entre l'audio-visuel et l'apprentissage), mais surtout une façon d'apprendre (ici en créant) et une façon d'enseigner (ici en animant). Les étudiants sont amenés à se fixer un projet, à le planifier, à le réaliser, puis à communiquer le fruit de leur travail à leurs pairs... quatre étapes-clés dans un processus d'apprentissage.

Communiquer aux étudiants ce principe de la priorité accordée au processus d'apprentissage (plus que la maîtrise d'un vaste contenu) nous paraît important. En effet, étudiants et professeur doivent être conscients que le contenu du livre de référence ne sera pas vu dans son entièreté ; par contre, la matière abordée devrait être traitée et assimilée « en profondeur » par les étudiants-animateurs ; elle devrait également être mieux maîtrisée par les pairs-animés que si elle avait été simplement exposée de manière transmissive.

A la fin du cours, bien des lacunes de contenus subsisteront. C'est le propre de la méthode. On peut en tirer parti en encourageant les étudiants à mettre en œuvre des démarches d'auto-apprentissage de ce contenu restant, le moment venu. Pour s'engager dans un processus d'apprentissage, il faut être conscient d'un besoin !

Le processus d'apprentissage lui-même est facilité car l'équipe (de deux) est passée « de façon accompagnée » (grâce au suivi de l'enseignant et de ses assistants) par les diverses étapes d'un processus d'auto-apprentissage : fixation d'un projet d'apprentissage et d'un plan (définition d'objectifs particuliers et de stratégies étant donné certaines contraintes contextuelles), passage à l'action, auto-évaluation des résultats et régulation éventuelle (LECLERCQ et DENIS, 1995). Bien sûr, ce processus s'est fait « de façon accompagnée »... Il devrait faciliter l'engagement des étudiants dans un nouveau processus du même type.

Dans l'expérience de PARM, ce qui importe, c'est non seulement l'animation qui résulte du travail créatif des étudiants, mais surtout le travail créatif lui-même avec ses apprentissages concomitants. Le message transmis aux étudiants dans ce cours pourrait s'exprimer aussi de la façon suivante : « *L'illettré de demain ne sera pas celui qui ne sait pas lire, mais celui qui n'aura pas appris à apprendre.* » (A. TOFLER, 1991)

>L'important, c'est le processus d'apprentissage,
>c'est d'être capable d'apprendre à apprendre.

Principe 8 : Le rapport au savoir et l'enjeu du transfert

Placer les étudiants par paires en situation de formateurs, c'est leur attribuer la charge de sélectionner les contenus et de déterminer les objectifs, donc de se situer par rapport aux savoirs disponibles : lesquels méritent d'être transmis, pourquoi et comment ? C'est par cette attitude réflexive et constructive face au savoir que l'étudiant a davantage de chances de transférer ses acquis. Mais que va-t-il transférer ? Des processus, des contenus, les deux ?

Dans le cas des PARM, le transfert des contenus est envisageable car, même si peu de contenus ont effectivement été abordés, ils devraient être maîtrisés s'ils ont été travaillés en profondeur et mis en contexte, deux conditions qui favorisent le transfert des connaissances (FRENAY, 1996). De plus, le fait que certains contenus et concepts aient été présentés à différentes reprises et dans différents contextes (par les divers groupes) devrait faciliter leur rappel et une nouvelle exploitation. Néanmoins, un transfert de connaissances s'avérera plus ou moins difficile selon qu'il concerne une situation-problème éloignée ou proche de la situation initiale.

Par ailleurs, les processus sont également transférables et constituent un des défis de la méthode PARM. Le rêve de tout pédagogue est que l'étudiant soit capable de transférer le type de démarches mises en œuvre (étapes du processus d'auto-apprentissage, utilisation de compétences transversales, etc.). Cependant, même si certaines compétences de ce type sont effectivement observées, ceci n'assure pas leur transfert automatique.

Ici aussi, on pourrait présumer que la répétition des situations (PARM vécues en tant qu'animateur et animé) induira une automatisation du recours aux compétences visées. Divers auteurs ont cependant montré que le transfert de processus, par exemple de résolution de problème, est loin d'être toujours automatique et généralisé. Ainsi, même si des apprenants ont atteint le stade des opérations formelles, ils ne mettent pas nécessairement en œuvre les mécanismes les plus complexes, mais agissent de façon différente selon le contexte (RIEGEL, 1976 ; FISCHER, 1980 ; FLAVELL 1982). Autrement dit, le développement cognitif doit être envisagé selon une perpective multilinéaire et contextualisée (CRAHAY, 1984). La possibilité d'apprendre et de transférer les étapes d'une démarche de résolution de problème (par exemple celles de POLYA, 1957, ou celles de LECLERCQ et DENIS, 1997) indépendamment d'un contenu n'a pas encore été prouvée. En fait, si ces principes directeurs sont intéressants à communiquer aux apprenants, leur apprentissage dans un contexte fonctionnel reste de mise.

BRUNER (1986, cité par BARTH, 1996, 36) souligne l'enjeu de l'acquisition d'une attitude réflexive par rapport au savoir :

« Si le jeune ne réussit pas à développer une attitude que j'appellerai une intervention réfléchie face au savoir rencontré, il va continuellement opérer de l'extérieur vers l'intérieur — le savoir va le contrôler et le guider. S'il réussit à développer une telle attitude, c'est lui qui va contrôler et sélectionner le savoir selon ses besoins. »

Réfléchir au savoir
pour viser le transfert.

Principe 9 : Des outils pour penser et agir

On reconnaît le professionnel à ses outils. A côté de leur rôle d'instrument d'expression, les médias sont aussi des instruments de recherche, favorisant la servuction[4]. Dans la perspective «instrumentaliste» tracée par VYGOTSKY (1931), il importe de doter les étudiants de ces outils modernes de pensée et d'expression culturels que sont les technologies de l'information et de la communication (TIC). Pour cet auteur, le *« développement des fonctions psychiques supérieures »* est un *« processus d'acquisition des instruments de développement culturel et de pensée : la langue écrite et parlée, le calcul, le dessin »* (1931, 37).

Dans son texte *« Le problème de l'enseignement et du développement mental à l'âge scolaire »*, VYGOTSKY (1933) critique la conception qui était alors la plus répandue en psychologie, selon laquelle l'apprentissage suit toujours le développement : *« le développement doit atteindre un certain stade, certaines fonctions doivent arriver à maturation avant que l'école ne commence à enseigner à l'enfant des connaissances et des habitudes »* (96).

Défendant le point de vue diamétralement opposé, VYGOTSKY considère que *« le seul bon enseignement est celui qui précède le développement »* (110). Ainsi, *« l'apprentissage de l'écriture [...] ouvre une série de nouveaux cycles de développement d'une grande complexité... »* (113). Ce renversement de perspective mériterait d'être appelé «Révolution vygotskienne».

Nous avons adopté le point de vue du psychopédagogue russe en ce qui concerne l'initiation à des instruments d'expression que sont les logiciels de bureautique classiques.

Durant l'année académique 1997-98, en première année de la licence en Sciences de l'Éducation à l'Université de Liège, secondés par des «étudiants-moniteurs», nous avons assuré 3 cours de 30 heures (voir ci-dessous). A l'occasion de chacun de ces cours, les étudiants ont été amenés à apprendre un progiciel différent, exploité directement (développé, déployé) dans une production précise par l'apprenant :

Cours	*Progiciel appris*	*Production de l'apprenant*
L400-Technologie de l'éducation	WORD© (traitement de texte)	Rapport sur une expérience d'auto-formation
L401-Evaluation et docimologie	EXCEL© (tableur, grapheur et calculs statistiques de base)	Traitement et présentation des données de l'expérience ci-dessus
L406-Audio-visuel et apprentissage	POWERPOINT© (création de diapositives multimédias) Version 97 : avec hyperliens	Animation d'un groupe à l'aide d'une présentation assistée par ordinateur

Les compétences ainsi développées chez ces étudiants sont du niveau «démultiplicateur» de notre architecture des compétences (voir chapitre 4).

C'est apprendre qui permet de se développer,
au moins autant que l'inverse.

E. UNE RÉINTERPRÉTATION DE L'ACTE D'APPRENTISSAGE

Principe 10 : La confrontation d'idées

De nombreux auteurs (DESCAVES, 1992; DOISE et MUGNY, 1981; JOHNSON, JOHNSON et HOLUBEC, 1988; LATOUR et WOOLGAR, 1988; MUGNY, 1985; SLAVIN, 1985), prolongeant les travaux de PIAGET sur la «décentration», ont souligné l'aspect décisif du «conflit de centration», des conflits socio-cognitifs dans la construction du savoir. LATOUR et WOOLGAR par exemple parlent *«du 'champ agonistique', celui des controverses, des rapports de force, et des alliances [...]. Pour penser, il importe de lutter contre un obstacle [...] Le conflit socio-cognitif se révèle très aidant lorsqu'il faut se départir d'habitudes de pensée pour accéder à de nouvelles connaissances. La présence des autres aide chacun à amorcer ce difficile changement.»* (MESNIER, 1996, 66)

La problématique de l'apprentissage collaboratif est particulièrement d'actualité dans l'enseignement universitaire (BLONDIN, 1996; FRENAY, 1996; GIBBS et JENKINS, 1992; KAGAN, 1985). Citons, entre autres, le *«Problem-Based Learning»* expérimenté à l'université de Maastricht (VAN DER VLEUTEN et WIJNEN, 1990); l'expérience des «équipes autogérées d'apprentissage coopératif» instituées à l'université du Québec à Montréal (BLONDIN, 1996) et celle des *«Topic Teams»* de l'université de Californie, *Riverside* (KAGAN, 1985).

La robotique pédagogique (DENIS, 1993; BARON et DENIS, 1995) tire également parti du bénéfice des conflits socio-cognitifs en faisant travailler les étudiants par paires. Ils doivent ainsi s'accorder sur le projet, sur les moyens de le réaliser, et sur toutes les solutions techniques pour ce faire.

Enfin, deux autres méthodes organisant la confrontation des points de vue entre apprenants ont été développées et mises en application à l'université de Liège par LECLERCQ.

La première est la méthode des cas programmés (en criminologie, en prévention des assuétudes et en conflits scolaires) qui mettent systématiquement en œuvre des débats sur les réponses à apporter dans des questions cliniques (diagnostic, thérapie, pronostic). Les résultats des premières expériences (ROMMES, 1997) font clairement apparaître que la communication entre étudiants sur des points de matière problématiques favorise de riches débats d'idées et, par conséquent, une meilleure maîtrise du contenu. La subtilité des phénomènes d'influence du groupe sur les convictions a également été mise en évidence : il arrive fréquemment qu'après le débat, les personnes ne changent pas d'avis... mais elles changent la conviction avec laquelle elles l'émettent (LECLERCQ *et al.*, 1997, 604). Ces améliorations ne sont néanmoins décelables que grâce à une production (probabilités subjectives) et une analyse (spectrale) très nuancée des réponses.

La seconde méthode, le LQRT-SAFE (Lecture-Questions-Réponses-Test – Système Adulte de Formation et d'Évaluation) présenté au chapitre 7, recourt aussi à la confrontation d'idées entre apprenants ayant lu la matière au préalable. Les raisons de cette stratégie reposent sur l'intérêt des conflits socio-cognitifs.

<blockquote>
«*On pense comme on se heurte.*»
(Paul Valéry)
</blockquote>

Principe 11 : Le désordre, un passage bénéfique ?

C'est par rapport aux actions possibles sur un objet que se constitue d'abord chez l'apprenant la conceptualisation de cet objet. PIAGET l'avait montré à propos des petits enfants, pour qui il y a d'abord tout ce qui s'avale (opposé à ce qui ne s'avale pas), puis les concepts s'affineront : ce qui se suce, ce qui se lèche, ce qui a un goût sucré, salé, etc. L'enfant en témoigne lui-même dans ses définitions verbales : une chaise c'est « pour s'asseoir », un verre c'est « pour boire », une montre c'est pour « regarder l'heure ».

« Connaître un objet, c'est agir sur lui et le transformer » (PIAGET, 1969, 47). D'où l'importance des laboratoires. Le « désordre du laboratoire » résulte de l'activité. Le terme laboratoire l'indique d'ailleurs dans son étymologie : les objets y sont travaillés ; le laboratoire n'est pas un musée.

« La réalité scientifique est une poche d'ordre créée à partir du désordre. Le laboratoire génère lui-même du désordre à l'intérieur de ses murs... Le désordre doit être considéré comme la règle, et l'ordre comme l'exception. » (LATOUR & WOOLGAR, 1988, 266)

Selon PIAGET, pour qu'il y ait adaptation intelligente, et donc évolution du sujet, un équilibre entre assimilation et accommodation est nécessaire. Ce sont les déséquilibres venant des actions et des interactions de l'individu sur son environnement qui l'obligent *« à dépasser son état actuel et à chercher quoi que ce soit en des directions nouvelles [...]; les déséquilibres constituent un facteur essentiel, en premier lieu, motivationnel »* (PIAGET, 1975, 12).

Notons que, selon l'hypothèse d'ATKINSON (1964), plus le déséquilibre engendré par la tâche est grand (tâche difficile), plus l'état d'équilibration qui en découle suite à son accomplissement est renforçant (LECLERCQ, 1988). La motivation à agir serait le produit de l'attraction de la tâche et de la probabilité de succès et ce produit serait maximal pour les tâches de difficulté moyenne (50 % de chance de réussite). Remarquons cependant que si un problème s'avère trop ardu, le sujet risque de supprimer la situation conflictuelle plutôt que de la dépasser (BERLYNE, 1966).

Dans l'expérience de Projets d'Animations Réciproques Multimédias, la période de désordre correspond à la phase de conception et de réalisation du produit multimédia, phase nécessaire à une « rééquilibration majorante ». Comme l'a souligné PIAGET, les opérations mentales sont des actions intériorisées. Il en a donné les premiers exemples célèbres : l'opération d'addition est l'intériorisation du geste qui rassemble, celle de soustraction, du geste qui retire, celle de division du geste qui coupe, celle de multiplication du geste qui reproduit. Une part importante donc de la conception de l'animation consiste à imaginer comment rendre les « animés » actifs. Attention : *« L'activité ne se réduit pas à l'action matérielle, ce qui serait omettre un aspect-clé de la construction cognitive du sujet, le passage d'une action physique à des opérations mentales, selon un processus d'intériorisation »* (MESNIER, 1996, 53).

Comme les chercheurs et les entrepreneurs, les apprenants ont à vivre... une forme de *« réconciliation de la main et du cerveau »* (*Idem*, 63)

Ad augusta, per angusta[5]

Principe 12 : Laisser du temps à l'incubation

Sous le sous-titre «Laisser du temps au temps», GABILLIET et DE MONTBRON (1998, 134) déclarent :

« On n'apprend pas une langue par mémorisation, mais bien par familiarisation, imprégnation. L'apprenant se retrouve dans la situation d'un enfant. Il doit d'abord se débrouiller, apprendre en écoutant, parfois en devinant. Il commence par s'imprégner inconsciemment de la langue. Puis il apprend à comprendre, de façon encore passive. Il s'efforce alors de s'exprimer, d'abord maladroitement, puis avec davantage d'assurance. Enfin, il parvient à traduire sa pensée, avec toutes ses nuances, dans la langue qui est désormais la sienne. »

Nous fonctionnons par confrontations de nos représentations à des connaissances.

Pour RICHARD (dans FRENAY, 1996, 48), les représentations sont des *«... constructions circonstancielles faites dans un contexte particulier et à des fins spécifiques. [...] La construction de la représentation est finalisée par la tâche et la nature des décisions à prendre».*

«... alors que les connaissances, contrairement aux représentations ne sont pas liées à des situations spécifiques mais stabilisées en mémoire à long terme» (FRENAY, *idem*).

La plupart du temps, les corrections des représentations ou des connaissances erronées se font à l'insu des formateurs. Seules quelques-unes de ces confusions affleurent. Ainsi, la petite fille à qui on demandait d'apporter l'entonnoir, et qui a répondu *«Tu ne préfères pas l'ento rouge?»* Donc, à côté des centaines de mots que nous utilisons, il y en a des milliers que nous «incubons».

De même, dans notre culture occidentale, nous sommes perceptivement exposés à des formes géométriques canoniques. Ainsi, nous rencontrons le rectangle «d'or» dans les écrans de télévision, les cahiers scolaires, etc. Il en va de même pour les carrés, les triangles isocèles, etc. Au chapitre 4, nous avons attiré l'attention, dans le paradigme 1, sur l'imprégnation de *stimuli* perceptifs (ici sonores, visuels).

Dans l'expérience de PARM, les étudiants sont d'abord exposés au modèle d'animation, en tant qu'animés. Ensuite viennent les étapes de conception et de réalisation au cours desquelles les étudiants continuent à incuber les modèles vécus. Les discussions avec le professeur permettent un recadrage des expériences passées.

S'imprégner et incuber :
un nécessaire investissement en temps
pour un ancrage fort des apprentissages.

F. DISCUSSION

« *Nothing ventured, nothing gained* »[6] dit le proverbe... Cependant, mettre en place des Projets d'Animations Réciproques Multimédias (PARM) implique de surmonter une série d'obstacles, les mêmes que ceux qu'énumère BARTH (1996, 34) à propos de son « Scénario pour la co-construction du sens ». Pour elle, les raisons de résistances chez les enseignants sont :

1. le conditionnement lié à leur propre histoire scolaire ;
2. les enjeux de pouvoir : l'enseignant est celui qui sait ;
3. une formation insuffisante à ce type de pratiques ;
4. l'effort considérable que cela demande : il est plus rapide d'exposer le savoir à apprendre pour qu'il soit mémorisé plutôt que de créer des contextes « authentiques » ;
5. le manque de reconnaissance par les autorités : *« Si cette réussite [de l'innovation] ne se traduit pas par le soutien de l'Administration et d'autres acteurs du système éducatif, si elle ne permet pas d'organiser la classe, le temps et les modes d'évaluation en conséquence, ce n'est pas un choix rationnel de s'investir de la sorte. C'est une question d''économie cognitive' selon les termes de David PERKINS. »* (BARTH, 1996, 34). DONNAY et ROMAINVILLE (1996, 144) confirment ce point de vue.
6. les théories implicites qui fondent les pratiques pédagogiques : *« Si les enseignants perçoivent le savoir comme un 'contenu' statique qu'il faut d'abord 'apprendre' — pour savoir éventuellement l'appliquer ensuite — quelle raison auraient-ils de faire l'effort de le transformer en une façon de connaître ? »* (Idem, 35)

A ces résistances partagées avec BARTH, il convient d'en ajouter qui sont propres à notre approche par Projets d'Animations Réciproques Multimédias :

7. l'ampleur de l'investissement technique et de la formation appropriée : dans notre cas, la formation de l'enseignant à un logiciel de présentation (*PowerPoint©*) ;
8. le surcroît d'incertitude engendré par la technique : la possibilité de pannes, la nécessité de tests préalables, etc.

On connaît le fameux aphorisme *« teach as taught »* (on enseigne comme on a été enseigné soi-même). Le vécu comme apprenant lors de la formation initiale est donc crucial. Tant que les formateurs n'auront pas vécu eux-mêmes ces situations innovantes, leurs réticences perdureront.

Pour franchir ces obstacles, vaincre ces réticences bien compréhensibles, de nombreuses pistes restent à creuser. Certaines, radicales, proposent une refonte totale des systèmes et un nouveau départ. Notre contribution, au travers de la méthode PARM, est plus modeste, mais sans doute aussi plus sécurisante et plus compatible avec les structures existantes. Elle consiste à faire un pas vers une approche de l'éducation centrée sur l'apprenant. Nos futurs formateurs auront vécu... et feront vivre.

Il faut avoir déjà nagé dans l'innovation
pour oser s'y plonger.

NOTES

[1] Cités par FOURNIER, 1996.
[2] «*La meilleure réponse à la question, 'Quelle est la méthode d'enseignement la plus efficace?' est que cela dépend du but, de l'étudiant, du contenu et du professeur. Mais la deuxième meilleure réponse est 'Les étudiants enseignant aux autres étudiants'.*»
[3] Cité dans MILLIS et COTTELL (1998, 42); voir aussi ASSAL (1995, 11-15).
[4] Néologisme pour «Production de services».
[5] Expression latine signifiant «Vers des buts grandioses par des voies étroites». C'était le mot de passe des conjurés au quatrième acte d'Hernani (de Victor HUGO). On n'arrive au triomphe qu'en surmontant les difficultés.
[6] Qui ne risque rien n'a rien.

Chapitre 10
Parler des méthodes de travail entre professeurs et étudiants

Dieudonné LECLERCQ, Michel DELHAXHE
et Anne-France LANOTTE

A. AVANT L'ENTRÉE À L'UNIVERSITÉ

B. PENDANT L'ANNÉE UNIVERSITAIRE

C. AU COURS ORAL

D. CHEZ SOI

E. À L'EXAMEN

F. CONCLUSIONS

L'échec d'un(e) étudiant(e) est, pour les encadrants aussi, plus qu'une donnée statistique. C'est une souffrance, une occasion manquée, un non épanouissement. Notre préoccupation, dans ce chapitre, est de réfléchir à l'auto-prévention d'échecs évitables, tout spécialement dans le cadre de la communication didactique entre professeurs et étudiants et à la façon dont les étudiants gèrent cette communication, bref à leurs méthodes de travail.

Dans ce chapitre, renonçant à faire le tour complet des problèmes liés aux méthodes de travail des étudiants-apprenants, nous n'en traiterons que quelques aspects, sur le mode d'une **métaphore**; celle de routes, autoroutes, échangeurs, bretelles, croisements, voyages, itinéraires, cartes routières, conducteurs, etc., vus **à deux points de vue** : celui des apprenants (les cyclistes) et celui des enseignants (les directeurs de course). Ce qui importe, c'est en effet la confrontation des deux points de vue, ou plutôt la rencontre des deux partenaires sur un même contenu.

Afin de mieux faire comprendre ce qui les différencie ou ce qui les rapproche, nous procéderons en outre, surtout dans nos titres et sous-titres, par aphorismes. Cette façon de faire a été utilisée par Francis BACON. Rappelons qu'un aphorisme est «une phrase sentencieuse qui résume en quelques mots ce qu'il y a de plus essentiel à connaître sur une question». C'est le synonyme d'adage, de proverbe, de maxime.

Voici, sur un sujet qui touche notre propos, un aphorisme (1605) de BACON[1] qui recourt en plus à la métaphore : «*Ceux qui ont traité des sciences furent ou des empiriques ou des dogmatiques. Les empiriques, à la manière des fourmis, se contentent d'amasser et de faire usage; les rationnels, à la manière des araignées, tissent des toiles à partir de leur propre substance; mais la méthode de l'abeille tient le milieu, elle recueille sa matière des fleurs des jardins et des champs, puis la transforme et la digère par une faculté qui lui est propre.*»

Pourquoi des métaphores et des aphorismes? Pour qu'ils puissent éventuellement servir de base *commune* aux dialogues entre enseignants et étudiants sur les problèmes de communication et de méthodes de travail.

Si toutes les routes mènent à Rome, encore faut-il les parcourir dans le bons sens... pour y arriver dans les temps.

Enfin, le lecteur constatera que nous avons largement sollicité la poésie espagnole pour soutenir notre propos, chaque fois que nous avons échoué à exprimer mieux qu'elle notre pensée.

Notre réflexion s'appuiera aussi sur l'aphorisme de Konrad LORENZ, célèbre éthologiste (cité par ASSAL, 1995, 15).

« Said but not heard
Heard but not understood
Understood but not accepted
Accepted but not put into practice
Put into practice, but for how long ? »

« Dit mais pas entendu
Entendu mais pas compris
Compris mais pas accepté
Accepté mais pas mis en pratique
Mis en pratique, mais pour combien de temps ? »

A. AVANT L'ENTRÉE À L'UNIVERSITÉ

1. Préparer le voyage

a) Les parents ? À l'arrière du tandem !

Il est normal que les parents se sentent concernés par la décision que prend leur enfant, car elle est lourde de conséquences familiales (éloignement physique, social, psychologique, ... via un kot), financières (pour eux d'abord et plus tard pour lui), etc. Il est donc hors de question qu'ils « s'en lavent les mains ».

Cependant, dans bien des séances d'information, il arrive trop souvent que ce soient les parents qui posent les questions d'informations sur les études, qui prennent des rendez-vous pour leurs enfants, pourtant présents. La réussite commence par l'indépendance et l'autonomie dans les démarches actives de recherche d'information. Les parents : des partenaires, mais à distance.

b) Les professeurs du secondaire ? Sur le porte-bagages !

Les enseignants du secondaire disposent souvent d'éléments d'information précieux sur l'étudiant : aptitudes intellectuelles, bagage scolaire, intérêts. Ils sont donc des personnes-contact précieuses. Ils ne peuvent cependant remplacer les conseils d'un centre professionnel d'orientation car les éléments à prendre en considération sont nombreux et complexes.

Ce dont il faut le plus se méfier, de part et d'autre, ce sont les affirmations péremptoires : « Tu n'es pas fait pour ces études », ou, au contraire, « Tu dois à tout prix faire cela ! » Accompagner de justifications les éventuels conseils est évidemment crucial.

c) Les amis et copains ? A chacun son vélo, mais on peut rouler ensemble

Les amis ont vécu, vivront ou sont en train de vivre les mêmes moments d'anxiété et d'exaltation. Ils sont des interlocuteurs privilégiés. Le piège pour l'étudiant qui doit choisir serait de vouloir rester dans un cocon, « *being one of the gang* dirait Charlie Brown, et rester dans le banc protecteur d'une masse de poissons restant collés les uns aux autres (rester dans le gros du peloton, entouré de tous ses co-équipiers). Or, pour MASLOW, la réalisation de soi, de ce que chacun de nous a d'unique, doit primer sur le besoin d'affiliation. Prendre le risque de devoir tisser de nouvelles relations, c'est déjà relever un défi indispensable à ce tournant de la vie.

d) La lecture de cartes : irremplaçable !

Les programmes, ça existe. Ils sont décrits dans des documents de mieux en mieux faits, avec objectifs, contenus, méthodes d'évaluation, niveau d'exigences, etc., de plus en plus souvent « ficelés » dans un « contrat pédagogique ». Incuber ces données, c'est déjà anticiper, et anticiper est la moitié du succès. Il y a mieux encore : les albums de photos de ceux qui ont déjà fait le voyage (les cours des étudiants de l'année précédente), et leurs commentaires (les passages difficiles, les moments d'arrêt, les endroits qui valent le détour). Mais attention. Aucun voyage n'est exactement le même que les autres. Se doter de tous les documents de prédécesseurs n'a pas pour but de s'épargner une activité laborieuse personnelle[2].

e) Visionner un reportage en avant-goût

La plupart des universités organisent la possibilité pour les étudiants de dernière année du secondaire d'aller suivre un ou deux cours universitaires « pour voir ». Ne pas s'en priver ! De même pour les activités préparatoires, d'une durée d'une à quatre semaines, en septembre. Un bon investissement en matière (bilan sur les contenus) et en manière (méthodes de travail) qui porte aussi sur la localisation du restaurant, de la bibliothèque et des salles de cours, sur la relation professeur-étudiants et sur les relations entre étudiants.

B. PENDANT L'ANNÉE UNIVERSITAIRE

1. Se passionner et tenir le rythme

a) Passer « professionnel »

« Je ne pensais pas que c'était si copieux, si rapide, si exigeant ! » s'exclament bon nombre d'étudiants (ex-élèves du secondaire) confrontés au résultat de leur première interrogation. C'est la même expression que celle des cyclistes qui passent du statut d'amateur au statut de professionnel[3]. Ce qui change? La distance (deux fois plus longue!) et la vitesse (à couper le souffle!). La distance, pour les étudiants universitaires, c'est le volume et la complexité des matières. La vitesse, c'est le rythme parfois effréné dû au peu de temps et à l'ampleur du volume à étudier. Et dire qu'en deuxième candi, les étudiants considèrent souvent (rétrospectivement) comme «léger» leur programme de première par rapport à celui de seconde! Mais ils ont adopté un rythme supérieur, comme, après le tour de Wallonie, les jeunes cyclistes sont capables d'entamer le tour de France l'année suivante.

b) Pédaler tout le temps (keep biking)

La route ne monte pas en permanence. On n'est pas tenu de ne faire que des sprints, des efforts éreintants. Une bonne part des activités intellectuelles, surtout pendant l'année, peut se faire «à l'aise», sur le plat : remettre de l'ordre dans les notes, se procurer les documents de référence... mais tout cela prend du temps, et il importe de répartir ce temps sur toute l'année. Même sur le plat, même en roulant «relax», parcourir 35 km en vélo, ça prend une heure!

Précaution d'autant plus nécessaire que, connaissant ses propres points faibles, on sait que l'on empruntera un chemin plus long pour les ascensions les plus exigeantes[4].

c) Y prendre plaisir

Pendant qu'il roule, le cycliste peut s'arrêter pour prendre une photo, faire un croquis, bref, jouir de la route elle-même et pas seulement s'en servir pour «arriver». De même, il n'est pas exclu, pour l'étudiant, de s'intéresser à la matière elle-même, de butiner dans les livres consultés, d'y prendre plaisir. Étudiant(e), si le contenu vous dégoûte dès le départ, essayez d'y voir le rapport avec votre future expertise. Oui, il y a une vie (intellectuelle) après le secondaire et après l'université aussi, d'ailleurs ! A condition qu'il y ait vie véritable, c'est-à-dire passion, soif de savoir, pulsion épistémophile (comme dit FREUD)! Qu'importent les verres, si l'on n'a pas soif!

> « *Sabemos que los vasos*
> *sirven para beber ;*
> *lo malo es que no sabemos*
> *para que sirve la sed.* »
> Antonio MACHADO (*Proverbios y cantares*)
> « Nous savons que les verres servent à boire,
> ce que nous devrions comprendre, c'est à quoi sert la soif. »

2. Résister

a) *S'engager et ne pas abandonner*

On ignore trop souvent qu'un pourcentage important des étudiants ne se présentent même pas aux examens (comme des cyclistes forfaits avant la course elle-même) et qu'un bon nombre d'autres abandonnent lors des examens, comme ces cyclistes qui sont montés dans le camion-balai. Il ne suffit pas d'aller épingler le dossard au départ. Il faut aller jusqu'au bout du projet, de l'engagement. Etre sur la ligne d'arrivée à chaque étape, avec ou sans médaille ou sans maillot spécial ou sans monter sur le podium. **S'engager** et **persévérer** sont deux indicateurs « forts » de la motivation selon VIAU (1994, 7) qui « explique » comme suit la performance :

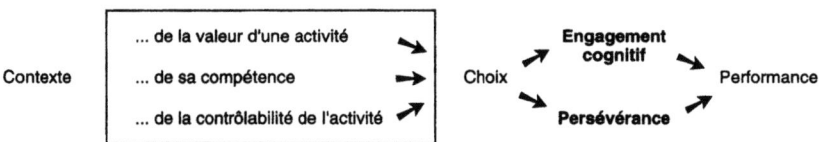

b) *Pourquoi résister ?*

A certains moments (quand la route monte fort et longtemps, par exemple en examen), l'étudiant(e) est amené(e) à se demander « ce qu'il (elle) est venu(e) faire dans cette galère ». C'est le moment de se souvenir que le reste du peloton lui aussi a ses moments pénibles. De penser aux boulangers qui se lèvent à trois heures du matin, aux infirmières qui « tournent les pauses », aux policiers qui interviennent dans les bagarres, aux chirurgiens qui amputent, etc.

Et puis il y aura le(s) jour(s) de repos : les vacances. Comme tous, les étudiant(e)s doivent aussi les mériter.

> *Nunca t'entregues ni te apartes*
> *Junto al camino, nunca diguas*
> *« No puedo mas. A qui me quedo »*
> *Otros esperan que resistas,*
> *que les aiuda tu alegria,*
> *que les aiuda tu cancion,*
> *entre sus canciones.*

> N'abandonne jamais et ne t'arrête jamais
> sur le bord du chemin en disant
> « Je n'en peux plus. Je reste ici. »
> D'autres espèrent que tu résistes,
> que ta joie les aide,
> que ton chant les aide,
> mêlé aux leurs.

Palabras para Julia (Paroles pour Julie)
Jose Agustin Goytisolo

c) Si vous ne pouvez changer l'itinéraire, alors changez le braquet!

Accuser l'institution, le professeur, la matière comme responsables de ce qui ne va pas relève de l'attribution (causale) externe. Or, l'étudiant peut difficilement changer cela. Il doit identifier quelles sont les « variables changeables par lui »[5] et internes relevant de lui[6].

« Qu'il me soit donné le courage de changer ce que je peux changer,
Celui d'accepter ce que je ne peux pas changer,
et la sagesse de distinguer entre les deux! »
Marc Aurèle

3. Surveiller ces opérations

a) Le tableau de bord sur le guidon

Maintenant les vélos se sophistiquent : sur leur guidon figurent compteurs de vitesse, de kilomètres parcourus, et bientôt mémento avec les étapes, voire les tâches à accomplir ou accomplies. Le cycliste professionnel sait que toutes les étapes ne requièrent pas les mêmes types d'efforts. Voilà donc le genre de tableau de bord (simpliste, parce que sans boucles de rétroaction) dont pourrait être équipé le vélo d'un étudiant forcé de suivre un cours *ex cathedra* :

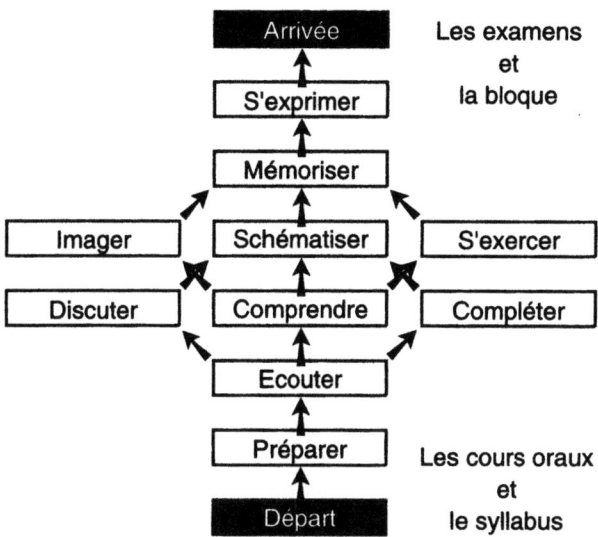

b) Vues d'en haut (stratégiques) et d'en bas (tactiques)

C'est d'en haut que l'on voit la distance entre soi et les poursuivants. C'est d'en bas que l'on voit la pente de la route. Les deux visions se complètent. On doit constamment passer de l'une à l'autre.

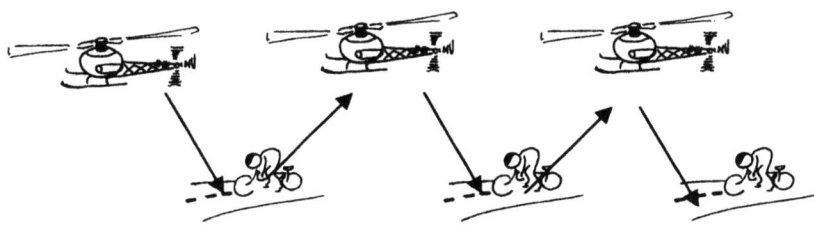

Un repérage préalable de l'itinéraire (fabrication de plans, de schémas des chapitres) permet de déterminer à l'avance un plan d'action (quels efforts, où et de quelle durée). Des informations comparant le prévu et le réel (habituellement fournies par la moto) sont confrontées avec des informations personnelles (part de la matière déjà traitée, mais aussi degré de forme, état de fraîcheur, etc.).

C. AU COURS ORAL

1. *Thought but not said* (Pensé par le prof mais non dit)

1. A chaque étape (cours), un professeur (organisateur de la course) fait faire un « voyage » à ses étudiants (coureurs). Il les embarque dans son peloton à 400 places et il les « promène » dans une matière où il a SES repères. Il sait où il va, à quoi ressemble le terrain qui lui permet de faire les liens avec la carte (le cours écrit[7]), que tous les étudiants peuvent consulter AVANT le voyage ou avant chaque étape (mais qui le fait ?).

2. Le professeur est donc comme un conducteur qui retrouve son itinéraire, sans chaque fois dire aux passagers à quels indices il se repère, car il *consacre à son but l'essentiel de son attention*, de sa concentration. Alors que dans les avions ou dans les rallyes automobiles, le pilote a le soutien d'un co-pilote, ici le professeur est seul pour penser à toutes les décisions de parcours (tourner à gauche, à droite, ...). Les autres, les passagers, peuvent être distraits, penser à autre chose, au moment des prises de « nouvelles directions ». Il n'y a donc rien d'étonnant à ce qu'ils soient incapables de refaire la route seuls.

3. Une telle route est représentée par des « virages » de divers types : alors que certains sont des endroits de décision, d'autres sont banals car il suffit de suivre leur courbure ! Ce sont les premiers qu'il importe de mémoriser, non les autres. Or la mémoire n'est pas photographique, mais sélective : on ne retient que ce que l'on a extrait de la complexité. Il est rare qu'un enseignant explicite la façon dont LUI a fait ces extractions, comment LUI a appris, dont LUI a retenu, et ce pour quatre raisons :

a) Ce déballage des indices serait beaucoup plus long que le temps prévu pour transmettre la matière sûre : enseigner et étudier demandent des TEMPS différents. C'est d'ailleurs une des professionnalités de l'étudiant de créer des indices personnels de rappel et d'association dans la matière. Un des critères d'évaluation à l'examen oral est d'ailleurs la capacité de l'étudiant à donner SES exemples, à dire en SES mots.

b) D'habitude, cela ne se fait pas : un professeur ne s'abaisse pas à raconter comment *lui* a appris. Il y a une grande pudeur à révéler son parcours (oui, moi-même j'ai connu des échecs, etc.). Ce qui fait croire que la *compétence mathétique*[8] est innée. En tout cas, ce n'est pas par observation des professeurs qu'elle s'acquiert : on ne voit pas le maître apprendre, on n'a pas accès à la poubelle de Victor Hugo, donc aux brouillons, mais de suite à l'œuvre terminée. A l'opposé, on peut rêver sur base de la chanson de Léonard COHEN, « What did you learn in school today dear little boy of mine?» (Qu'as-tu appris à l'école aujourd'hui, mon fils?») d'une nouvelle réponse du fils : «J'ai vu une personne 'en difficulté' : elle ne savait pas comment résoudre son problème, alors elle a appris de diverses façons». Et les parents : «Qui était-ce?» — «Le professeur», répondrait l'étudiant.

c) Les mécanismes d'apprentissage sont, pour une certaine part, inconscients et le redeviennent («Je le sais, mais je ne sais plus pourquoi je le sais, ni comment je l'ai appris»). Cela demanderait un important travail métacognitif au professeur pour y voir clair lui-même. L'expert a bien des difficultés à se mettre dans la peau du novice.

d) C'est une affaire individuelle d'étudiant : même si le professeur l'explique, il faudra que cela devienne LEUR association.

2. *Said but not seen*

Voici (à gauche) ce à quoi pense le professeur (féminin) en disant cette phrase, et (à droite) l'interprétation (les images mentales) des étudiant(e)s :

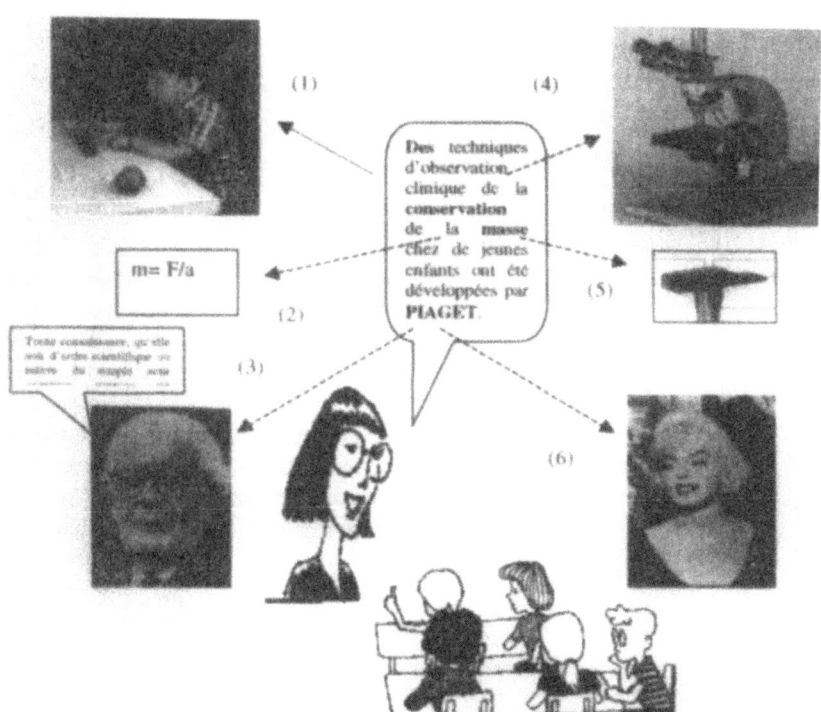

1. Les techniques d'observation clinique, c'est notamment des objets, tels que des boules de plasticine ou de massepain (comestible).

2. Pour le professeur, «la masse» est prise ici dans le sens du physicien «quantité de matière» et non dans le sens «le gros marteau».

3. Elle a elle-même rencontré PIAGET à Genève, là où il enseignait. Elle revoit le vieil homme... Pour les étudiants, on fournira une **photo**. Sera-t-elle suffisante pour faire comprendre que PIAGET est mort il y a un quart de siècle? Non : il faudra probablement le dire. Mais, surtout, elle entend encore sa voix, ni suisse, ni française, ni belge, ni québecquoise. Combien de professeurs de psychologie font «entendre» PIAGET parlant? Or cela aide à comprendre qu'il ait écrit en moyenne quatre pages par jour, puisque la rigueur de son expression orale la rendait «imprimable» sans retouche.

4. Les étudiants, eux, interprètent les mêmes mots très différemment : les «techniques d'observation» leur font penser à des instruments sophistiqués comme le microscope.

5. Enfin, «masse» est compris comme un des membres de la famille des marteaux.

6. PIAGET est imagé comme une (jeune) femme. Evidemment, puisque cet(te) auteur(e) a observé de jeunes enfants!

3. La prise de notes : un message à soi-même

a) *Tout langage naturel est redondant*

SHANNON & WEAVER, dans leur célèbre ouvrage «Theory of communication» (1949), où ils ont développé la théorie de l'information, ont montré que toute langue naturelle (le français, l'anglais, etc.) est redondante, c'est-à-dire «pourrait en dire beaucoup moins» et serait quand même comprise. Les mots écrits pourraient être raccourcis sans dommage pour la compréhension, de même que certains mots-liens (articles, etc.). Ainsi, tout francophone comprend «*JF 39a, minc, 1 eft, souh renc M max 50a pr vie couple*».

Alors pourquoi cette redondance dans les textes habituels, écrits en toutes lettres? Pour permettre au lecteur de lire vite et sans fatigue. Devoir, comme dans la petite annonce, s'arrêter à chaque mot et le reconstituer fait perdre beaucoup de temps et fatigue.

b) *Le professeur-émetteur de sons est doublement redondant*

Tout d'abord, pour des raisons d'ergonomie mentale des récepteurs (les étudiants), le professeur s'efforce de faire des phrases :

- complètes : il évite les anaphores (celui-là, lui, à ce moment), incompréhensibles sans les concepts ou termes auxquels ils se rapportent;
- correctes syntaxiquement;
- contextualisées.

Contrairement à l'écrit, ce discours oral ne peut être «relu» par le récepteur. Le professeur le sait et n'hésite pas à répéter deux ou trois fois la même chose, pour qu'une distraction passagère n'empêche de saisir tout le message.

c) *Les chemins de traverse du cours oral*

Le cours oral ne porte pas que sur «les autoroutes» du cours. Il ajoute aussi certains chemins de traverse, dans des digressions, dans des exemples : il ouvre des parenthèses... et oublie parfois de les refermer (en annonçant qu'il redébouche sur l'autoroute du cours).

d) *L'étudiant s'écrit à lui-même*

L'étudiant n'a pas le temps de retranscrire l'intégralité de ce qui est dit. Il prend des notes écrites, qu'il relira dans trois mois. Or, VYGOSTSKY (1932) a montré que le langage intérieur était très différent du langage destiné à l'extérieur, adressé à un (des) destinataire(s). Ce langage intérieur utilise des anaphores sans avoir besoin de se préciser à soi-même les référents. Exemple : «A ce moment-là, je mettrai cela sous ceci». Et celui qui se dit cette phrase à lui-même sait *ce* qui a été dit, *quel* est cet événement, *quand* est ce moment, *ce* que sont *cela* et *ceci*. Un récepteur extérieur, lui, ne saurait pas du tout de quoi il s'agit. L'émetteur n'a pas non plus besoin (pour SE comprendre) de respecter une syntaxe rigoureuse et abusera des signes cabalistiques.

e) *Trois mois plus tard, Je est un Autre*

Trois mois plus tard, devant son propre texte (ou schéma), *privé du contexte*, ce même étudiant est devenu un autre : «Qu'ai-je voulu dire?» La prise de notes doit être un message que l'on s'écrit à soi-même, avec une pensée pour le récepteur, en anticipant ses difficultés, donc en incorporant le contexte!

D. CHEZ SOI

1. Parcourir le terrain à pied

a) Repasser le film au ralenti chez soi

Lors du reportage télévisé en direct (le cours), on rate les monuments au passage (des détails du cours). S'il regardait *bien* et ne regardait *que cela*, le téléspectateur les verrait (traduction : « Cela a été dit au cours »). Mais voilà, il est obnubilé par JALABERT et la tête du peloton (les faits apparemment les plus saillants).

Que ce soit durant « la bloque » ou durant l'année (de préférence), lors de l'étude personnelle, l'étudiant, chez lui, va se repasser le film au ralenti, et va scruter certains détails qui lui avaient échappé lors du direct (le cours).

b) La prise de repères est un processus actif de construction de sens et de signes

Il ne suffit pas plus « de se promener dans la ville sans plus » pour en comprendre l'histoire qu'il ne suffit à des enfants d'être assis dans la salle de classe pour apprendre à lire. INIZAN (1978) a montré qu'il y a une différence gigantesque entre les heures de présence en classe de lecture et l'ALPECLE (Activité Laborieuse Personnelle de l'Élève en Contact avec la Langue Écrite). Les anglo-saxons parlent de *« time on task »* pour désigner le temps vraiment consacré au travail. Donc, l'expression « Je passe des heures dans ma chambre » ou « devant mes livres » est dénuée de toute signification. Même « lire » ne veut rien dire, tant lire peut se faire à des niveaux différents de profondeur. Lire vite a tout aussi peu de sens. La vitesse de lecture devrait toujours être associée avec l'efficacité de la compréhension ou de la mémorisation.

c) Comprendre les panneaux de circulation aide à l'élaboration du sens

Un trop grand nombre d'étudiants ne comprennent même pas les signes de la circulation : le français. Ils confondent priorité et obligation, stop obligatoire et danger, etc. Pour eux, sont indistincts les concepts de carrefour, échangeur, bretelle, etc. L'un de nous a introduit, en plus des solutions dactylographiées des QCM, 4 Solutions Générales Implicites (voir chapitre 6 sur le système LQRT-SAFE). Il est sidérant d'entendre des étudiants dire, à propos des solutions *Absurdité dans l'énoncé* et *Aucune des solutions présentées n'est correcte*, « C'est la même chose », que *Toutes les solutions sont correctes* et *Manque de données*, « C'est aussi la même chose ». Il eut mieux valu que ces étudiants ne connaissent ou ne comprennent pas la matière relevant de leur discipline, car dans ce cas, il pourraient encore s'essayer dans d'autres sections. Par contre, quand on confond Absurdité et Aucune, Toutes et Manque, il n'est possible d'être efficace dans AUCUNE discipline, ni la médecine, ni la psychologie, ni la logique, ni le droit.

d) Se questionner en permanence de façon variée

A l'examen, l'étudiant sera confronté à des questions variées, qu'il lui importe d'anticiper pour s'y préparer.

E. À L'EXAMEN

1. Répondre à la question, à toute la question et rien qu'à la question

a) Prendre l'autoroute n'est pas y rester

Combien d'étudiants ont, à la fin d'un examen, le sentiment d'avoir bien répondu (ce qu'il « vérifient » d'ailleurs sur leurs notes peu après) alors qu'ils n'ont pas satisfait pour n'avoir pas organisé leur réponse en fonction de la question ? Elle était « Comment aller de X à Y en empruntant un bout de l'autoroute allant de Liège à Mons ? »

La première partie de la phrase, très courte (« aller de X à Y ») ne doit pas être oubliée au profit de la seconde moitié, beaucoup plus longue (« en empruntant un bout de l'autoroute allant de Liège à Mons ») et surtout invitant à emprunter le « super tuyau » : l'autoroute. Au professeur qui dira : « Vous n'avez pas répondu à MA QUESTION », il ne servira à rien de dire « Et pourtant, je vous ai reparcouru TOUTE l'autoroute de Liège à Mons ». A l'examen aussi, il faut avoir une vue de haut, celle qui permet de voir longtemps à l'avance quand il faudra quitter l'autoroute, quels chemins de traverse il faudra emprunter.

b) Ne pas confondre la direction Nord-Sud avec la direction Est-Ouest

Quand le professeur demande de « comparer la route AB et la route CD », il attend des comparaisons Ouest-Est (« ovales » horizontaux) du dessin de gauche. Lui raconter séparément chacune des routes, c'est faire deux présentations Nord-Sud (ovales verticaux) du dessin de droite.

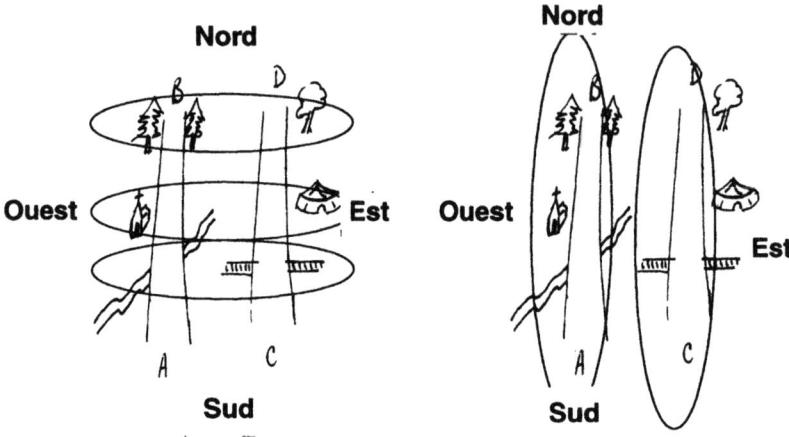

2. Manœuvrer dans tous les sens

a) L'importance des chemins de traverse

Quand on ne connaît qu'une route possible (de A à B), si elle est obstruée (ex. : trou de mémoire), on ne peut plus avancer. C'est ce qui arrive quand l'étudiant(e) ne connaît que la grand route (le «tuyau») et n'est capable de voyager dans la matière (la raconter) que dans un seul sens. Dans l'illustration ci-dessous, le cycliste peut, de A, aller en D puis C puis E puis F puis B.

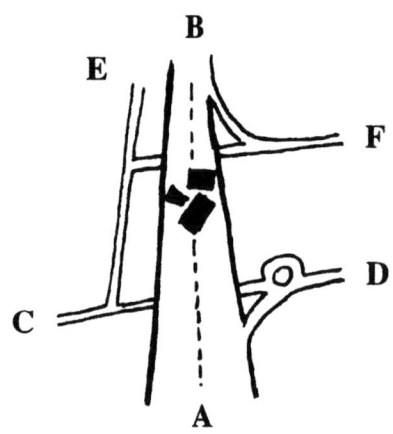

b) Si j'étais vous, je ne commencerais pas à partir d'ici

On connaît cette histoire drôle anglaise d'un voyageur qui, perdu dans la campagne entre l'Angleterre et l'Écosse, demande le chemin pour Durham, et à qui l'habitant de l'endroit répond «*If I were you, I would not start from here*».

L'étudiant doit pouvoir «redresser le raisonnement», même et surtout quand le professeur l'a tordu volontairement. Comprendre la question (dans le sens «de quelle question on traite») est au moins aussi important que la réponse qu'on va lui donner. Combien de fois ne voit-on pas des étudiants tenter de répondre à des questions qu'ils n'ont pas comprises.

La méthode SAFE, exposée au chapitre 6, vise entre autres à exercer systématiquement à la vigilance cognitive via les solutions générales implicites (SGI) introduites dans les questions à choix multiple (QCM).

F. CONCLUSIONS

Des métaphores partagées entre étudiants et enseignants permettraient de même de traiter de questions cruciales dans l'apprentissage universitaire : la fatigue (en période de bloque), le stress (à l'examen), la concentration (au cours oral), la planification du temps, le respect de cette planification... et la liste n'est pas terminée ici. Les mêmes questions pourraient être traitées à un niveau d'abstraction plus élevé; nous recommandons à ce sujet l'ouvrage collectif de FRENAY *et al.* (1997), «L'étudiant apprenant». Le travail de construction de «codes communs» pour s'en parler entre professeurs et étudiant reste cependant une nécessité.

NOTES

[1] *Novum Organum*, aphorisme, 95.
[2] A. INIZAN (1974), parlait de l'ALPECLE (Activité Laborieuse Personnelle de l'Étudiant en Contact avec la Langue Écrite).
[3] Cette comparaison est du Père Gabriel RINGLET, Vice-Recteur de l'UCL.
[4] Se procurer les documents, c'est la descente (en roue libre : les autres pédalent pour nous).
Remettre de l'ordre, prendre des notes, faire les exercices simples, lire, c'est rouler sur le plat.

Construire des résumés, des synthèses, des schémas, ..., ce sont des petites côtes.
La mise en mémoire, les exercices complexes, ce sont les fortes côtes, les Alpes, les Pyrénées.

[5] La théorie de ROTTER (1962) repose sur l'idée qu'il importe que les variables soient perçues comme changeables par le sujet pour que celui-ci modifie sa conduite.

[6] Entretien préalable du vélo, entraînement, massages, etc.

[7] Il serait souhaitable que les étudiants connaissent les références à lire dès le départ (*cf.* système LQRT-SAFE du chapitre 6), mais ce n'est pas toujours le cas.

[8] Le terme «mathétique» vient du verbe grec, apprendre. Il a été suggéré par GILBERT (1962) et suggéré par LECLERCQ et DENIS (1995) pour signifier : «Qui relève de l'apprentissage».

Conclusion générale

Au terme de cet ouvrage, nous espérons que le lecteur tirera une série de conclusions. La première, qu'il serait outrecuidant de dire que «tout reste à faire», ce qui reviendrait à nier les réalisations déjà existantes dont on peut s'inspirer, *mutatis mutandis*. La seconde que «tout est loin d'être fait» et qu'il faut retrousser ses manches plus que jamais. La troisième que rien ne se fait seul. Qu'autant d'auteurs aient conjugué leurs efforts pour réaliser ce seul livre en est un indice.

Nous avons l'intime conviction que sous les pressions conjuguées de ses ministres, de ses encadrants, de ses étudiants, des employeurs, de l'opinion publique et des médias, les universités vont transformer profondément leurs méthodes pédagogiques dans les dix années à venir. Les solutions décrites ci avant seront alors probablement «obsolètes», en y ayant contribué elles-mêmes, dans la mesure où, nous l'espérons, elles portent en elles un pouvoir d'autocritique, voire d'autodérision.

«Une science sans humour perd le sens de ce qui fait sa grandeur : se savoir tôt ou tard erronée.»

ALBERTINI (1992, 75)

Bibliographie

AACSB, American Assembly of Collegiate Schools of Business, Achieving quality and continuous improvement through self-evaluation and peer review, Guidance to Self-evaluation, St Louis, 1993.

ABELSON, R.P., Beliefs are like possessions, *Journal of the Theory of Social Behavior*, 1986, 16, 223-250.

ALBANESE, M.A. & MITCHELL, S., Problem-based learning : A review of literature on its outcomes and implementation issues, *Academic Medicine*, 1993, 68, 1, 52-81.

ALBERTINI, J.M., *Des sous et des hommes*, Paris : Editions du Seuil, 1985.

ALBERTNI, J.M., *La pédagogie n'est plus ce qu'elle sera*, Paris : Seuil, Presses du CNRS, 1992.

ALBERTINI, J.M., Innovations pédagogiques et nouvelles technologies, in BOXUS *et al.*, *Stratégies et médias pédagogiques pour l'apprentissage et l'évaluation dans l'enseignement supérieur*, Actes du 15ᵉ colloque de l'AIPU, 1997, Liège : Université de Liège, 1997, 27-41.

ALEXANDER, P.A. & DOCHY, F.J.R.C., Conceptions of knowledge and beliefs : A comparison across varying cultural and educational communities, *American Educational Research Journal*, 1995, 32, 413-442.

ALLAIS A., Et Daudet?, *Œuvres anthumes*, Paris : Robert Laffont, 1989, 441.

ANDERSON, J.R., *The architecture of cognition*, Cambridge, Mass. : Harvard University Press, 1983.

ARONSON, E. & LINDER, D., Gain and loss of esteem as determinants of interpersonal attractiveness, *Journal of Experimental Social Psychology*, 1965, 1, 156-171.

ASSAL, J.Ph., Bridges, why and from where to where?, in J.Ph. ASSAL & A.P. VISSER (Eds), *New trends in patient education*, Elsevier Science B.V., 1995, 11-15.

ATKINSON, J.W. & BIRCH, D., *The dynamic of action*, New York : Wiley, 1970.

ATKINSON, J.W. & RAYNOR, J.O. (Eds), *Motivation and achievement*, Washington DC : Winston, 1974.

ATKINSON, J.W., *An introduction to motivation*, Princeton : Van Nostrand, 1964.

ATKINSON, R.C. & SHIFFRIN, R.M., Human memory : a proposed system and its control process, in G.H. BOWER (Ed.), *Human memory : basic processes*, New York : Academic Press, 1977.

ATKINSON, R.C. & SHIFFRIN, R.M., The control of short-term memory, *Scientific American*, 1971, 224, 82-90.

AUSUBEL, D., *The Psychology of meaningful verbal learning, an introduction to school learning*, New York : Grune & Stratton, 1963.

AUSUBEL, D., *Educational psychology. A cognitive view*, New York, 1968.

BACON, R., *The advancement of learning*, 1605; trad. française de 1624 : «*Le Progrez et Avancement aux Sciences*», adaptation latine de 1623 : «*De Augmentis Scientiarum*», Ed. A. Johnston, Oxford : Clarendon Press, 1974.

BALDEWYNS, L., REGGERS, T., POUMAY, M., ORBAN, M., DENIS, B., Course in an electronic theatre, D03 Report of the Teledu project, ELECTRA DG XIII Program of the European Community, 1997.

BANDURA, A., *Social foundations of thought and action*, Englewood Cliffs, NJ : Prentice-Hall, 1986.

BARON, G.L. & DENIS B. (Eds), *Regards sur la robotique pédagogique*, Actes du 4e colloque international sur la robotique pédagogique, Paris : INRP, Technologies Nouvelles et Education, 1993.

BARROWS, H.S. & TAMBLYN, R.M., *Problem based learning, an approach to medical education*, New York : Springer Publishing, 1980.

BARROWS, H.S. & TAMBLYN, R.M., The portable patient problem pack (P4), a problem-based learning unit, *Journal of Medical Education*,1977, 52, 1002-1004.

BARROWS, H.S., *How to design a problem-based curriculum for the pre-clinical years*, New York : Springer, 1985.

BARROWS, H.S., *The tutorial process*, Illinois : Southern Illinois University School of Medicine, 1988.

BARTH, B.M., Construire son savoir, in E. BOURGEOIS (Ed.), *L'adulte en formation*, Bruxelles : De Boeck, 1996, 19-36.

BAUDRILLARD, J., *La société de consommation*, Paris : Denoël, 1970.

BENSIMON, E., Total quality management in the academy : a rebellious reading, *Harvard Education Review*, 1995, 65 (4), 593-611.

BEGUIN, A., 1968 : une révolution inutile, Quelques chiffres et quelques réflexions à propos de la démocratisation du recrutement des étudiants à l'université, *Socio*, Périodique d'information et d'échange des professeurs de sciences sociales, Louvain-la-Neuve, 1991, 20-26.

BERKSON, L., Problem-based learning : have the expectations been met?, *Academic Medicine*, 1993, 68 (Supplement), S79-S88.

BERLYNE, D.A., *Structure and direction in thinking*, New York : John Wiley and Sons Inc., 1966.

BERRY, D.C. & BROADBENT, D.E., On the relationship between task performance and associated verbalizable knowledge, *Quarterly Journal of Experimental Psychology*, 1984, 36, 209-231.

BILLETT, S., Situated learning : bridging sociocultural and cognitive theorising, *Learning and instruction*, 1996, Vol. 6, 3, 263-280.

BLIGH, D., *What is the use of lectures?*, Harmondsworth : Penguin, 1972.

BLONDIN, D., L'Université face aux grands groupes : les équipes autogérées d'apprentissage coopératif, Communication présentée au Colloque International de l'AIPU, L'Université face aux défis des grands groupes, Tunis, 4-6 novembre 1996.

BLOOM, B.S., ENGELHART, M.D., FORST, E.J., HILL, W.H. & KRATHWOHL, D.R., *Taxonomie des objectifs pédagogiques*, Tome I, Domaine cognitif, Montréal : Education nouvelle, 1969 (original 1956, New York : Longman).
BLOOM, B.S., L'innocence en pédagogie, *Education - Tribune Libre*, 1972, 135, 14-20.
BLOOM, B.S., *Caractéristiques individuelles et apprentissages scolaires*, Bruxelles : Labor, 1979.
BOUCHER, S. *et al.*, L'évaluation de la qualité de l'enseignement dans les institutions universitaires de la Communauté française de Belgique, groupe de travail du CreF (Conseil des recteurs Francophones), 1997.
BOUD, D. & FELETTI, G. (Eds), *The challenge of problem-based learning*, London : Kogan Page, 1991.
BOURDIEU, P. & PASSERON, J.C., *Les héritiers*, Paris, 1964.
BOURGUIGNON, J.-P., ALBERT, A. & SENTERRE J., Apport d'une évaluation de type E.C.O.S. (Evaluation Clinique Objective et Structurée) en 6e année de médecine, in BOXUS, E., JANS, V., GILLES, J.L. & LECLERCQ, D., *Stratégies et médias pédagogiques pour l'apprentissage et l'évaluation dans l'enseignement supérieur*, Actes du 15e colloque de l'Association Internationale de Pédagogie Universitaire (AIPU), Liège : STE-Affaires Académiques, 1997, 245-246.
BOXUS, E. *et al.*, Rapport du groupe de travail Réussites en candidatures, texte ronéotypé, Liège : CIUF, 1993.
BOXUS, E., Effets de la communication des prédictions sur le rendement en lecture en première année primaire, *Courrier de l'Education Nationale*, Cahiers de l'Institut Pédagogique, Grand Duché du Luxembourg, avril 1976, 3-34.
BOXUS, E., La maturité spécifique en lecture : une mise au point, *Education-Tribune Libre*, 1970, 123, 25-38.
BOXUS, E., Une méthode de prédiction du rendement en lecture en première année, *Education -Tribune Libre*, 1971, 127, 63-78.
BOXUS, E., Une tentative d'insertion de l'évaluation formative dans la pratique quotidienne : l'opération PREDIC, in *Revue de l'Organisation des Etudes*, Bruxelles, novembre 1981, 9, 9-39.
BOXUS, E., JANS, V., GILLES, J.L. & LECLERCQ, D., *Stratégies et médias pédagogiques pour l'apprentissage et l'évaluation dans l'enseignement supérieur*, Actes du 15e colloque de l'Association Internationale de Pédagogie Universitaire (AIPU), Liège : STE-Affaires Académiques, 1997.
BRONCKART J.P. & SCHNEULNY B.(Eds), *VYGOTSKY aujourd'hui*, Neuchatel : Delachaux et Niestlé, 1985.
BROWN, A.L. & PALINCSAR, A.S., Guided cooperative learning and individual knowledge acquisition, in L.B. RESNICK (Ed.), *Knowing, learning and instruction : essays in honor of Robert Glaser*, Hillsdale, NJ : Erlbaum, 1989, 393-451.
BROWN, J.S., COLLINS, A. & DUGUID, P., Situated cognitions and the culture of learning, *Educational Researcher*, 1989, 18 (2), 32-42.
BRU, M. & NOT, L., *Où va la pédagogie du projet?*, Editions universitaires du Sud, 1987.
BRUNER, J.S., «... *car la culture donne forme à l'esprit*», Paris : Eshel, 1991.
BRUNER, J.S., *Savoir-faire et savoir dire*, Paris : PUF, 1983.
BRUNO, J., Using testing to provide feedback to support instruction : a reexamination of the role of assessment in educational organizations, in D. LECLERCQ & J. BRUNO (Eds), *Item banking : self-assessment and interactive testing*, NATO ARW, Vol. F112, Berlin : Springer Verlag, 1993, 190-209.
BYRNES, D.A. & KIGER, G., Prejudic-reduction simulations : Ethics, evaluation and theory into practice, Simulation and gaming, 1992, Vol. 23, 4, 457-471.
CARLSON, H., Learning style and program design in interactive media, *ETR&D*, 1991, Vol. 39, 3, 41-48.

CARRE, Ph. & PEARN, M., *L'auto-formation dans l'entreprise*, Paris : Editions Entente, 1992.

CENNAMO, K.S., SAVENYE, W.C., SMITH, P.L., Mental effort and video-based learning : the relationship of preconceptions and the effects of interactive and covertt practice, *ETR&D*, Vol. 39, 1, 1991, 5-16.

CENNAMO, K.S., Learning from video : factors influencing learners'preconceptions and invested mental effort, *ETR&D*, 1993, Vol. 41, 3, 33-45.

CHRISTENSEN, R.C., GARVIN, D.A. & SWEET, A., *Former à une pensée autonome. La méthode de l'enseignement par la discussion*, Bruxelles : De Boeck Université, 1994.

CLAUSSE A., *La relativité éducationnelle, esquisse d'une histoire et d'une philosophie de l'école*, Bruxelles : Labor, 1975.

COLES, C., Is problem-based learning the only way?, in D. BOUD, G. FELETTI (Eds), *The challenge of problem-based learning*, London : Kogan Page, 1991, 295-309.

COLES, C.R., Differences between conventional and problem-based curricula in their students' approaches to studying, *Medical Education*, 1985, 19, 308-9.

COLLINS, A.M. & QUILLIAN, M.R., Retrieval time from semantic memory, *Journal of Verbal Learning and Verbal Behavior*, 1969, 8, 240-47.

COLLINS, A.M., BROWN, J.S. & NEWMAN, S.E., Cognitive apprenticeship : teaching the crafts of reading, writing and mathematics, in L.B. RESNICK (Ed.), *Knowing, learning and instruction : Essays in honour of Robert Glaser*, Hillsdale, NJ : Erlbaum, 1989, 453-494.

COMMISSION EUROPEENNE, *Enseigner et apprendre. Vers la société cognitive*, Livre blanc sur l'Education et la Formation, Bruxelles, 1995.

CRAHAY, M., Observer et réguler la construction des actions avec les objets : essai d'exploration théorique et expérimentale de la transposition du constructivisme à l'éducation préscolaire, Université de Liège, Institut de Psychologie et des Sciences de l'Education, Thèse de Doctorat inédite, 1984.

CREBBIN, W., Quality teaching in higher education, *Teaching in higher education*, 1997, 2 (1), 21-32.

CRONBACH, L. & SNOW, R., *Aptitudes and instructional methods, a handbook for research on interactions*, New York : Wiley, 1977.

CTGV, Cognition and Technology Group at Vanderbilt, The Jasper Experiment : An exploration of issues in learning and instructional design, *ETR&D*, 1992, 40, 65-80.

DAL, L., DUPIERREUX J.-M. *et al.*, Etude prospective de la population étudiante des universités de la Communauté Française de Belgique, Bruxelles : Projet FNRS, Convention 24564.90, janvier 1994.

DAL, L., DUPIERREUX J.-M. *et al.*, Analyse descriptive et modélisation de l'enseignement supérieur non universitaire de la Communauté Française de Belgique, Bruxelles : Contrat DG Ens. Sup. et Rech. Scient., janvier 1996.

DALE, E., *Audio-visual methods in teaching*, New York : Holt Rinehart & Winston, 1969.

DAVID, T., VERNON, P.H.D., BLAKE, L. & BLAKE, M.D., Does problem-based learning work?, A meta-analysis of evaluative research, *Academic Medicine*, 1993, 7, 550-553.

DE BAL, R., de LANDSHEERE, G. & BECKERS J., *Construire des échelles d'évaluation descriptives*, Bruxelles : Ministère de l'Education, Organisation des Etudes, 1976.

DEBRY, M., Le jeu, une interface thérapeutique, in Actes de la Journée d'Etudes *La logopédie et le jeu* (5-16), Centre Hospitalier Universitaire (CHU), Liège : Université de Liège, 1995.

DE FINETTI, B., Methods for discriminating levels of partial knowledge concerning a test item, *British Journal of Mathematical and Statistical Psychology*, 1965, 18, 87-123.

DE KLEER, J. & BROWN, J.S., Assumptions and ambiguities in mechanistic mental models, in D. GENTNER & A.L. STEVENS (Eds), *Mental models*, Hillsdale, NJ : Erlbaum, 1983, 155-190.

de KERCHOVE, A.M. & LAMBERT J.-P., Le «libre accès» à l'enseignement supérieur en Communauté française. Quelques données de base pour un pilotage du système, *Reflets et Perspectives*, Tome 35, 4ᵉ trimestre 1996, 4, 453-468.

DELHAXHE, M., Quel impact des remédiations précoces sur la réussite en première année d'université?, Université de Liège, sous presse.

DE LA GARANDERIE, A., *Les profils pédagogiques. Discerner les aptitudes scolaires*, Paris : Edition du Centurion, 4ᵉ édition, 1982.

de LANDSHEERE, G., *Introduction à la recherche en éducation*, Liège : Thone, 1984, 5ᵉ édition (1964 : 1ʳᵉ édition).

de LANDSHEERE, G., *Evaluation continue et examens. Précis de docimologie*, Bruxelles : Labor, 6ᵉ édition, 1993.

DELEEK, H. & STORMS, B., Blijvende ongelijkeheden in het onderwijs : tien jaar later, De Gids op maatschappelijk Gebied, 1989, 12, 119-138.

DE FINETTI, B., Methods for discriminating levels of partial knowledge concerning a test item, *British Journal of Mathematical and Statistical Psychology*, 1965, 18, 87-123.

DENIS, B. & BARON, G.L., *Regards sur la robotique pédagogique*, Actes du 4ᵉ Colloque international sur la robotique pédagogique, Liège, 1993; Paris : INRP, Collection «Technologies Nouvelles et Education».

DENIS, B. (Ed.), *Control technology in elementary education*, Berlin : Springer Verlag, NATO ASI series, serie F : Computer and sciences, 1993, Vol. 116.

DENIS, B. & BARON, G.L., *Regards sur la robotique pédagogique*, Paris : INRP, Technologies Nouvelles et Education, 1993.

DENIS, B., *Agir avec la tortue LOGO, agir avec l'ordinateur à l'école maternelle*, Bruxelles : Ministère de l'Education, Recherche et Formation, Collection «Documents pédagogiques», 1994, 68, 76 p.

DENIS, B. & LECLERCQ, D., The fundamental instructional designs and their associated problems, in J. LOWIJCK & J. ELEN, *Modelling ID-Research, Proceedings of the first workshop of the special interest group on Instructional Design of EARLI*, University of Leuven, 1995, 67-85.

DEPOVER, Ch., *L'ordinateur, média d'enseignement*, Bruxelles : De Boeck, 4ᵉ édition, 1987.

DESCAVES, A., *Comprendre des énoncés, résoudre des problèmes*, Collections Pédagogies pour demain, Paris : Hachette Education, 1992.

DEUSE, F. & LECLERCQ, D., Une expérience d'appariement de la méthode d'apprentissage et des styles cognitifs préférentiels appliquée aux styles inductif et déductif, in D. LECLERCQ & B. DENIS, *Méthodes de Formation et Psychologie de l'Apprentissage*, Liège : STE-Ulg, 4ᵉ édition, 1997, chap. 2, 16-20.

DE WAELE, J.P., *La méthode des cas programmés en criminologie*, Bruxelles : Dessart, 1971.

DEWEY, J., *How we think*, New York : Health, 1909, trad. en français par Decroly : Comment nous pensons.

DEWEY, J., Psychology and social practice, *Psychologicial Review*, 1900, 7, 105-124.

DIRKZWAGER, A., A computer environment to develop valid and realistic predictions and self assessment of knowledge with personal probabilities, in D. LECLERCQ & J. BRUNO (Eds), *Item banking : self-assessment and interactive testing*, NATO ARW, F112, Berlin : Springer Verlag, 1993, 146-166.

D'HAINAUT, L., *Poids et Masse. Cours programmé*, collection Baissas, Paris : Hachette, 1971.

D'HAINAUT, L., *L'enseignement de concepts scientifiques et techniques à l'aide de cours programmés*, Doctorat en Sciences pédagogiques, Université libre de Bruxelles, 1971.

DOISE, W. & MUGNY, G., *Le développement social de l'intelligence*, Paris : InterEditions, 1981.

DOLMANS, D., VANDERVLEUTEN, C. & WOLFHAGEN, I., Problem-based learning : an innovation based on underlying concepts of teaching, draft, January 12, 1998.

DOLMANS, D.H.J.M. & SCHMIDT, H.G., The advantages of problem-based curricula, *The Postgraduate Medical Journal*, 1996, 72, 535-538.

DOLMANS, D.H.J.M. & SCHMIDT, H.G., Evidence for the advantages claimed for problem-based curricula, *The Postgraduate Medical Journal*, in press.

DONNAY, J., ROMAINVILLE, M. (Eds), *Enseigner à l'Université, un métier qui s'apprend?*, Bruxelles : De Boeck Université, 1996.

DUPONT, P., & OSSANDON, M., *La pédagogie universitaire*, Paris : PUF, 1994.

DWECK, C.S. & LEGGETT, E.L., A social cognitive approach to motivation and personality, *Psychological Review*, 1988, 95, 256-273.

DWYER, Th., Heuristic strategies for using computers to Enrich education (87-103) & The significance of solo-mode computing for curriculum design (104-112), in R. TAYLOR (Ed.), *The computer in the school : Tutor, Tool, Tutee*, New York : Teachers College Press, 1980.

FABRE, J.-M., Subjective uncertainty and the structure of the set of all possible events, in D. LECLERCQ & J. BRUNO (Eds), *Item banking : self-assessment and interactive testing*, NATO ARW, F112, Berlin : Springer Verlag, 1993, 99-113.

FISCHER, K.W., A theory of cognitive development : the control and construction of hierarchies of skills, *Psychological Review*, 1980, 87, 477-531.

FLAVELL, J.H., Structures stages and sequences in Cognitive Development, in W.A. COLLINS, *The concept of development*, The Minnesota Symposium on Child Psychology, Vol. 15, Hillsdale : Laurence Erlbaum Associates Publishers, 1982.

FOURNIER, M., Le projet en éducation, *Sciences Humaines*, 1996, 12, 36.

FRANKL, V.E., *Découvrir un sens à sa vie avec la logothérapie*, Montréal : Editions de l'Homme, 1988.

FREINET, C., *Les dits de Mathieu*, Neuchatel : Delachaux et Niestlé, 1967.

FRENAY, M., Interactions socio-cognitives dans l'apprentissage de concepts : comment améliorer l'apprentissage d'étudiants universitaires dans de grands groupes?, Communication présentée au Colloque International de l'AIPU, L'Université face aux défis des grands groupes, Tunis, 4-6 novembre 1996a.

FRENAY, Le transfert des apprentissages, in E. BOURGEOIS (Ed.), *L'adulte en formation*, Bruxelles : De Boeck, 1996b, 37-56.

FRENAY, M., NOËL, B., PARMENTIER, P. & ROMAINVILLE, M., *L'étudiant-apprenant. Grilles de lecture pour l'enseignement universitaire*, Bruxelles : De Boeck Université, 1998.

FREUD, A., *Le normal et le pathologique chez l'enfant*, Paris : Gallimard, 1968.

FREUD, S., *Essais de psychanalyse appliquée*, Paris : Gallimard, 1971.

GABILLET, P. & DE MONTBRON, Y., *Se former soi-même. Les outils de l'autoformation*, Paris : ESF, 1998.

GAGNE, R.M. & BRIGGS, L.J., *Principles of instructional design*, New York : Holt, Rinehart & Winston, 1974.

GIBBS, G. & LUCAS, L., Using research to improve student learning in large classes, in G. GIBBS (Ed.), *Using research to improve student learning*, Oxford : Oxford Centre for Staff Development, 1996.

GIBBS, G., LUCAS, L. & SIMONITE, V., Class size and student performance, 1984-94, *Studies in Higher Education*, 1996, 21, 3, 261-273.

GIBBS, G., HAIGH, M. & LUCAS, L., Classe size, coursework assessment and student performance in Geography : 1984-94, *Journal of Geography in Higher Education*, 1996, 20, 2, 181-192.

GIBBS, G., Control and independence, in GIBBS & JENKINS (Eds), *Teaching large classes in higher education. How to maintain quality with reduced resources*, London : Kogan Page, 1992, 37-61.

GIBBS, G. & JENKINS, A. (Eds), *Teaching large classes in higher education. How to maintain quality with reduced resources*, London : Kogan Page, 1992.

GILBERT, J.F., Mathetics : The technology of education, *Journal of Mathetics*, 1, 1962, 7-74.

GIJSELAERS, W.H., SCHMIDT, H.G., Effects of quantity of instruction on time spent on learning and achievement, *Educational Research and Evaluation*, 1995, 1, 183-201.

GILLES, J.-L., Impact de deux entraînements à l'utilisation des degrés de certitude chez les étudiants de 1re candidature à la Faculté de Psychologie et des Sciences de l'Education de l'Université de Liège, in E. BOXUS, V. JANS, J.L. GILLES & D. LECLERCQ, *Stratégies et médias pédagogiques pour l'apprentissage et l'évaluation dans l'enseignement supérieur*, Actes du 15e colloque de l'Association Internationale de Pédagogie Universitaire (AIPU), Liège : STE-Affaires Académiques, 1997.

GILLES, J.L., Mise en œuvre de tests formatifs à l'aide de l'internet dans le cadre de trois enseignements de la Faculté de Psychologie et des Sciences de l'Education-ULg : 1er bilan, 12e colloque de l'Association pour le Développement des Méthodologies d'Evaluation en Education, Mons, 1998.

GILLES, J.-L., PONCIN, P., RUWET, J.-C. & LECLERCQ D., Travaux dirigés virtuels d'anthropologie biologique, Bilan d'une première utilisation, en préparation (1998).

GLASS, G., Primary, secondary and meta-analysis of research, *Educational Researcher*, 10, 1976, 3-8.

GLASS, G., McGAW, B. & SMITH, M., *Meta-analysis in social research*, Beverly Hills CA : Sage Publications, 1981.

GOLSE, B., *Le développement affectif et intellectuel de l'enfant*, Paris : Masson, 1992.

GOULD, W.B., Frankl. *Life with meaning*, Pacific Grove : Brooks/Cole, 1993.

GRECO, P., Opérations et structures intellectuelles, *Encyclopaedia Universalis*, 1990, Vol. 8 (Enfance).

GUILFORD, J.P., *The nature of human intelligence*, New York : McGraw-Hill, 1961.

HALLEUX-HENDRICK, J., Construction des questions à choix multiple : une seule solution correcte?, *Revue Belge de Psychologie et de Pédagogie*, Tome 31, 1969, 127, 113-125.

HALLEUX-HENDRICK, J., L'attitude de l'élève de l'enseignement secondaire face aux questions à choix mltiple, *Revue Belge de Psychologie et de Pédagogie*, Tome 31, 1969, 127, 88 et ss.

HARROW, A., *Taxonomie des objectifs pédagogiques*, Tome I : Domaine psychomoteur, 1972 (trad. française : 1977, Montréal : Presses de l'Université du Québec).

HEDGES, L.V. & OLKIN, I., *Statistical methods for meta-analysis*, Orlando : SL :Academic Press, 1985.

HEIDT, E.U., In search of a media taxonomy : problems of theory and practice, *Bristish Journal of Educational Technology*, 1975, 1, 4-23.

HEIDT, E.U., *Instructional media and the individual learner, a classification and systems appraisal*, Londres : Kogan Page, 1978.

HEIDT, E.U., Media and Learner Operations : The problem of a media taxonomy revisited, *British Journal of Educational Psychology*, 1977, 1, 11-26.

HENRY, G., Psychométrie et édumétrie, Liège : SEDEP-ULg, 1990.

HOWELLS, K. & PIGGOTT, S., Guided reading in biology : a modified Keller system, in GIBBS & JENKINS (Eds), *Teaching large classes in higher education. How to maintain quality with reduced resources*, London : Kogan Page, 1992, 88-98.

HUNT, D., Human self assessment : theory and application to learning and testing, in D. LECLERCQ & J. BRUNO (Eds), *Item banking : self-assessment and interactive testing*, NATO ARW, F112, Berlin : Springer Verlag, 1993, 177-189.

INIZAN, A., *Révolution dans l'apprentissage de la lecture*, Paris : Bourrelier, 1974.

JANS, V. & LECLERCQ, D., Forum : un système d'animation et d'évaluation de grands groupes universitaires, in CHABCHOUB, *L'université et le défi des grands groupes*, Actes du 14ᵉ Colloque de l'Association Internationale de Pédagogie Universitaire (AIPU), Tunis, 1996.

JANS, V., Observer les progrès en anglais dus àl'utilisation d'un hypermédia par des étudiants universitaires : analyse spectrale de l'évolution des performances, in E. BOXUS, V. JANS, J.-L. GILLES, & D. LECLERCQ, *Stratégies et médias pédagogiques pour l'apprentissage et l'évaluation dans l'enseignement supérieur*, Actes du 15ᵉ colloque de l'Association Internationale de Pédagogie Universitaire (AIPU), Liège : STE-Affaires Académiques, 1997, 201-220.

JAVEAU, C., Le professeur et l'université de masse, *Bulletin de l'Association des Professeurs de l'Université Libre de Bruxelles*, 1993.

JENKINS, A., Active learning in structured lectures, in GIBBS & JENKINS (Eds), *Teaching large classes in higher education. How to maintain quality with reduced resources*, London : Kogan Page, 1992, 63-77.

JOHNSON, D., JOHNSON, D. & HOLUBEC, E., *Cooperation in the classroom*, EDINA Interaction Book Company, 1988.

JOHNSON, N., Introduction to law : the workbook method, in GIBBS & JENKINS (Eds), *Teaching large classes in higher education. How to maintain quality with reduced resources*, London : Kogan Page, 1992, 78-87.

JONES, J. & TAYLOR, J., *Performance indicators in higher education*, Buckigham : SRHE/Open University Press, 1990.

KAGAN, S., Co-op Co-op, A flexible cooperative learning technique, in : SLAVIN, R. et al. (Eds) (1985), *Learning to cooperate, cooperating to learn*, New York and London : Plenum Press, 1985, 437-462.

KAUFFMAN, Ch., DUPONT, P. & PHILIPPART, A., *Projet pilote européen pour l'évaluation de la qualité dans l'enseignement supérieur*, Bruxelles : Ministère de l'Education, de la Recherche et de la Formation, 1995.

KAUFFMAN, Ch., Projet pilote européen pour l'évaluation de la qualité dans l'enseignement supérieur, Colloque Qualité et Université, FSAGx, Gembloux, novembre 1996.

KELLER, F. & SHERMAN, G., *The Keller plan handbook*, Menlo Park, Cal. : W.H. Benjamin, Inc., 1974.

KELLER, F., Goodbye teacher, *Journal of Applied Behavior Analysis*, 1968, Vol. 1., 78-89.

KIRK, E., Practical significance : a concept whose time has come, *Educational and Psychological Measurement*, 1996, Vol. 56, 5, 746-759.

KOLB, D.A., *Experiential learning. Experience as the source of learning and development*, Englewoods Cliffs : Prentice Hall, 1984.

KOLB, D.A., *Learning styles and disciplinary differences*, Boston, MA : McBer and Company, 1976.

KOSSLYN, S.M., *Image and mind*, Cambridge, Mass. : Harvard University Press, 1980.

KRATWOHL, D., BLOOM, B. & MASIA, B., *Taxonomie des objectifs pédagogiques*, Tome II : Domaine affectif, 1964 (trad. française : 1970, Montréal : Entreprises d'éducation nouvelle).

LADRIERE, J., *L'articulation du sens, discours scientifique et parole de la foi*, Desclée De Brouwer, 1970.

LADRIERE, J., La théorie des systèmes, *Encyclopedia Universalis*, Tome 21, 1990, 1030.

LAMBERT, J.-P., Le monde change. Et l'université? Propos sur les insuffisances de la politique de l'enseignement supérieur, *La Revue Nouvelle*, Tome XVCI, mars 1993, 3, 81-95.

LATOUR, B. & WOOLGAR, S., *La vie de laboratoire : la production des faits scientifiques*, Paris : La Découverte, 1988.

LECLERCQ, D., La fonction régulatrice de l'évaluation vue sous l'angle de l'implication de l'étudiant, *Education-Tribune Libre*, Bruxelles, 1976, 159.

LECLERCQ, D., L'ordinateur et le défi de l'apprentissage, *Horizon*, Philips Professional Systems, novembre 1987, 13, 29-32 et mars 1988, 14, 22-24.

LECLERCQ, D., Confidence Marking. Its use in testing, in N. POSTLETHWAITE & B. CHOPPIN (Eds), *International Series on Evaluation in Education*, Oxford : Pergamon, 1983, Vol 6, 2, 161-287.

LECLERCQ D. *et al.*, Evaluation et exercisation assistées par ordinateur dans la compréhension d'une langue étrangère parlée, Deuxième colloque QCM et questionnaires automatisables, ESIEE, 1992.

LECLERCQ, D., & GILLES, J.L., GUESS, un logiciel pour entraîner à l'auto-évaluation de sa compétence cognitive, in J. WEBER & B. DUMONT, Actes du 3e colloque QCM et questionnaires fermés, Paris, 1994, 137-158.

LECLERCQ, D., Validity, reliability and acuity of self-assessment in educational testing, in D. LECLERCQ & J. BRUNO (Eds), *Item banking : self-assessment and interactive testing*, NATO ARW, F112, Berlin : Springer Verlag, 1993, 114-131.

LECLERCQ, D., Stratégies et médias pour l'apprentissage et l'évaluation en pédagogie universitaire, trois orbites de réflexions en pédagogie universitaire, in BOXUS *et al.*, Actes du 15e colloque de l'AIPU, 1997, 17-26.

LECLERCQ, D., Approche Technologique de l'Education et de la Formation, 4e édition, Liège : STE-ULg, 1998.

LECLERCQ, D. & BRUNO, J. (Eds), *Item banking : self-assessment and interactive testing*, NATO ARW, F112, Berlin : Springer Verlag, 1992.

LECLERCQ, D., DENIS, B., Autoformation et hypermédias? Qu'est-ce qu'un bon auto-apprenant? in C.U.E.E.P., Pratiques d'autoformation et d'aide à l'autoformation, Deuxième colloque européen sur l'autoformation, Université des Sciences et Technologies de Lille USTL (novembre 1995), *Les cahiers du CUEEP*, 1996, 32-33, 155-161.

LECLERCQ, D. et DENIS, B., Méthodes de Formation et Psychologie de l'Apprentissage, Liège : STE-Ulg, 4e édition,1997.

LECLERCQ, D., PEETERS, R. & REGGERS, T., *Franchir le cap des candis*, Bruxelles : Conseil Interuniversitaire de la Communauté Française (CIUF), 1997.

LECLERCQ, D., JANS, V., BALDEWIJNS, L., REGGERS, T. & GEORGES, F., Une animation FORUM sur un cas programmé portant sur le chambard pour des étudiants universitaires à l'agrégation de l'enseignement secondaire, in BOXUS *et al.*, Actes du 15e Colloque de l'AIPU, Liège : Université de Liège, 1997.

LECLERCQ, D. & VAN DEN BRANDE, L., Une méthode pour la formation universitaire clinique en criminologie : les cas programmés, in E. BOXUS, V. JANS, J.L. GILLES & D. LECLERCQ, *Stratégies et médias pédagogiques pour l'apprentissage et l'évaluation dans l'enseignement supérieur*, Actes du 15e colloque de l'Association Internationale de Pédagogie Universitaire (AIPU), Liège : STE-Affaires Académiques, 1997.

LECLERCQ, D., REGGERS Th. & BALDEWYNS L., Utilisation «appropriée» de la vidéoconférence, STE-Ulg, sous presse.

LICHTENSTEIN, S., FISSCHOFF, B., & PHILLIPS, L., Calibration of probabilities : the state of the art, in D. REIDEL, *Decision making and change in human affairs*, Proceedings of the 5th Research conference on Subjective Probability, Utility and Decision Making (SPUDM), Darmstadt, September 1975.

LOFTUS, E.F., The malleability of human memory, *American Scientist*, 1979, 67, 321-330.

LOOM, B.S., ENGELHART, M.D., FORST, E.J., HILL, W.H. & KRATHWOHL, D.R., *Taxonomie des objectifs pédagogiques*, Tome I, Domaine cognitif, Montréal : Education nouvelle, 1969 (original 1956, New York : Longman).

LUCAS, L., JONES, O., GIBBS, G., HUGHES, S. & WISKER, G., The effects of course design features on student learning in large classes at three institutions : a comparative study, in C. RUST & G. GIBBS (Eds), *Improving student learning through course design*, Oxford : Oxford Centre for Staff Development, 1997.

MACHADO, A., *Poesia*, Madrid : Alanzia Editorial, 8ᵉ édition, 1990.

MARK, A., ALBANESE, P.H.D. & MITCHELL, M.A., Problem-based learning : a review of literature on its outcomes and implementation issues, *Academic Medicine*, 1993, 1, 52-81.

MASLOW, A., *Motivation and personnality*, New York : Harper and Row, 1954 (1ʳᵉ édition), trad. française : «La psychologie de l'être» chez Fayard, 1970.

Mc DERMOTT, J.J., *Streams of experience : reflections on the history and philosophy of American culture*, Amherst, M.A. : University of Massachusetts Press, 1986.

Mc GAGHIE, W.C., MILLER, G.E., SAJID, A.W. & TELDER, T.V., Introduction à un enseignement médical fondé sur l'acquis des compétences, *Cahiers Santé Publique*, OMS, Genève, 1978, 68.

Mc KEACHIE, W.J., PINTRINCH, P.R., LIN, Y. & SMITH, D.A., *Teaching and learning in the college classroom : a review of the research literature*, Ann Arbor, MI : the University of Michigan, 1986.

Mc LUHAN, M., *La Galaxie GUTENBERG*, Paris : Editions Mame, 1967.

Mc LUHAN, *Pour comprendre les médias, les prolongements technologique de l'homme*, Paris : Seuil, 1968 (traduit de *Understanding media*, New York : Mac Graw Hill), 1964.

MEIRIEU, Ph., *Le choix d'éduquer. Ethique et Pédagogie*, Paris : ESF, 2ᵉ édition, 1991.

MEIRIEU, Ph., *Apprendre... oui, mais comment*, Paris : ESF, Collection «Pédagogies», 9ᵉ édition, 1992a.

MEIRIEU, Ph., *Enseigner, scénario pour un métier nouveau*, Paris : ESF, 1992b.

MEIRIEU, Ph. & DEVELAY M., *Emile, reviens vite... ils sont devenus fous*; Paris, ESF, Collection «Pédagogies», 1992.

MELON, S. & GILLES, J.-L., Comparaison de trois modalités de testing des compétences en français chez les étudiants médecins lors de leur 1ʳᵉ candidature à l'ULg, Actes des Journées d'Etude de l'Institut Supérieur des Langues Vivantes, Université de Liège, mai 1998.

MESNIER, P.M., Entreprendre et chercher, Facteurs constitutifs des apprentissages adultes, in E. BOURGEOIS (Ed.), *L'adulte en formation*, Bruxelles : De Boeck, 1996, 57-71.

MIALARET, G., Réflexions personnelles sur le choix de quelques objectifs pour la formation des enseignants, in M. CRAHAY & D. LAFONTAINE, *L'art et la science de l'enseignement*, Bruxelles : Labor, 1986, 344-364.

MILLER, G.A., The Magical Number Seven, plus or minus two, *Psychological Review*, 1956, Vol. 63, 81-97.

MILLIS, B.J. & COTELL, P.G., *Cooperative learning for higher education faculty*, Phoenix : American Council on Education and the Oryx Press, 1998.

MORIS, Ch., *Signs, language and behavior*, New York : Prentice Hall, 1946.

MUGNY, G., *Psychologie sociale du développement cognitif*, Peter Lang, 1985.

MURPHY, P.K. & ALEXANDER, P.A., Educational foundations : practitioners' perceptions of the interrelationship of philosophy, psychology and education, Paper presented at the American Education Research Association, San Francisco CA, April 1995.

NAFTULIN, D.H., WARE, J.E. & DONNELLY, F.A., The doctor Fox lecture. A paradigm of educational seduction, *Journal in Medical Education*, 1973, 48, 630-635.

NEAVE, G., L'enseignement supérieur en transition, *Gestion de l'enseignement supérieur*, 1996, 8 (3), 17-27.

NEEDHAM, D.R. & BEGG, I.M., Problem-oriented training promotes spontaneous analogical transfer. Memory oriented training promotes memory for training, *Mem. Cognit.*, 1991, 19, 380-389.

NEWBLE, D., JAEGER, K., The effect of assessments and examinations on the learning of medical students, *Medical Education*, 1983, 17, 165-171.

NIGHTINGALE, P. et O'NEIL, M., Achieving quality learning in higher education, London : Kogan Page, 1994.

NJOO, M.K.H., Exploratory learning with a computer simulation : Learning processes and instructional support, Unpublished doctoral dissertation, Technische Universiteit Eindhoven, 1994.

NOONAN, R., Image and reality. Some notes on the use of simple and complex models, IEA, NTO meeting, doc. IEA IB/127, Rome, 1970.

NORMAN, D.A., *Learning and memory*, San Francisco : Freeman, 1982.

NORMAN, G.R. & SCHMIDT, H.G., The psychological basis of problem-based learning : a review of the evidence, *Academic Medicine*, 1992, 67, 557-565.

NYHAN, D. (Ed.), *Developing people's ability to learn*, European Interuniversity Press, 1991.

PARIS, S.G., LIPSON, M.Y. & WIXSON, K.K., Becoming a strategic reader, *Contemporary Educational Psychology*, 1983, 8, 293-316.

PEARN, M., L'organisation autoformatrice, in Ph. CARRE & M. PEARN, *L'auto-formation dans l'entreprise*, Paris : Editions Entente, 1992.

PERRET CLERMONT, A.N., *La construction de l'intelligence dans l'interaction sociale*, Berne : Lang, 1979.

PETERS, W. (Producer and Director), *A class divided* (Film), Washington DC : Public Broadcast Station Video, 1985.

PETERS, W. (Producer and Director), *The eye of the storm* (Film), New York : American Broadcasting Company, 1971.

PETERS, W., *A class divided : then and now*, New Haven CT : Yale University Press, 1987.

PETERS, W., *A class divided-Garden City*, New York : Doubleday, 1971.

PETIT, J.P., *Si on volait?, Les aventures d'Anselme Lanturlu*, Paris : Editions Belin, 1980.

PIAGET, J., *La psychologie de l'intelligence*, Paris : Armand Collin, 1974.

PIAGET, J., *Réussir et comprendre*, Paris : PUF, 1974.

PIAGET, J., *L'équilibration des structures cognitives*, Paris : PUF, 1975.

PEIRCE, Ch., *Ecrits sur le signe*, rassemblés et commentés par G. DELEDALLE, Paris : Seuil, 1978.

PIERON, H., *Examens et docimologie*, Paris : PUF, 1963.

PINAR, W.F. & REYNOLDS, W.M. (Eds), *Understanding curriculum*, New York : Teachers College Press, 1992.

POUDENSAN, Ampère, *Encyclopedia Universalis*, 1990, Vol. 2, 229-230.

POLYA, G., *Comment poser et résoudre un problème*, Paris : Dunod, 1re édition 1954, 2e édition 1965, trad. de *How to solve it*, Princeton NJ : Princeton University Press, 1945.

PRINCE, C.J.A.H. & VISSER, K., The student as quality controller, in A. SCHERPBIER, C. VAN DER VLEUTEN, J.J. RETHANS & L. VAN DER STEEG (Eds), *Advances in medical education*, Dordrecht : Kluwer, 1997.

QUILLIAN, M.R., Semantic Memory, in MINSKY, M. (Ed.), *Semantic Information Processing*, Cambridge Mass. : MIT Press, 1968.

RAMSDEN, P., A performance indicator of teaching quality in higher education : the course experience questionnaire, *Studies in Higher Education*, 1991, 16, 129-150.

RANKIN, J.A., Problem-based medical education : effect on library use, *Bulletin Medical Library Association*, 1992, 80, 36-43.

Rapport final du CUNIC, Objectif 1 : Formation de Formateurs d'adultes demandeurs d'emploi, 1994.

RENKL, A., Träges Wissen : Die «Unerklärliche» Kluft Zwischen Wissen and Handeln _Inert knowledge : the «unexplicable» gap between knowledge and action_ (Research report n° 41), München : Ludwig-Maximilians-Universität, Lehrstuhl für Empirische Pädagogik und Pädagogische Psychologie, 1994.

RICHARD, J.-F., *Les activités mentales : comprendre, raisonner, trouver des solutions*, Paris : A. Colin, 1990.

RICHARDS, R. & FULOP, T. et al., *Ecoles novatrices pour les personnels de Santé, Rapport sur dix établissements du Réseau des Etablissements de formation en Sciences de la Santé orientés vers les besoins de la communauté*, Genève : OMS, Publication offset 102, 1989.

RICHAUDEAU, F., *Conception et production des manuels scolaires*, Paris : UNESCO, Retz, 1979.

RIEGEL, K.F., The dialectics of human development, *American Psychologist*, 1976, 31, 680-700.

RIDING, R.J., & CALVEY, I., The assessment of verbal-imagery learning styles and their effects on the recall of concrete abstract prose passages by eleven-year-old children, in *British Journal of Psychology*, 1981.

RITZER, G., *The McDonaldisation of society*, London : Sage, 1996.

RITZER, G., *The McDonaldisation thesis*, London : Sage, 1998.

ROMAINVILLE, M., Hors de l'évaluation de la qualité, point de salut? in BOXUS et al., *Stratégies et médias pédagogiques pour l'apprentissage et l'évaluation dans l'enseignement supérieur*, Actes du 15ᵉ colloque de l'AIPU, Liège : Université de Liège, 1997, 371-388.

ROMAINVILLE, M., Peut-on prédire la réussite d'une première année universitaire? *Revue Française de Pédagogie*, 1997, 119, 81-90.

ROMAINVILLE, M., *Savoir parler de ses méthodes*, Bruxelles : De Boeck, 1993.

ROMISZOWSKI, A., *Selection and use of instructional media*, Londres : Kogan Page, 1974, 4ᵉ édition :

ROMMES, O., Une animation FORUM d'un cas programmé appliqué à la gestion de conflits en situation scolaire, Mémoire de licence, FAPSE, Université de Liège, 1997.

ROSENSTOCK, I.M., Historical origins of the health belief model, *Health Educ. Monogr.*, 1974, 2, 328-335.

ROSENTHAL, R. & JACOBSON, L., *Pygmalion à l'école*, Paris : Casterman, 1971.

ROTTER, J., Generalized expectancies for internal versus external control of reinforcement, *Psychological Monographs*, 1966, 80 (1, whole n° 609).

ROULIN-LEFEVRE, V. & ESQUIEU, P., L'origine sociale des étudiants, *Problèmes économiques*, 1992, 2.311, 8-12.

SALOMON, G., Can we affect skills through visual media?, *A.V. Communication Review*, 1972, 20 (4), 401-422.

SALOMON, G., Internalization of filmic operations in relation to individual differences, *Journal of Educational Psychology*, 1974, 66, 4, 499-511.

SALOMON, G., *Interaction of media, cognition and learning*, San Francisco : Jossey Press, 1979.

SALOMON, G., The differential investment of mental effort in learning from different sources, *Educational Psychologist*, 1983, 18, 42-50.

SALOMON, G., Television is «easy» and print is «tough» : The differential investment of mental effort in learning as a function of perceptions and attributions, *Journal of Educational Psychology*, 1985, 76, 647-658.

SALOMON, G. & LEIGH, T., Predispositions about learning from print and television, *Journal of Communication*, 1984, 34, 119-135.

SALOMON, G. & PERKINS, D.N., Rocky roads to transfer : rethinking mechanisms of a neglected phenomenon, *Educational Psychologist*, 1989, 24, 113-142.

SCHERLY, D., Apprentissage par problèmes et les nouvelles technologies de l'enseignement, http://tecfa.unige.ch/scherly/APP/APP.html.

SCHMIDT, H.G., Intrinsieke motivatie and achievement : some Investigations, *Pedagogische Studieën*, 1983, 60, 385-395.

SCHMIDT, H.G., Problem based learning : rationale and description, *Medical Education*, 1983, 17, 11-16.

SCHMIDT, H.G., Foundations of problem based learning : some explanatory notes, *Medical Education*, 1983, 27, 422-32.

SCHMIDT, H.G., Intrinsieke motivatie en studies, *Medical Education*, 1983b.

SCHMIDT, H.G. & MOUST, J.H.C., Studiebeleving van Maastrichtse medische studenten (study perceptions of Maastricht medical students), *Medisch Contact*, 1981, 49, 1515-8.

SCHMIDT, H.G. & MOUST, J.H.C., What makes a tutor effective? A structural-equations modeling approach to learning in problem-based curricula, *Academic Medicine*, 1995, 70, 708-714.

SCHRAMM, W., *Big media : little media, tools and technologies for instructions*, London : Sage Publications, 1977.

SCOTT, T.M., CHAFE, L.L., Critical thinking in medical schools exams, in SCHERPBIER AJJA, CPM VAN DER VLEUTEN, J.J. RETHANS, L. VAN DER STEEG (Eds), *Advances in medical education*, Dordrecht : Kluwer, 1997.

SEGAL, H., Note sur la formation du symbole, *Revue Française de Psychanalyse*, 1970, 4, 685-696.

SEGERS, M. & DOCHY, F., Quality assurance in higher education : theoretical considerations and empirical evidences, *Studies in Educational Evaluation*, 1996, 22 (2), 115-137.

SELIGMAN, M., *Helplessness : on depression, development and death*, San Francisco : Freeman, 1975.

SEMB, G.B., ELLIS, J.A., Knowledge taught in school : what is remembered?, *Review of Educational Research*, 1994, 64, 253-86.

SHANNON, C.E. & WEAVER W., *The mathematical theory of communication*, University of Illinois Press, 1949.

SHARP, S., The quality of teaching and learning in Higher Education, *Higher Education Quarterly*, 1995, 49 (4), 301-315.

SHEPARD, R.N., The mental image, *American Psychologist*, 1978, 33, 125-37.

SHUFORD, E., ALBERT, A. & MASSENGILL, N., Admissible probability measurement procedures, *Psychometrika*, 1966, 31, 125-145.

SKINNER, B.F., *L'analyse expérimentale du comportement*, Bruxelles : Dessart, 1971.

SLAVIN, R. et al., *Learning to cooperate, cooperating to learn*, New York, London : Plenum Press, 1985.
STARR, P., *The social transformation of American medicine*, Cambridge, MA : Harvard University Press, 1982.
THELOT, C., *L'évaluation du système éducatif*, Paris : Nathan, 1993.
TOFFLER, A., *Les nouveaux pouvoirs*, Paris : Fayard, 1991.
TULVING, E., How many memory systems are there?, *American Psychologist*, 1985, 40, 385-98.
TULVING, E., *The elements of episodic memory*, New York : Oxford University Press, 1983.
VAN DALEN, J., Skillslab – A center for training of skills, in C. VANDERVLEUTEN & WIJNEN, *Problem-based learning : perspective from the Maastricht experience*, Amsterdam : Thesis, 1990, 17-26.
VAN DEN BRANDE, L., *Training in getting to know a person. The method of programmed biographies*, Thèse de doctorat en psychologie, Université de Liège, 1994.
VANDEKERKHOVE, L. & HUYSE, L., Over de democratisering van het hoger onderwijs. Nogmalls, in LAMMERTYN F. en J.C. VERHOEVEN, *Tussen Sociologie en Beleid*, 1991.
VAN DER DRIFT, K.D.J.M., VOS, P., *Anatomie van en leeromgeving (anatomy in a learning environment)*, Lisse : Swets & Zeitlinger, 1987.
VAN DER VLEUTEN, C. & WYNEN, W., *Problem-based learning : perspective from the Maastricht experience*, Amsterdam : Thesis, 1990.
VAN DER VLEUTEN, C., *Beyond intuition, in augural lecture*, Universitaire Press Maastricht, novembre 1996.
VAN LENTHE, J., The development and evaluation of ELI, an interactive elicitation technique formsubjective probability distributions, in D. LECLERCQ & J. BRUNO (Eds), *Item banking : self-assessment and interactive testing*, NATO ARW, F112, Berlin : Springer Verlag, 1993, 132-145.
VAN NAERSSEN, R.F., A scale for the measurement of subjective probability, *Acta Psychologica*, 1965, 20, 2, 159-166.
VASSILEFF, J., *La pédagogie du projet en formation*, Lyon : Chronique Sociale, 1997.
VERNON, D.T.A. & BLAKE, R.L., Does problem-based learning work? A meta-analysis of evaluative research, *Academic Medicine*, 1993, 68, 550-63.
VERWIJNEN, G.M., VAN DER VLEUTEN, C., IMBOS, T.J., A comparison of an innovative medical school with traditional schools : an analysis in the cognitive domain, in Z.H. NOOMAN, H.G. SCHMIDT, E.S. EZZAT (Eds), *Innovation in medical education : an evaluation of its present status*, New York : Springer Publishing Company, 1990, 40-49.
VIAU, R., *La motivation en contexte scolaire*, Bruxelles : De Boeck, 1994.
VOLTAIRE, Les lettres d'Amabed, in *Romans et Contes*, Paris : Editions Gallimard, Bibliothèque de la Pléiade, NRF, 1954, 450-498.
VSNU, Vereniging van Samenwerkende Nederlandse Universiteiten, Gids voor de onderwijsvisitaties, 1995.
VYGOTSKY, L., *La méthode instrumentale en psychologie*, 1930, trad. dans BRONCKART & SCHNEUWLY, 1985, 39-47.
VYGOTSKY, L., Le problème de l'enseignement et du développement mental à l'âge scolaire, 1935 (dans le livre *Le développement mental de l'enfant dans le processus d'enseignement*), trad. française dans BRONCKART & SCHNEUWLY, 1985, 95-117.
VYGOTSKY, L., Les bases épistémologiques de la psychologie, titre attribué par BRONCKART et SCHNEUWLY (1985, 25-38) à l'article *Histoire du développement des fonctions psychiques supérieures*, 1931.

VYGOTSKY, L., *Thought and language*, Cambridge : MIT Press, 1962.
VYGOTSKY, L., La méthode instrumentale en psychologie, 1930, trad. dans BRONCKART & SCHNEUWLY, *VYGOTSKY aujourd'hui*, Neuchatel : Delachaux et Niestlé, 1985, 39-47.
WAUGHT, N.C. & NORMAN, D.A., Primary memory, *Psychological Review*, 1965, 72, 89-104.
WEBER, M., *Economy and society*, Totowa : Bedminster Press, 1921.
WEIMER, M., *Teaching large classes well*, San Francisco : Jossey Bass, 1987.
WEINER, B., An attributional theory of achievement motivation and emotion, *Psychological Review*, 1985, 92, 548-573.
WILKINSON J. & DUBROW, H., Premiers pas vers la pensée autonome, in R.C. CHRISTENSEN, D.A. GARVIN & A. SWEET, *Former à une pensée autonome. La méthode de l'enseignement par la discussion*, Bruxelles : De Boeck Université, 1994, 275-289.
WOOD, D., BRUNER, J.S. & ROSS, G., The role of tutoring in problem-solving, *Journal of Child Psychology and Psychiatry*, 1976, 17, 89-100.
ZEIGARNIK, B.V., On finished and unfinished tasks, in W.D. ELLIS (Ed.), *A source book of Gestalt psychology*, Londres : Kegan Paul, 1938, 300-302, 312-314.
ZINK, K.J. & SCHMIDT, A., Measuring universities against the european quality award criteria. *Total quality management*, 1995, 6 (5-6), 547-561.

Index des concepts

à moindre coût, 70
abandon, 25, 35, 39
absence de consommateurs, 224
abstraction, 135
abstrait, 111, 171, 86
absurdité, 174, 257
accent, 63
accès (chances d'), 35, 40
accessibilité de l'expérience, 116
accommodation, 96, 236
accompagnements individuels (*tutoring*), 140
accouchement, 133
acharnement thérapeutique, 73
acquis procéduraux, 228
acte social, 79
actes techniques, 93
actif (apprentissage), 20
action, 228, 236
actions intériorisées, 232
activisme, 86
activité d'apprentissage, 77
activité laborieuse personnelle, 247
activité ludique, 77
activité mentale forcée, 92
activité professionnelle, 77
activités préparatoires, 247
adage, 245
adéquation de l'évaluation, 156
Advance Organisers, 113, 144
âge d'accès à l'Université, 39
agent d'exécution, 103
agents de dissémination d'innovations, 29
agir localement, 52

alimentation à la cuillère (*spoon feeding*), 151
allo, 105
allo-contrôle, 97
allo-évaluation, 213
allo-initiative, 97
ALPECLE (Activité Laborieuse Personnelle de l'Élève en Contact avec la Langue Écrite), 256
altruisme, 122
ambivalence mathétique, 101, 120
ambivalence didactique, 120
amis, 247
amphithéâtre, 79, 143
amphithéâtre électronique, 91, 157, 163, 180
Ampleur de l'Effet, 202, 203
amplificateur, 110
analyse spectrale, 235
analyse (selon BLOOM), 172, 173
anamnèse, 196
anamorphose, 131
ancrages dans la mémoire épisodique, 210
animateur, 114, 213
animation par les pairs, 100, 222, 227
animé, 131
années glorieuses, 23
anorexie cognitive, 85
anthropologie biologique, 93, 130
anticipations d'efficacité (*outcome expectancy*), 102
anticiper, 247
aphorisme, 240, 245
à-plat noir, 113

appétence, 84
application, 143, 172, 173
apport des procédés médiatiques, 118
appréciation des évaluateurs, 119
apprendre sans douleur, 70
apprendre tout au long de la vie, 83, 199
apprentissage collaboratif, 234
apprentissage coopératif, 142
apprentissage en profondeur, 19, 20
apprentissage événementiel, 171
Apprentissage Par Problèmes ou APP (*Problem Based Learning*), 94, 100, 126, 142, 157, 190
apprentissage, 84
apprentissages contextualisés, 222
apprentissages de surface, 204
approche en profondeur, 28, 156
approche inductive, 115
approche interdisciplinaire, 190
approche superficielle, 156
appropriation personnelle, 20
approvisionner en ressources didactiques, 93
aptitude au travail, 76
aptitudes inégales, 63
architecture des compétences, 72, 87
archivage épisodique, 171
assignments, 139
Assimil, 136
assimilation, 96, 236
astronomes, 116
attaques à main armée, 127
atteindre la perfection, 220
attention, 143
attentiste (pédagogie), 62
attitude réflexive par rapport au savoir, 231
attitude réflexive, 230
attitudes, 84
attitudinales (compétences), 85
attribution (causale) externe, 250
attribution de notes, 176
Aucune (Solution Générale Implicite), 174, 257
audimats, 129
audio, 135
audio-visuel et apprentissage, 222
auditoire, 163
autiste, 131
autobiographique, 136
auto-confrontation, 95
autocritique, 21, 31
auto-didaxie, 103
auto-évaluation, 21, 215
auto-formateur, 102
autoformation préalable au cours oral, 169
auto-formation, 196
auto-initiative, 97
automatiser, 92

autonomie, 16, 18, 20, 209
auto-prévention d'échecs évitables, 245
autopsie légale, 124
autoroute, 257
auto-servuction, 70
autour d'une tasse de thé, 140
avancées technologiques, 66
avant l'entrée à l'université, 246
average mark, 155
avertir les spectateurs, 113
avion, 112
avis d'anciens étudiants, 31
avis des étudiants, 21, 220
avis, 235
axiologie, 57

baccalauréat, 28
baisse des exigences, 28
bandages, 93
banque de questions, 153, 165, 198
barème des tarifs, 177
bataille de Hastings, 132
beau, 95
bébés électroniques, 124
behaviorisme, 84, 216
bénéfice en efficacité, 150
bénéfices de l'expérience, 118
besoin d'affiliation, 247
besoins, 15
bibliothèques, 21, 93
bien commun, 27
bimodale (distribution), 64
bits, 91
blessure narcissique, 118
bloque, 256
boire l'huile à la bouteille, 167
boîtier de vote électronique, 163, 165
bon, 95
bonheur d'apprendre, 73
bonheur par le hamburger, 69
bourreaux, 122
bourse, 44
boussoles, 168
braille, 116
brainstorming, 142
brouillons, 252
bureaucratie, 70
but à atteindre, 168
buzz, 144

ça dépend, cela dépend, 118, 174
cadres, 41
CAFEIM, 128, 164
canal porteur des informations, 115
capacité d'auto-servuction, 71
capacité de mémoire de travail, 88
capacité métacognitive, 184
capacités locales, 83

INDEX DES CONCEPTS 281

capacités relationnelles, 196
capacités, 83
caractéristiques psychométriques (des questions), 197
carte, 168
cas de patients, 101
cas médical concret, 193, 194
cas programmés multimédias, 134, 234
cas simulés, 101
cas-problèmes, 94
catégorie socio-professionnelle, 35, 36
CD-Roms, 153
centration, 182
certitude, 177
chaîne de production, 70
chairman, 192
champ agonistique, 234
chance de réussite, 236
chances égales pour tous, 44
charge de l'enseignant, 197
charge émotionnelle, 127
chatting, 155
cheat proof way, 155
chemins de traverse, 257
chercher, 224
chirurgie, 153, 179
chocs émotionnels, 121
choix d'une orientation, de filière, 41, 36
choix du type d'enseignement supérieur, 46
chunking, 105
citoyenneté, citoyens responsables, 78, 83
civilisation, 226
clarté des intentions, 142
classe témoin, 62
classer une expérience, 124
clientèle, 15
coach, coaching, 92
co-construction du sens, 222
codes, 133
cognitive apprenticeship, 190
cognitivisme, 84, 216
cohérence, 31
cohérents, 181
cohortes universitaires, 57
combats intellectuels, 68
combinaison de paradigmes, 98
combinaison évaluative, 31
communication, 16, 18
comparaison du rendement des étudiants, 199, 202
compas, 110
compensatoire (pédagogie), 62, 63
compétence mathématique, 102, 252
compétence, 83, 179
compétences «terminales», 65
compétences méthodologiques, 20
compétences pédagogiques, 218

compétences socles (compétences), 64
compétition, 24, 121
compétitivité à outrance, 67
compétitivité du pays, 23
compliments, 118
comportements observables, 84
compréhension en profondeur, 20
compréhension, 143, 172
concept, 226
concepteur, 103
conception de l'université, 23
conception du scénario, 211
concret, 111, 171, 86,
conditionnement, 240
conditions d'accueil, 51
conduites, 85
cône de l'expérience, 121
cône expérientiel, 120
cône, 135
conférences, 193
confiance (*self-confidence*), 153
confiance en soi, 83
confiance, 177
conflit de centration, 234
conflits socio-cognitifs, 95
confort pédagogique, 45
confort, 35
confortation, 95
confrontation d'idées, 234
confrontation, 215, 95, 96
confusions, 75, 238
congruence, 21, 25
conjugaison de paradigmes, 136
connaissance partielle, 176
connaissance procédurale, 84
connaissance, 67, 68, 172
connaissances cliniques, 203
connaissances de mémoire, 172
connaissances spécifiques, 60
conscience des possibles, 120
Conseil de l'Education et de la Formation (CEF), 179
conseils, 140, 142
conséquences réelles de leurs actes, 125
consigne métrique, 181
consigne, 174, 177
consommation culturelle, 58
consommation standardisée, 69
construction de sens, 256, 95
construction, 79
constructivisme piagétien, 216
consultation libre, 93
contenu à étudier, 157, 228
contester les questions, 197
contexte, 119, 255
contextualisation des apprentissages, 222
contingences d'apprentissage, 88
contour, 112

contraintes de temps, 103
contraintes organisationnelles, 103
contraintes situationnelles, 120
contraintes, 16
contrat pédagogique, 247
contrats d'apprentissage, 142
contrats personnels, 139
contre-vérité, 174
contribuable, 58
contrôle et indépendance, 141
contrôle, 26, 70, 157
controverse, 96, 234
conventional lectures, 143
coopératif (apprentissage), 20
coopération entre apprenants, 66, 190
copains, 247
co-présence, 126
core study skills, 152
correction for guessing, 176, 184, 205
correction, 186
corrections des représentations, 238
corrélation entre la taille des classes et la performance, 156
corrélation, 57, 58 (multiple, 62)
correspondance (*matching*), 115
corvée de patates, 74
couche de sensorialité perdue, 111
couple formateur/formé, 88
courant électrique, 100
courbe en J, 65
cours *ex-cathedra*, 193
cours programmés, 105, 92
cours traditionnel, 92
coût de production, 15
coût, 40
crânes d'hominidés, 116, 130, 93
création (confortation, confrontation), 101, 99
création, 95, 102, 104
créativité, 18, 99, 226
créer des modèles, 100
créer sa culture, 226
créer son propre savoir, 20
creux dans l'attention, 144
crime de lèse humanité, 73
critères, 26
critériée (évaluation), 170
critiques, 118
croisée (interaction), 36
cromagnon, 130
culture académique, 70
culture adolescente, 70
culture de la conformité, 27
culture, 226, 225
curatif, 189
curriculum, 26
curriculum caché, 173
curriculum de médecine générale, 204

curriculum en spirale, 192
curriculum pré-universitaire, 63
cyanure, 116
cycles de développement, 232

DALTON, 168
débat d'idées, 75
débat public, 31
débat télévisé, 128
débat, 68, 114, 163
débats d'idées, 235
décentration, 234
décideur réfléchi, 73
décision thérapeutique, 191
décision vocationnelle, 65
décision, 79
décisions qui s'enchaînent, 190
déclarative (connaissance), 84
déclaratives (compétences), 85
décloisonnement des matières, 190
décret, 83
décrocher, 167
défi des grands groupes, 163
déficit démocratique, 35
défis, 57
degré d'indépendance financière, 44
degré de «participation», 114
degré de maîtrise de la matière, 198
degrés de certitude, 165, 176
délocalisations, 67
démagogie, 78
demands, 146
démarche de résolution de problème, 230
démarche qualité, 19, 30
démarches d'auto-apprentissage, 228
démarches, 228
démocratie active, 78
démocratie sociale, 23
démocratie, 85
démocratique (enseignement), 35
démocratisation de l'enseignement supérieur, 49
démocratisation, 67
démultiplicatrices (compétences), 72
densification des connaissances, 66
dérapage, 114
dérives, 67
désacralisation, 24
déséquilibres, 236
déshumanisation de l'institution, 78
désordre, 236
désorientation, 66
dessin ombré réaliste, 112
destruction, 66
détails, 105
détecter, 172, 174
détection de pièges, 173
déterminer les objectifs, 230

déterminismes socio-culturels, 49
détour méthodologique, 126
développement de la personne, 83
développement, 232
devoir de mémoire, 121
diagnostic, 191
diagnostiques (évaluations), 179
didactique (ambivalence et polyvalence), 101
diététicien, 103
difference weighted, 205
différences interindividuelles, 114, 63
difficulté intermédiaire, 102
difficulté optimal(e) de la tâche (degré de), 102
dilemme, 60
dilemmes du didacticien, 103
diminution de l'incertitude, 94
diplôme du père, 42, 46
diplôme, 19, 23, 25, 29
diplômes complémentaires, 19
dire la vérité, 177
direct à distance, 129
discours managérial des autorités, 27
discussions de groupe, 21
discussions informelles, 155
discussions, 141
disponibilité, 103
dissertation, 158
distances, 110
Distinction, 159
distinguer l'essentiel de l'accessoire, 20
distribution gaussienne, 64
docimologie, 175
données, 67
donner la parole à tous les étudiants, 139
doser sa force, 125
double aveugle, 136
double représentation, 171
doublement, 49
doubler son année, 199
douloureuses (les 20 années), 37
doute subjectif, 91
doute, 177
drop out, 140, 201
dualités, 78
durée normale des études, 25
durée, 124
dynamiques (compétences), 72

échanges entre apprenants, 190
échauffaudage, 218
échéances pour corriger les tests, 155
échec d'un(e) étudiant(e), 245
échec, 18
école buissonnière, 117
école maternelle, 62
écrémage social, 51

écrits, 133
écriture, 110
e-ducere, 224
Effect Size, 202
effectiveness, 143
effet HAWTHORNE, 205
effet Oedipien de prédiction, 60
effet Pygmalion, 73
effet ZEIGARNIK, 144
effets pervers, 114, 31
efficacité des exposés, 150
efficacité différentielle des médias, 210
efficacité miraculeuse, 69
efficacité, 143, 26, 49
efficience, 26
efficiency, 143
égalitaire (pédagogie), 63
égalité des chances, 35
élaboration, 105
électromagnétisme, 100
élire des mandataires, 85
élites, 23
élitisme, 78
élitiste (pédagogie), 63
émancipation sociale, 83
émetteur, 114
émotion, 133
emplois, 19, 25
Enchored Learning, 190
Encyclopédie, 99
engagements, 68
engager (s'), 176
enjeu du transfert, 230
enjeux de pouvoir, 240
enlever le bruit, 111
ennui, 75
Enseignement Général, 47
Enseignement Technique de Qualification et Professionnel (ETQP), 47
Ens. Technique de Transition (ETTrans), 47
enseignement à distance, 141
enseignement magistral, 75
enseignement médical, 189
enseignement programmé, 142
enseignement sémantique, 171
enseignement, 232
entonnoir, 238
entraînement, 184
entraîner aux procédures d'évaluation : le jeu GUESS, 181
entraîneur, 92
entreprendre, 224
entreprise fictive, 126
entretiens en face à face, 140
envie d'apprendre, 20
épisode vécu, 171
épisodes, 133

épistémologie implicite, 79
équation personnelle, 103
équations de régression multiple, 62
équerre, 110
équipement des salles de cours, 21
équipement, 22
équité, 49
erreur de type 1, 58
espaces de liberté, 16
espaces de parole, 78
espérance de rentabilité de la certitude, 179
espérance de vie, 57, 65
espérances, 63
esprit critique, 20
essais et erreurs, 94
essay, 139, 158
estime de soi, 20
estompage, 218
étayage, 204, 218
éthique, 79, 122
études antérieures, 60
études complémentaires, 35
études prospectives, 18
étudiant-robot, 73
étudiants dégoûtés de l'école, 74
étudiants plus avancés, 153
étudiants-animateurs, 228
étudier pour comprendre, 204
évaluation formative par des quizzes, 179
évaluation à l'entrée, 16
évaluation de l'efficacité de l'APP, 201
Évaluation de la Qualité de l'Enseignement, 157
évaluation externe, 21, 22
évaluation formative, 62
évaluation par les étudiants, 154, 197, 202
évaluation, 172, 176
évaluations formatives, 45
événement vécu, 136
examen d'entrée, 51
examen de l'année antérieure, 148
examen, 257
Examens Cliniques Objectifs Structurés (ECOS), 119
examens oraux, 96
excellence, 15, 31
exclusion, 67
exercices d'auto-contrôle, 169
exercisation systématique, 92
exigence de maîtrise préalable d'un contenu, 169
exigences des cours, 198
exigences professionnelles, 19
exigences, 146
expérience directe accompagnée, 123
expérience directe planifiée, 121
expérience directe, 123

expérience imaginaire, 126
expérience, 94, 117, 170, 226, 227
expériences de vie, 85
expériences horribles, 121
expériences sensorielles, 63
expérientiel, 84
expérimentation (réactivité), 94, 95, 99, 101, 102, 104
expert, 68, 22, 95, 253
exploration (approvisionnement), 99, 100
exploration de limites, 96
exploration libre, 93, 99, 102, 104
explorations virtuelles, 93
explosion de l'auto-servuction, 71
explosion des connaissances, 57
explosion du nombre d'étudiants, 140
explosion du savoir, 151
exposé *ex cathedra* traditionnels, 91, 143, 148, 150, 151, 153, 170
exposés «vue d'ensemble», 154
exposés structurés, 143
expression algébrique, 135
expression écrite, 20

facettes différentes de la sensorialité, 135
facilitateur, 218
façon d'apprendre, 228
Faculté de Médecine de Maastricht, 191
failure, 140
faire mentir la prédiction, 62
familiarisation, 238
familles, 58
fastfoodisation, 69
Fédération des Etudiant(e)s Francophones (FEF), 179
feedback automatisé, 142
feedback et procédures correctives, 180, 193
feedback quant à sa progression, 140
feedback sur les performances, 142
feedback, 91, 118, 180
fiabilité des témoignages visuels, 223
fidélité de la notation, 175
figuratif, 132
filet de sécurité, 124
filières suivies dans le secondaire, 47
film, 112, 136
films de fiction, 131
financement public, 23, 27
flash back, 100, 113, 132,
flatterie, 118
flexibilité, 101, 105
fluidité, 105
foie gras intellectuel, 103
foreuse, 72
formation continue, 16, 19, 26
formation des enseignants, 156
formation en entreprise, 117

INDEX DES CONCEPTS 285

formation initiale, 240
formatives (évaluations), 179
formats iconiques, 112
formes géométriques canoniques, 238
formulation, 172
formulom, 180
FORUM, 129, 164
fouetter la matière, 167
foulard, 121
fractures sociales, 67
fraude, 155
frustration existentielle, 78
frustrations de l'échec, 96
futur, 113

gain d'apprentissage, 115
gamme des objectifs cognitifs, 172
gaussienne (distribution), 64
gaveurs, 103
glorieuses (les 30 années), 36
Good-bye Teacher, 169
goût du savoir, 20
grades, 155
grades, 28
Grande Distinction, 159
grands groupes, 29, 139, 156, 169
graphique de réalisme, 183
grille de lecture organisatrice, 68
groupes d'entraide, 154
groupes tutoriels, 192
GUESS, 182, 186
guessing, 176
guidage, 92
guidance ou *tutoring*, 92
guide (à portée), 217
guide de travail, 153
Guided Readings, 159
Guides du maître, 153

habiletés d'études fondamentales, 152
habiletés thérapeutiques, 196
handicaps socio-culturels, 49
handout, 144
Hawthorne, 159
hétéro-confrontation, 95
heuristique (modèle), 104
Hobby Centre, 131
hôpitaux, 57
humeur, 103
humiliation, 85
humilité, 79
humour, 77
hyperliens, 211
hypothèses personnelles, 94

iconique, 114, 134
idée personnelle, 96
idées fausses, 176

identifications professionnelles, 63
idéogrammes, 134
ignorance, 176
iguanodons fossiles, 130
image de soi, 84
image du patient, 191
images mentales, 84
images multisensorielles, 136
imitation, 135
immersion, 98
impact, 29
imprégnation (modélisation), 99, 100, 101, 109
imprégnation de modèles, 109
imprégnation de *stimuli* perceptifs, 89, 104, 238, 238
incertitude de l'issue, 127
incertitude initiale, 91
incertitude, 68
incidence fiscale nette, 40
indépendance dans l'apprentissage, 156
indépendance financière, 44
indépendance, 20, 157
indicateurs, 16
indice-clé, 105
indices de centration et réalisme, 183
Individually Prescribed Instruction (IPI), 168
industrie, 23
inégalités, 64
inflation de l'information, 78
influence du groupe sur les convictions, 235
information, 67, 68, 91, 94
ingénieurs industriels, 28
initiative, 16, 92
injections, 93
innovation pédagogique, 26
inquiétude, 75
installations collectives, 45
instrumentalisme vygostkien, 216
instruments culturels, 72
instruments de développement culturel, 238
intégrité, 122
intention, 1342
interaction, 36
interactions humaines, 79
interactions programmées, 92
interactivité pédagogique, 211
interactivité, 66, 128
interférences environnementales, 113
intériorisation, 237
internalisation des interprétations, 92
internalisation, 24
Internet, 91, 180
interprétation de l'information, 172, 191
interrogation précédée d'un débat, 169

interventionniste (pédagogie), 62
investissement dans les études, 63
investissement technique, 240
irradiation de l'activation, 144
ISO, 15
isolement, 66
isomorphisme, 204, 227

Je est un Autre, 255
jeu de rôle, 95, 112, 114, 127
jeu GUESS, 165
jeu informatique, 126
jeu, 76
jeux d'entreprise informatisés, 95
jobs d'étudiants, 44
jugement d'idées, 143
juger, 172, 176
jumps, 194
jurys d'examens, 19
justice sociale, 23
justifications écrites, 165, 175

laboratoire d'entraînement pratique, 195
laboratoires, 236
langage des signes, 100
langage intérieur, 255
langage naturel, 254
laparoscopie, 123
late starters, 60
latte, 110
Le 8ᵉ jour, 131
Learning Research and Development Centre, 168
Lecteur Optique de Marques, 155, 163, 166, 180
lectures guidées en mode Keller, 151
lectures, 151, 193
liberté académique, 23
liberté d'apprendre, 117
liberté, 151
libre-accès, 49
ligne claire, 113
ligne de développement, 76
limitations cognitives, 111
limitations motrices, 110
limitations perceptives, 110
limites, 110
lire vite, 256
livre de référence, 148, 165, 210
livre, 170
livres ouverts (évaluations à), 172
logiciels de bureautique classiques, 232
logiciels de simulation, 94
logique de l'apprenant, 171, 192
logique de l'enseignant, 171
loupe, 110
LQRT, 100, 157
LQRT-SAFE, 169

lutte contre le tabagisme, 128

madeleine de Proust, 136
magical number seven, 88
magnétisme, 99
maille, 92
main d'œuvre, 23
maintenir la qualité, 139
maîtrise (pédagogie de la), 63
management, 26
manie évaluatrice, 24
manipulabilité, 130
manipuler, 129
mannequins, 125
Manque (Solution Générale Implicite), 174, 257
manuel de référence, 210
marché capitaliste, 24
marteau, 110
masse (université de), 78
massification, 24, 29, 57
matching, 115
mathétique (ambivalence et polyvalence), 101
maxime, 245
maximiser la satisfaction liée au succès, 102
Maximum de Référence, 179
mayonnaise, 167
McDonaldisation de la société, 69
mécanismes d'apprentissage, 253
méconnaissance, 176
médecin stagiaire, 125
médecins généralistes, 204
médias, 110, 232
médiateur, 218
médiatisation, 110
médiocrité consumériste, 78
Mégaventure, 127
mémoire à long terme, 171
mémoire de rappel, 186
mémoire de travail, 68
mémoire épisodique, 84, 136
mémoriser, 75
mentalité consommatrice, 69
messages implicites, 173
messages, 90
mesures de démocratisation, 52
mesures de protection, 130
méta-analyse, 60, 201
métacognition, 95, 176
métaphore de routes, 245
météorologistes, 181
méthode des 7 *jumps*, 193
méthode des cas programmés, 119, 133
méthode des cas, 94
méthode du livre de travail, 147
méthode LQRT-SAFE, 163

INDEX DES CONCEPTS

méthode scientifique, 94
méthodes actives, 209
méthodes de travail, 245
micro-décisions d'apprentissage, 102
micro-expertises, 83
microphone, 110
microquestionnements, 180
microscope, 110, 124
miettes (travail en), 225
milieu naturel, 94
milieux économiques, 23
mind set, 149
minerval, 44
misconceptions, 176
mobilité sociale, 23
mode d'emploi audio-visuel, 131
modélisation, 89
modes d'évaluation, 21
modulaire (enseignement), 18
modules (*packages*), 148
modules d'auto-formation (*Learning Packages*), 142
moment où l'on institue, 151
monde industriel, 26
monde professionnel, 19
mondialisation, 24, 66
monitoring, 92
monotomie, 120
moteurs de l'apprentissage, 224
motivation, 16, 72, 102, 236
mouvement FREINET, 85
Mouvement, 129, 132
mouvements intra-utérins du bébé, 136
moyenne des points, 155
moyens didactiques, 21
multimédias interactifs, 104
multiplicabilité, 110
musée, 112

National Boards of Medical Examinations, 202
nausées disciplinaires, 85
négociation du sens, 95, 222
négociation, 78
ne pas abandonner, 249
niveau d'excellence, 179
niveau d'exigences, 247
niveau d'expérience vécue, 117
niveau de qualification, 19
niveau des étudiants, 16
niveaux d'abstraction, 136
niveaux expérientiels, 109, 135
nombre d'échecs dans l'enseignement secondaire, 46
nombre, 110
non sanctionnantes (évaluations), 179
normative (évaluation), 170
normes, 15

Note Conventionnelle (de 0 à 20), 179
notes brillantes, 155
notes écrites, 68
notes en format réduit, 146
notes prédites, 58
notes, 255
novice, 253
nuages de points, 58
numerus clausus, 51, 192

objectifs de l'enseignement obligatoire, 83
objectifs de la formation, 30
objectifs minima attendus, 22
objectifs moins exigeants, 141
objectifs, 168
objet de fierté, 118
observations, 58
obsolescence des connaissances, 228
occupation, 166
offrir des réactions, 94
OHERIC, 105
Open University, 141
opérations chirurgicales, 154
opérations logiques, 111
opérations mentales, 236
option (cours à), 16
options dans l'enseignement secondaire, 38
ordinateur à la maison, 45
ordre, 236
orientation dans l'enseignement secondaire, 38
orientation des étudiants, 16
originalité, 105
origine sociale, 35
origine socio-économique, 37
outcome, 146
outils pour penser, 232
outline, 153
ouvriers, 41
Oxford Brookes University, 139

packages imprimés, 157
pairs-animés, 228
panel des ménages belges, 41
paradigme, 87
parcours promis à la réussite, 51
parents, 246
pari, 79
PARM, 100
parole (La) redonnée, 128
partager la culture, 79
participation du bénéficiaire-consommateur, 71
participation, 166
particularité de chaque institution, 30
partiels de janvier, 60
pass rate, 155

passage d'une année à l'autre, 28
passé scolaire, 40
passer «professionnel», 248
passerelles, 52
passivité, 66, 92
patients didactiques, 194
patients simulés, 126
paysager d'étude, 195
pédagogie centrée sur l'enseignant, 217
pédagogie de l'étonnement, 224
pédagogie de la maîtrise, 63
pédagogie différenciée, 62
pédagogie du projet, 78, 190, 209
pédagogie médicale, 166, 189
pédagogie par objectifs, 84
pédagogie par problèmes, 190
pédaler tout le temps (*keep biking*), 248
pensée autonome, 73
pensée chloroformée, 70
pensée libre, 78
pensée magique, 69
penser globalement, 52
perception visuelle, 210
perceptions, 89
performances cliniques, 202
performances contractuelles, 16
période d'adaptation, 51
permanence de la disponibilité de l'expérience, 110
permissivité, 118
persévérance, 122, 249
Personalized System of Instruction, 152, 169
personnalité, 60
perspective instrumentaliste, 232
pervers (effets), 27
petit groupe d'étudiants, 192
photo (détourée), 112
pictogrammes, 134
pièges, 173
piliers concrets, 171
pilotage d'avions, 179
pince, 110
placebo, 123, 136
plaisir (principe de), 77
plaisir d'apprendre, 79
Plan KELLER, 169
plan, 228
planification des exercices, 92
planifié, 113
planifier, 228
planning group, 197
plans de travail, 217
plans pédagogiques américains, 168
poésie, 133
poids au réalisme dans la note finale, 185
poids et la masse, 105
points accordés et retirés, 179

polysémie de l'image, 212
polyvalence didactique, 104
polyvalence mathétique, 101
ponts, 219
poser des questions, 91
pouvoirs subsidiants, 24
practice test, 153
pratique (guidage), 99, 100
pratique de la profession, 19
pratique, 92, 102, 104
pré-acquis, 218
préconception, 115
prédictibilité, 26, 70
prédictions, 113
prédictivité, 57
préférences de méthodes pédagogiques, 220
prélèvements sanguins, 93
prendre ses responsabilités, 176
préparer à la vie, 121
préparer le voyage, 246
présage, 16
prescription de progression, 169
prescription de remédiation, 169
prescrits, 15
présence mentale, 166, 167
pression du groupe à contribuer, 142
prétests, 142
prévalence du quantitatif, 70
prévenir les grossesses, 124
préventif, 189
primants, 37, 49
principe darwinien, 73
principe de réalité, 77
priorités nationales, 23
prise de notes, 254
prise de repères, 256
probabilité de réussir, 60
probabilité de succès, 236
probabilité subjective de réussite, 177
probabilités de «survie», 63
Problem Based Learning, 191
problèmes (pédagogie par), 190
procédés filmiques, 100
procédurale (connaissance), 84
procédurales (compétences), 85
procéduraliser, 92
procédures d'évaluation, 179
processus de participation «authentique», 222
processus mentaux, 84
processus, 16, 228
procrastinateurs, 155, 159
proctors, 152, 153, 169
production de services, 70
production écrite personnelle, 28
production réciproque du sens, 218
produits non conformes, 15

produits, 16
professeurs du secondaire, 246
professeurs, 16
professions libérales, 41
profit intellectuel, 60
programme d'études, 16, 22
programmes européens, 19
progrès (tests de), 198
progrès scientifique, 66
progrès, 67
progression entièrement individualisée, 168
progressions, 92
projection ralentie du film, 110
projet (pédagogie du), 209
projet d'utiliser l'acquis, 119
projet personnel, 15, 20, 21, 79, 96, 217, 228
projets (pédagogie par), 190
Projets d'Animations Réciproques Multimédias, 124, 157, 193, 209
prompting, 218
prononciation du r roulé, 135
propédeutique, 52
protection, 123
prothèses, 123
proverbe, 245
prurit, 23
psychodrame, 114
pub anglais, 114
pulsion épistémophile, 249
pulsionnel, 85
Pygmalion en classe, 60
pyramide (des compétences), 72
pyramide de l'architecture des compétences, 120
pyramide des compétences, 87, 103
pythécanthrope, 130

quadrisser, 51
qualité de l'apprentissage, 19
qualité de l'enseignement, 20, 156, 180
qualité de leurs auto-estimations, 182
qualité des services rendus, 24
qualité du syllabus, 167
qualité, 15
qualités métriques de chaque question, 198
Question à Réponses Ouverte Longue (QROL), 175
Questionnaire sur l'Expérience vécue au Cours, 156
questions «non vues» (*unseen exam*), 140
questions à choix multiple (QCM), 29, 67, 153, 185, 256, 259
questions annoncées (*seen exam*), 147
questions auto-administrées, 148
questions éthiques, 67
questions ouvertes, 28

questions restées implicites, 184
quête individuelle, 73
Quizz, 165, 169, 180
Quizzes, 100

raccourci sémiologique, 69
racisme, 121
Rain Man, 131
raisonnement clinique, 191
rapport au savoir, 230
rapport coût/efficacité, 102
rapports de force, 234
rapports écrits ou oraux, 96, 175
rapports en pyramide, 142
raréfaction de l'offre, 70
rareté, 105
rationalisation, 70
réalisation automatique de la prédiction, 60
réalisme des prédictions, 181
réalisme, 177, 179, 181, 182
réalité arrangée, 111
réalité virtuelle, 116
réanimation cardio-pulmonaire, 113, 125
récepteur, 114
réception (transmission), 99, 100
réception, 90, 102, 104
recherche personnelle de sens, 75
recherche sur les médias, 220
reconnaissance (mémoire de), 186
reconnaissance par les autorités, 240
reconstitutions en trois dimensions, 127
recorder, 192
recrutement des enseignants, 16
recrutement universitaire, 40
rectangle d'or, 238
redondance, 167, 254
redoublement, 45
redresser le raisonnement, 259
réduction des erreurs, 24
réduction de la distance de la tête au sol, 159
réduire la mortalité, 65
réduire les coûts, 150
réel protégé, 123
réel, 116
rééquilibration majorante, 102
référence normative, 200
référenciation, 89
réflexion, 20
registre sonore, 135
règles de fonctionnement (ground rules), 147
règles ségrégationnistes, 122
régulation, 21, 228
régurgitation, 141
réinterprétation, 118
rejet, 174

relation professeur/étudiants, 118
relations causales, 28
relations sociales, 21
relativité, 79
remédiation, 18, 60, 142
remises à niveau, 16
rendre la parole, 128
rénové, 38
rentabilité, 143
rentrants, 152
réorientation, 25, 35, 49
répétition, 86, 94
reportage télévisé, 112
représentation graphique, 134
représentations naïves, 20
représentations, 238
reproduction, 151
réseau conceptuel, 144
résistance physique, 103
résistances, 240
résister, 249
résolution de problèmes, 20
responsabilisation, 78
responsabilité des étudiants, 52
ressenti, 95
ressources internes, 87
rester dans le gros du peloton, 247
restitution de pure mémoire, 19
restitution, 75
résultats en lecture, 62
résumé prédigéré, 190
résumé, 153
réticences, 240
rétroaction, 180
rétro-informations, 144
réussite pour tous, 69
réussite sans risques, 75
réussite, 18, 25, 35, 37
revenus, 37, 41
révision des questions par les pairs, 197
révolution vygotskienne, 232
révolution copernicienne en éducation, 216
rigueur budgétaire, 23
robot, 112
robotique pédagogique, 234
robotisation de l'apprenant, 78
rôle des enseignants, 196
roman, 109
rotations cliniques, 192
routines, 92
Royaume-Uni, 139
rupture culturelle, 71
ruptures d'équilibre, 102

s'approprier des savoirs, 83
s'engager, 249
sacralisation des budgets, 78

SAFE, 169
sage sur l'estrade, 217
sagesse, 67, 68, 68
said but not seen, 253
salle de dissection, 124
salle des tortures, 119
sapere, 224
satisfaction du client, du consommateur, 24, 173
Satisfaction, 159
savoir, 63, 224
savoir-être, 63, 84, 196
savoir-faire, 63, 84
savoir-hamburger, 70
scaffolding, 218
scaphandriers, 116
scénario, 211
schématisation de la réalité, 111
schèmes, 96
score de coupure, 58
scores probabilisés, 179
scores, 177
se situer par rapport aux autres, 200
séances de chirurgie, 154
sédimentique (mémoire), 171
séduction pédagogique, 173
sélection à l'entrée, 58
sélection et utilisation des médias de formation, 118
sélection, 28
sélectionner les contenus, 230
self reliant students, 169
self-help groups, 154
self-pacing, 152
self-service, 71
semaine en Angleterre, 123
séminaire, 21
sens, 78, 79, 132
sentiments d'auto-efficacité, 84
séquences, 92
service public de masse, 79
Services Méthodologiqes d'Aide à la Réalisation de Tests (SMART), 166
services publics, 23
servuction, 70, 232
sessions avec la classe entière, 152
seuil de réussite, 154
seuil exigé, 16
seven jumps, 194
sévérité, 179
sevrage, 126
Shannon Guessing Game, 186
signe iconique, 134
signification 78
silence des agneaux, 109, 133
simple aveugle, 122
simplification, 111
simulateur de vol, 94

simulation, 105, 125, 127
simulé (milieu), 94
Sisyphe universitaire, p. 79
Situated Learning, 190, 222
situation de non correspondance (*mismatch*), 115
situation naturelle, 98
situations d'apprentissage épurées, 112
situations d'apprentissage, 20, 121, 209
six paradigmes d'apprentissage/enseignement, 120
skillslab, 100, 125, 195, 196
société cognitive, 67
société de l'information, 66
société Fast Food, 69
soif, 249
solidarité, 122
Solution Générale Implicite (SGI), 165, 173, 174 185, 256, 259
sommeil, 185
sophistication, 105
souci de contrôle, 24
souci de progressivité, 113
soufflage, 218
sous-estimation, 177, 183
sous-évaluations, 215
sous-représentation, 42
soutien familial, 58
soutien par les formateurs, 204
spécifications, 15
spécifiques (compétences), 72, 228
spirale (curriculum en), 192
stages sur le terrain, 18, 124, 195, 196
standardisation des résultats, 202
standardized patients, 194
stimuli de référence, 90
stratégie «d'appui sur les points forts», 115
stratégie «d'entraînement des faiblesses», 115
stratégie de «prothèse ou compensation des faiblesses», 115
stratégie de formation, 98
stratégiques (compétences), 72
structurants préalables, 113
structured lectures, 143
structures de participation, 16
study guide, 153
study landscape, 195
styles cognitifs, 114
suivre le cours, 168
superficialité, 66
Supérieur Court, 36
Supérieur Long, 36
superposition d'images, 113
supplantation, 113, 115, 132
supports permanents, 168
supra-cognition, 111

supra-motricité, 110
suprasensorialité, 110
surestimation, 177, 183
sur-représentation, 42
surveillance, 123
sutures de plaies, 93, 125
symboles mathématiques, 134
syntaxe, 63
synthèse, 172, 173, 175, 186
Système «Adulte» de Formation, 163
système traditionnel anglais, 139

tableau de bord sur le guidon, 250
tâches ancillaires, 79
tâches de difficulté moyenne, 236
taille des classes, 156
taille des objets, 130
talents, 24
Tamagoshi, 124
tamisage intellectuel, 68
tapisserie de la Reine Mathilde, 132
tarifs, 177
taux d'abandons, 201
Taux d'Exactitude observés, 183
taux de diplômés, 28
Taux de Participation Active, 166
taux de réussite, 28, 155
taxonomie (classification) des objectifs cognitifis, 172
taxonomies des médias, 118
teach as taught, 90, 240
Teaching Quality Assessment, 159
technique docimologique, 184
Technologie de l'Education, 175
technologies de l'information et de la communication, 21, 66, 221, 232
téléphoner en direct, 129
téléphonie visuelle, 128
Télétransmission, 129
temps consacré au travail, 256
temps d'étude, 44
temps moyen d'études de médecine, 201
temps, 110, 153
tendance réductrice, 111
tentations de sélection précoce, 73
terminales (compétences), 65
tes de progrès, 198
test d'entraînement, 153
Test directed studying, 198
test sanctionnant, 169
test sur Internet, 170
testing interactif, 183
tests d'entraînement, 154
tests de bloc, 198
tests formatifs, 169
tests par QCM, 142
texte, 112
théâtre, 112

théorie de l'information, 254
théorie des décisions, 177
théories implicites, 240
thought but not said (pensé par le prof mais non dit), 252
time on task, 256
tissu industriel, 28
to fly solo, 123
torture, 120
totale (qualité), 26
toucher, 129
tournure d'esprit du professeur, 149
toutes, 174, 257
trace, 163
traitement de l'information, 20
traitement égal, 63
traitement uniforme, 204
trajectoires de développement, 76
transdisciplinarité, 78
transfert des contenus, 230
transmission et imprégnation, 100
transmission infrarouge des réponses, 165
transmission, 145, 75, 90
transportabilité des messages, 110
transposer, 172
transversales, 228
travail «Fast food», 77
travail de soldat, 73
travail en miettes, 225
travail rémunéré, 44
travailler idiot, 73
travaux de fin d'étude, 19, 96
travaux dirigés, 93
travaux personnels, 20
travaux pratiques, 92
trisomie 21, 131
trisser, 51
trough, 144
tuteur idéal, 193
tutor, 192
tutorat par téléphone, 150
tutorat, 21
tuyau, 257, 258

unités capitalisables, 18
unités de documentation, 93
université de masse, 78
Université de Sherbrooke, 191
université Fast Food, 70
utilisation des deniers publics, 23

valeur ajoutée du cours oral, 167
valeur ajoutée, 32
valeur prédictive, 60

validité (de la notation), 175
validité des indicateurs, 25
vanishing, 218
variables changeables, 65, 180, 250
variables supplémentaires perturbatrices, 113
vécu commun initial, 210
vécu de l'apprenant, 115
vécu personnel arrangé, 125
vécu, 113
Verbal-Imagery Code Test, 114
verbalisation du projet, 96
verbalisme, 86
verbaux, 114
vérification d'hypothèses, 94
VFG (Vrai-Faux-Généralisé), 205
victime, 121
vidéoconférence, 128
vidéodisque, 131
vidéo-recette, 100
vigilance cognitive, 173, 174, 259
vignettes de BD, 133
vision consumériste, 70
visite guidée, 93
visite libre, 93
vitesse de lecture, 256
vitesse de prise de connaissance de la matière, 157
vocabulaire, 63
voir toute la matière, 170
voler de ses propres ailes, 122
volet expérientiel des compétences, 85
volet sonore, 135
volonté de signification, 78
volume horaire en mathématiques, 48
voter, 85
vouloir, 84
voyager dans la matière, 258
vues d'en haut (stratégiques), 251

web, 45
whole class sessions, 152
WINNETKA, 168, 169
workbook method, 147

yeux bruns, 121

zone proximale de développement, 102, 218
zoo, 123
zoom, 113, 132

Index des noms propres

AACSB, 30
ALBANESE, 203
ALBERTINI, 68, 71, 113, 116, 1120, 261
ALLAIS, 115
AMPERE, 99, 100
ANDERSON, 84
ARONSON, 118
ASSAL, 241, 246
ATKINSON, 84, 102, 236
AUSUBEL, 91, 113, 144

BACHELARD, 116
BACON, 245
BALDEWYNS, 91, 128
BANDURA, 102
BARON, 234
BARROWS, 190
BARTH, 74, 222, 226, 231, 240
BAUDRILLARD, 69
BECKERS, 175
BEGG, 193
BEGUIN7, 37, 38, 39, 40, 41, 50
BENSIMON, 26
BERGSON, 205
BERKSON, 203, 204
BERLYNE, 236
BILLETT, 190, 222
BLAKE, 202, 203
BLIER, 117
BLIGH, 143
BLONDIN, 234
BLOOM, 63, 102, 172, 176, 180, 186
BORN, 181
BOUCHER, 30
BOURGUIGNON, 119
BOXUS, 60, 64, 65

BRU, 209
BRUNER, 204, 218, 226, 231
BRUNO, 176, 183
BYRNES, 122

CALVEY, 114
CARLSON, 115
CENNAMO, 115
CHAFE, 198
CHRISTENSEN, 75
CLAPAREDE216
CLAUSSE, 226
COHEN, 252
COLES, 190
COLLINS, 190, 222
COOKE, 181
CORBALLIS, 90
COTELL, 241
CRAHAY, 230
CREBBIN, 27
CRONBACH, 36

D'ALEMBERT, 99
DAL, 50, 51, 53
DALE, 111
DE FINETTI, 176
de KERCHOVE, 42, 44, 46, 47, 48, 49, 50, 51
DE KETELE, 105
DE LA GARANDERIE, 119
DE MONTBRON, 238
DE WAELE, 133
DEBRY, 76
DECROLY, 216
de LANDSHEERE, 175
DENEF, 183

DENIS, 89, 105, 228, 230, 234, 260
DEPOVER, 180
DESCAVES, 234
DEUSE, 115
DEWEY, 190, 209
D'HAINAUT, 105
DIDEROT, 99
DIRKZWAGER, 176
D'IVERNOIS, 166
DOCHY, 24, 25
DOISE, 95, 234
DOLMANS, 192, 194
DONNI, 35, 40, 41, 42, 45, 49
DONNAY, 240
DOSTOÏEVSKY, 69
DUBROW, 75
DUPIERREUX, 50, 51, 53
DUPONT, 78
DWYER, 123

ELIOT, 67, 68
ELLIOTT, 121, 122, 126
ELLIS, 198
ESQUIEU, 35

FABRE, 176, 183
FISCHER, 230
FLAVELL, 230
FOSTER, 109
FOURASTIÉ, 66, 221
FOURNIER, 209, 242
FRANKL, 77
FREINET, 73, 74, 85, 121, 190, 216, 217, 225
FREIRE, 86
FRENAY, 117, 222, 230, 234, 238, 259
FREUD, 76, 77, 249
FRYDMAN, 128
FULOP, 206

GABILLET, 238
GATHY, 183
GIBBS, 139, 140, 141, 143, 156, 234
GIJSELAERS, 192
GILBERT, 105
GILLES, 45, 53, 93, 116, 129, 181, 184
GLASER, 168
GLASS, 89, 201
GOLSE, 76
GUBA, 213

HALLEUX, 173
HARRIS, 109
HARVARD, 94
HAWTHORNE, 149, 206
HEDGES, 202
HEGEL, 94
HEIDT, 118

HENRY, 58, 59
HOLUBEC, 234
HOPKINS, 109
HOWELLS, 151, 155
HUNT, 176
HURARD, 186
HUXLEY, 227
HUYSE, 36

INIZAN, 62, 256, 259

JACOBSON, 60
JAEGER, 198
JALABERT, 256
JANS, 91, 94, 129, 165
JAVEAU, 70
JENKINS, 139, 143, 144, 146, 147, 159, 234
JOHNSON, 147, 148, 149, 150, 151, 157, 234
JONES, 28

KAGAN, 234
KARRAKER, 180
KAUFFMAN, 15, 16, 25, 32
KAZANTZAKIS, 219
KEES, 134
KELLER, 141, 152, 153, 154, 155, 159, 169, 180
KIGER, 122
KING, 121
KOLB, 86, 94
KOSSLYN, 84
KRANTOWITZ, 205
KUHN, 88

LADRIERE226
LAMBERT, 8, 42, 44, 46, 47, 48, 49, 50, 51
LATOUR, 234, 236
LE CHANOIS, 117
LECLERCQ, 52, 65, 72, 80, 87, 89, 91, 94, 105, 115, 128, 129, 134, 143, 165, 176, 177, 180, 181, 183, 184, 186, 192, 228, 230, 234, 260
LEGRAND, 224
LEIGH, 115
LEROY, 126
LEVINAS, 88
LEWIN, 86, 109
LICHTENSTEIN, 181
LINDER, 118
LOFTUS, 223
LORENZ, 246
LUCAS, 156

MACHADO, 249
MAIGRET, 130

INDEX DES NOMS PROPRES

MASLOW, 247
Mc GAGHIE, 189, 205
Mc KEACHIE, 143, 216
MEIRIEU, 83
MELON, 185
MESNIER, 219, 224, 237
MEYER, 218
MIALARET, 224
MILLER, 84, 89, 105
MILLIS, 241
MITCHELL, 203
MONTESSORI, 216
MORIS, 134
MOUST, 193
MUGNY, 95, 234

NAFTULIN, 173
NEAVE, 23, 24, 26
NEEDHAM, 193
NEWBLE, 198
NIGHTINGALE, 19, 20, 23
NORMAN, 84, 192
NOT, 209

O'NEIL, 19, 20, 23
OERSTED, 100
OLKIN, 202
OSSANDON, 78

PARKHURST, 168
PERKINS, 240
PERRET CLERMONT, 95
PESTIAU, 35, 40, 41, 42, 45, 49
PETERS, 121, 122
PETIT, 132
PIAGET, 76, 86, 90, 94, 96, 105, 236, 254
PIERON, 175
PIGGOTT, 151, 155
PLATON, 87
POLYA, 230
PONCIN, 129
POUDENSAN, 99
PRESTON, 180
PRINCE, 197

QUILLIAN, 144

RAMSDEN, 21, 156
REGGERS, 128
RICHARDS, 205, 238
RICHAUDEAU, 112
RIDING, 114
RIEGEL, 230
RINGLET, 259
RITZER, 69, 70
ROMAINVILLE, 60, 75, 240
ROMISZOWSKI, 118
ROMMES, 234

ROSENTHAL, 60
ROTTER, 260
ROULIN-LEFEVRE, 35
ROUSSEAU, 99
RUESCH, 134
RUWET, 129

SALOMON, 113, 115, 132, 133, 136
SCHERLY, 190, 193
SCHMIDT, 23, 192, 193, 194
SCHRAMM, 118, 220
SCOTT, 198
SEGAL, 76
SEGERS, 24, 25
SEMB, 198
SENEQUE, 168
SHANNON, 68, 91, 254
SHARP, 28
SHEPARD, 84
SHIFFRIN, 84
SHUFORD, 176, 177
SKINNER, 180, 218
SLAVIN, 234
SNOW, 36
SOCRATES, 99
STARR, 191
STORMS, 36

TAMBLYN, 190
TAYLOR, 28
THELOT, 28
TOFFLER, 229
TORRANCE, 95
TROW, 27, 29
TULVING, 84

VALERY, 235
VAN DALEN, 195
VAN DEN BRANDE, 133
VAN DER DRIFT, 196
VAN DER VLEUTEN, 192, 196, 199, 234
VAN HERWEGEN, 51
VAN LENTHE, 176
VAN NAERSSEN, 176
VANDEKERKHOVE, 36
VASSILEFF, 209
VERNON, 202, 203
VIAU, 249
VIGNERON, 181
VISSER, 197
VOLTA, 99
VOLTAIRE, 99, 182
VOS, 196
VSNU, 30
VYGOTSKY, 72, 102, 218, 232, 255

WASHBURNE, 168
WATZLAWICZ, 76

WEAVER, 68, 91, 254
WEBER, 70
WEIMER, 139
WIJNEN, 192, 199, 234
WILKINSON, 75
WOLFHAGEN, 192

WOOLGAR, 234, 236

ZEIGARNIK, 144
ZIEGLER, 120
ZINK, 23

Table des matières

INTRODUCTION... 7
D. LECLERCQ

PRÉFACE 11
J.-F. D'IVERNOIS

Chapitre 1
LA QUALITÉ EN PÉDAGOGIE UNIVERSITAIRE............................ 13
M. ROMAINVILLE et E. BOXUS

Chapitre 2
**L'ENSEIGNEMENT UNIVERSITAIRE
EST-IL DÉMOCRATIQUE ?** 33
D. LECLERCQ, A. BEGUIN, A.-M. DE KERCHOVE, J.-P. LAMBERT
et P. PESTIEAU

Chapitre 3
**DE NOUVEAUX DÉFIS POUR LA PÉDAGOGIE
UNIVERSITAIRE**... 55
M. DEBRY, D. LECLERCQ et E. BOXUS

Chapitre 4
**OBJECTIFS ET PARADIGMES D'ENSEIGNEMENT/
APPRENTISSAGE**... 81
D. LECLERCQ et B. DENIS

Chapitre 5
UN MODÈLE POUR LA MÉDIATISATION DE L'EXPÉRIENCE 107
M. POUMAY, V. JANS, D. LECLERCQ et B. DENIS

Chapitre 6
LE DÉFI DES GRANDS GROUPES 137
D. LECLERCQ, G. GIBBS et A. JENKINS

Chapitre 7
L'AMPHITHÉÂTRE ÉLECTRONIQUE
UNE APPLICATION : LE LQRT-SAFE 161
D. LECLERCQ, B. DENIS, V. JANS, M. POUMAY et J.-L. GILLES

Chapitre 8
PBL – *PROBLEM BASED LEARNING*
OU APP – APPRENTISSAGE PAR PROBLÈMES 187
D. LECLERCQ et C. VAN DER VLEUTEN

Chapitre 9
PROJETS D'ANIMATIONS RÉCIPROQUES MULTIMÉDIAS
(PARM) 207
V. JANS, D. LECLERCQ, B. DENIS et M. POUMAY

Chapitre 10
PARLER DES MÉTHODES DE TRAVAIL ENTRE PROFESSEURS
ET ÉTUDIANTS 243
D. LECLERCQ, M. DELHAXHE et A.-F. LANOTTE

CONCLUSION GÉNÉRALE 261
D. LECLERCQ

BIBLIOGRAPHIE 263

INDEX DES CONCEPTS 279

INDEX DES NOMS PROPRES 293

CHEZ LE MÊME ÉDITEUR

PSYCHOLOGIE ET SCIENCES HUMAINES
collection publiée sous la direction de MARC RICHELLE

1 Dr Paul Chauchard : LA MAITRISE DE SOI. 9e éd.
7 Paul-A. Osterrieth : FAIRE DES ADULTES. 16e éd.
9 Daniel Widlöcher : L'INTERPRETATION DES DESSINS D'ENFANTS. 13e éd.
11 Berthe Reymond-Rivier : LE DEVELOPPEMENT SOCIAL DE L'ENFANT ET DE L'ADOLESCENT. 13e éd.
22 H.T. Klinkhamer-Steketée : PSYCHOTHERAPIE PAR LE JEU. 4e éd.
24 Marc Richelle : POURQUOI LES PSYCHOLOGUES? 6e éd.
25 Lucien Israel : LE MEDECIN FACE AU MALADE. 5e éd.
26 Francine Robaye-Geelen : L'ENFANT AU CERVEAU BLESSE. 2e éd.
27 B.F. Skinner : LA REVOLUTION SCIENTIFIQUE DE L'ENSEIGNEMENT. 3e éd.
29 J.C. Ruwet : ETHOLOGIE : BIOLOGIE DU COMPORTEMENT. 3e éd.
38 B.-F. Skinner : L'ANALYSE EXPERIMENTALE DU COMPORTEMENT. 2e éd.
40 R. Droz et M. Rahmy : LIRE PIAGET. 7e éd.
42 Denis Szabo, Denis Gagné, Alice Parizeau : L'ADOLESCENT ET LA SOCIETE. 2e éd.
43 Pierre Oléron : LANGAGE ET DEVELOPPEMENT MENTAL. 2e éd.
45 Gertrud L. Wyatt : LA RELATION MERE-ENFANT ET L'ACQUISITION DU LANGAGE. 2e éd.
49 T. Ayllon et N. Azrin : TRAITEMENT COMPORTEMENTAL EN INSTITUTION PSYCHIATRIQUE
52 G. Kellens : BANQUEROUTE ET BANQUEROUTIERS
55 Alain Lieury : LA MEMOIRE
58 Jean-Marie Paisse : L'UNIVERS SYMBOLIQUE DE L'ENFANT ARRIERE MENTAL
59 Jacques Van Rillaer : L'AGRESSIVITE HUMAINE
61 Jérôme Kagan : COMPRENDRE L'ENFANT
62 Michel S. Gazzaniga : LE CERVEAU DEDOUBLE
64 X. Seron, J.L. Lambert, M. Van der Linden : LA MODIFICATION DU COMPORTEMENT
65 W. Huber : INTRODUCTION A LA PSYCHOLOGIE DE LA PERSONNALITE. 7e éd.
66 Emile Meurice : PSYCHIATRIE ET VIE SOCIALE
67 J. Château, H. Gratiot-Alphandéry, R. Doron et P. Cazayus : LES GRANDES PSYCHOLOGIES MODERNES
68 P. Sifnéos : PSYCHOTHERAPIE BREVE ET CRISE EMOTIONNELLE
69 Marc Richelle : B.F. SKINNER OU LE PERIL BEHAVIORISTE
70 J.P. Bronckart : THEORIES DU LANGAGE
71 Anika Lemaire : JACQUES LACAN. 8e éd. revue et augmentée.
72 J.L. Lambert : INTRODUCTION A L'ARRIERATION MENTALE
73 T.G.R. Bower : DEVELOPPEMENT PSYCHOLOGIQUE DE LA PREMIERE ENFANCE. 4e éd.
74 J. Rondal : LANGAGE ET EDUCATION
75 Sheila Kitzinger : PREPARER A L'ACCOUCHEMENT
76 Ovide Fontaine : INTRODUCTION AUX THERAPIES COMPORTEMENTALES
77 Jacques-Philippe Leyens : PSYCHOLOGIE SOCIALE. nouvelle édition 1997
78 Jean Rondal : VOTRE ENFANT APPREND A PARLER 3e éd.
79 Michel Legrand : LE TEST DE SZONDI
80 H.J. Eysenck : LA NEVROSE ET VOUS
81 Albert Demaret : ETHOLOGIE ET PSYCHIATRIE
82 Jean-Luc Lambert et Jean A. Rondal : LE MONGOLISME. 4e éd.
83 Albert Bandura : L'APPRENTISSAGE SOCIAL
84 Xavier Seron : APHASIE ET NEUROPSYCHOLOGIE
85 Roger Rondeau : LES GROUPES EN CRISE?

86 J. Danset-Léger : L'ENFANT ET LES IMAGES DE LA LITTERATURE ENFANTINE
87 Herbert S. Terrace : NIM. UN CHIMPANZE QUI A APPRIS LE LANGAGE GESTUEL
88 Roger Gilbert : BON POUR ENSEIGNER?
89 Wing, Cooper et Sartorius : GUIDE POUR UN EXAMEN PSYCHIATRIQUE
90 Jean Costermans : PSYCHOLOGIE DU LANGAGE
91 Françoise Macar : LE TEMPS, PERSPECTIVES PSYCHOPHYSIOLOGIQUES
92 Jacques Van Rillaer : LES ILLUSIONS DE LA PSYCHANALYSE. 4ᵉ éd.
93 Alain Lieury : LES PROCEDES MNEMOTECHNIQUES
94 Georges Thinès : PHENOMENOLOGIE ET SCIENCE DU COMPORTEMENT
95 Rudolph Schaffer : COMPORTEMENT MATERNEL
96 Daniel Stern : MERE ET ENFANT, LES PREMIERES RELATIONS. 3ᵉ éd.
97 R. Kempe & C. Kempe : L'ENFANCE TORTUREE
98 Jean-Luc Lambert : ENSEIGNEMENT SPECIAL ET HANDICAP MENTAL
99 Jean Morval : INTRODUCTION A LA PSYCHOLOGIE DE L'ENVIRONNEMENT
100 Pierre Oleron et al. : SAVOIRS ET SAVOIR-FAIRE PSYCHOLOGIQUES CHEZ L'ENFANT
101 Bernard I. Murstein : STYLES DE VIE INTIME
102 Rondal/Lambert/Chipman : PSYCHOLINGUISTIQUE ET HANDICAP MENTAL
103 Brédart/Rondal : L'ANALYSE DU LANGAGE CHEZ L'ENFANT. 2ᵉ éd.
104 David Malan : PSYCHODYNAMIQUE ET PSYCHOTHERAPIE INDIVIDUELLE
105 Philippe Muller : WAGNER PAR SES REVES
106 John Eccles : LE MYSTERE HUMAIN
107 Xavier Seron : REEDUQUER LE CERVEAU
108 Moreau/Richelle : L'ACQUISITION DU LANGAGE. 5ᵉ éd.
109 Georges Nizard : ANALYSE TRANSACTIONNELLE ET SOIN INFIRMIER
110 Howard Gardner : GRIBOUILLAGES ET DESSINS D'ENFANTS, LEUR SIGNIFICATION. 3ᵉ éd.
111 Wilson/Otto : LA FEMME MODERNE ET L'ALCOOL
112 Edwards : DESSINER GRACE AU CERVEAU DROIT. 9ᵉ éd.
113 Rondal : L'INTERACTION ADULTE-ENFANT
114 Blancheteau : L'APPRENTISSAGE CHEZ L'ANIMAL
115 Boutin : FORMATION ET DEVELOPPEMENTS
116 Húsen : L'ECOLE EN QUESTION
117 Ferrero/Besse : L'ENFANT ET SES COMPLEXES
118 R. Bruyer : LE VISAGE ET L'EXPRESSION FACIALE
119 J.P. Leyens : SOMMES-NOUS TOUS DES PSYCHOLOGUES?
120 J. Château : L'INTELLIGENCE OU LES INTELLIGENCES?
121 M. Claes : L'EXPERIENCE ADOLESCENTE
122 J. Hayes et P. Nutman : COMPRENDRE LES CHOMEURS
123 S. Sturdivant : LES FEMMES ET LA PSYCHOTHERAPIE
124 A. Pomerleau et G. Malcuit : L'ENFANT ET SON ENVIRONNEMENT
125 A. Van Hout et X. Seron : L'APHASIE DE L'ENFANT
126 A. Vergote : RELIGION, FOI, INCROYANCE
127 Sivadon/Fernandez-Zoïla : TEMPS DE TRAVAIL, TEMPS DE VIVRE
128 Born : JEUNES DEVIANTS OU DELINQUANTS JUVENILES?
129 Hamers/Blanc : BILINGUALITE ET BILINGUISME
130 Legrand : PSYCHANALYSE, SCIENCE, SOCIETE
131 Le Camus : PRATIQUES PSYCHOMOTRICES
132 Lars Fredén : ASPECTS PSYCHOSOCIAUX DE LA DEPRESSION
133 Mount : LA FAMILLE SUBVERSIVE
134 Magerotte : MANUEL D'EDUCATION COMPORTEMENTALE CLINIQUE
135 Dailly/Moscato : LATERALISATION ET LATERALITE CHEZ L'ENFANT
136 Bonnet/Tamine-Gardes : QUAND L'ENFANT PARLE DU LANGAGE
137 Bruyer : LES SCIENCES HUMAINES ET LES DROITS DE L'HOMME

138 Taulelle : L'ENFANT A LA RENCONTRE DU LANGAGE
139 de Boucaud : PSYCHOLOGIE DE L'ENFANT ASTHMATIQUE
140 Duruz : NARCISSE EN QUETE DE SOI
141 Feyereisen/de Lannoy : PSYCHOLOGIE DU GESTE
142 Florin et al. : LE LANGAGE A L'ECOLE MATERNELLE
143 Debuyst : MODELE ETHOLOGIQUE ET CRIMINOLOGIE
144 Ashton/Stepney : FUMER
145 Winkel et al. : L'IMAGE DE LA FEMME DANS LES LIVRES SCOLAIRES
146 Bideau/Richelle : PSYCHOLOGIE DEVELOPPEMENTALE
147 Schmid-Kitsikis : THEORIE CLINIQUE ET FONCTIONNEMENT MENTAL
148 Guggenbühl/Craig : POUVOIR ET RELATION D'AIDE
149 Rondal : LANGAGE ET COMMUNICATION CHEZ LES HANDICAPES MENTAUX
150 Moscato et al. : FONCTIONNEMENT COGNITIF ET INDIVIDUALITE
151 Château : L'HUMANISATION OU LES PREMIERS PAS DES VALEURS HUMAINES
152 Avery/Litwack : NEE TROP TOT
153 Rondal : LE DEVELOPPEMENT DU LANGAGE CHEZ L'ENFANT TRISOMIQUE 21
154 Kellens : QU'AS-TU FAIT DE TON FRERE?
155 Rondal/Henrot : LE LANGAGE DES SIGNES. 2ᵉ éd.
156 Lafontaine : LE PARTI PRIS DES MOTS
157 Bonnet/Hoc/Tiberghien : AUTOMATIQUE, INTELLIGENCE ARTIFICIELLE ET PSYCHOLOGIE
158 Giovannini et al. : PSYCHOLOGIE ET SANTE
159 Wilmotte et al. : LE SUICIDE
160 Giurgea : L'HERITAGE DE PAVLOV
161 Ionescu : MANUEL D'INTERVENTION EN DEFICIENCE MENTALE N° 1
162 Ionescu : MANUEL D'INTERVENTION EN DEFICIENCE MENTALE N° 2
163 Pieraut-Le Bonniec : CONNAITRE ET LE DIRE
164 Huber : PSYCHOLOGIE CLINIQUE AUJOURD'HUI
165 Rondal et al. : PROBLEMES DE PSYCHOLINGUISTIQUE
166 Slukin : LE LIEN MATERNEL
167 Baudour : L'AMOUR CONDAMNE
168 Wilwerth : VISAGES DE LA LITTERATURE FEMININE
169 Edwards : VISION, DESSIN, CREATIVITE. 3ᵉ éd.
170 Lutte : LIBERER L'ADOLESCENCE
171 Defays : L'ESPRIT EN FRICHE
172 Broome Walace : PSYCHOLOGIE ET PROBLEMES GYNECOLOGIQUES
173 Aimard : LES BEBES DE L'HUMOUR
174 Perruchet : LES AUTOMATISMES COGNITIFS
175 Bawin-Legros : FAMILLES, MARIAGE, DIVORCE
176 Pourtois/Desmet : EPISTEMOLOGIE ET INSTRUMENTATION EN SCIENCES HUMAINES. 2ᵉ éd.
177 Sloboda : L'ESPRIT MUSICIEN
178 Fraisse : POUR LA PSYCHOLOGIE SCIENTIFIQUE
179 Ruffiot : PSYCHOLOGIE DU SIDA
180 McAdams/Deliège : LA MUSIQUE ET LES SCIENCES COGNITIVES
181 Argentin : QUAND FAIRE C'EST DIRE...
182 Van der Linden : LES TROUBLES DE LA MEMOIRE
183 Lecuyer : BEBES ASTRONOMES, BEBES PSYCHOLOGUES : L'INTELLIGENCE DE LA 1ʳᵉ ANNEE
184 Immelmann : DICTIONNAIRE DE L'ETHOLOGIE
185 Collectif : ACTEUR SOCIAL ET DELINQUANCE
186 Fontana : GERER LE STRESS
187 Bouchard : DE LA PHENOMENOLOGIE A LA PSYCHANALYSE
188 Chanceaulme : MOURIR, ULTIME TENDRESSE
189 Rivière : LA PSYCHOLOGIE DE VYGOTSKY

190 Lecoq : APPRENTISSAGE DE LA LECTURE ET DYSLEXIE
191 de Montmolin/Amalberti/Theureau : MODELES DE L'ANALYSE DU TRAVAIL
192 Minary : MODELES SYSTEMIQUES ET PSYCHOLOGIE
193 Grégoire : EVALUER L'INTELLIGENCE DE L'ENFANT
194 Gommers/van den Bosch/de Aguilar : POUR UNE VIEILLESSE AUTONOME
195 Van Rillaer : LA GESTION DE SOI
196 Lecas : L'ATTENTION VISUELLE
197 Macquet : TOXICOMANIES ET FORMES DE LA VIE QUOTIDIENNE
198 Giurgea : LE VIEILLISSEMENT CEREBRAL
199 Pillon : LA MEMOIRE DES MOTS
200 Pouthas/Jouen : LES COMPORTEMENTS DU BEBE : EXPRESSION DE SON SAVOIR ?
201 Montangero/Maurice-Naville : PIAGET OU L'INTELLIGENCE EN MARCHE
202 Colin A. Epsie : LE TRAITEMENT PSYCHOLOGIQUE DE L'INSOMNIE
203 Samalin-Amboise : VIVRE A DEUX
204 Bourhis/Leyens : STEREOTYPES, DISCRIMINATION ET RELATIONS INTERGROUPES
205 Feltz/Lambert : ENTRE LE CORPS ET L'ESPRIT
206 Francès : MOTIVATION ET EFFICIENCE AU TRAVAIL
207 Houziaux : EDUCATION DU PATIENT ET ORDINATEUR
208 Roques : SORTIR DU CHOMAGE
209 Bléandonu : L'ANALYSE DES REVES ET LE REGARD MENTAL
210 Born/Delville/Mercier/Snad/Beeckmans : LES ABUS SEXUELS D'ENFANTS
211 Siguan : L'EUROPE DES LANGUES
212 de Bonis : CONNAITRE LES EMOTIONS HUMAINES
213 Retschitzki/Gurtner : L'ENFANT ET L'ORDINATEUR
214 Leyens/Yzerbyt/Schadron : STEREOTYPES ET COGNITION SOCIALE
215 Tiberghien : LA MEMOIRE OUBLIEE
216 Wynants : L'ORTHOGRAPHE, UNE NORME SOCIALE
217 Rondal : L'EVALUATION DU LANGAGE
218 Moreau : SOCIOLINGUISTIQUE, CONCEPTS DE BASE
219 Rouquette : LA CHASSE À L'IMMIGRÉ
220 Grubar/Duyme/Cote et al. : LA PRÉCOCITÉ INTELLECTUELLE DE LA MYTHOLOGIE À LA GÉNÉTIQUE
221 Pomini et al. : THÉRAPIE PSYCHOLOGIQUE DES SCHIZOPHRÉNIES
222 Houdé et al. : DESCARTES ET SON ŒUVRE AUJOURD'HUI

Manuels et Traités

Droz-Richelle : MANUEL DE PSYCHOLOGIE. *5ᵉ éd.*
Hurtig-Rondal : MANUEL DE PSYCHOLOGIE DE L'ENFANT (Tome 1). *5ᵉ éd.*
Hurtig-Rondal : MANUEL DE PSYCHOLOGIE DE L'ENFANT (Tome 2). *4ᵉ éd.*
Hurtig-Rondal : MANUEL DE PSYCHOLOGIE DE L'ENFANT (Tome 3). *4ᵉ éd.*
Rondal-Seron : LES TROUBLES DU LANGAGE (DIAGNOSTIC ET REEDUCATION). *2ᵉ éd.*
Fontaine/Cottraux/Ladouceur : CLINIQUES DE THERAPIE COMPORTEMENTALE. *2ᵉ éd.*
Godefroid : LES CHEMINS DE LA PSYCHOLOGIE. *2ᵉ éd.*
Seron-Jeannerod : NEUROPSYCHOLOGIE HUMAINE